精神分析になじむ

狩野力八郎著作集……1

池田暁史・相田信男・藤山直樹 |編

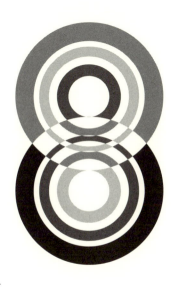

Ψ
金剛出版

まえがき

　このまえがきの原稿を書きはじめようとしたが，私はなかなか書きはじめられなかった。
　この本は狩野力八郎の死を前提として，主に彼の生前書いたもののうちで書籍化されなかったものを集めた論文集である。その事実，彼の死が前提になっているということがまえがきにとりかかること遅らせてしまっていた。つまり，私はまだ狩野の死を十分に受け入れていないのだった。
　いま私はようやくこうしてこのまえがきにとりかかっているのだが，やはり片方ではこの仕事を引き受けたことへの後悔がこころにひっかかっているのを感じる。おそらく，私は狩野の仕事に対して中立的にその意義や価値を評価できるところにはまだ達していない。彼は，私が精神分析家になっていく途上でその訓練においてスーパーバイザーとして私に大きなインパクトを残しただけでなく，その後いろいろなところでともに考え，ともに働き，ともに事態に対処する機会をもった先達である。その意味でこのまえがきを私が書くことが適切なのか，いくぶん疑問でさえある。端的に言えば，私にはこの稿のなかで敬意をもって「狩野先生」と呼びたくなる気持ちが動く。しかし，あえて「狩野」と書くことで，なんとか距離を作ってこのまえがきを書くという役目を果たしたいと思う。しかし，おそらく書くことにたいへん多くの時間がかかりそうな気がする。私の筆は進みそうにない。
　こんなことを考えているうち，狩野も遅筆であったことを思い出した。日本の精神分析コミュニティのなかでも屈指の遅筆だったと言えるだろう。原稿の速い人と遅い人ははっきりしている。私も明らかに遅筆の部類に属するが，狩野の遅筆はきわだっていた。日本精神分析学会機関誌の編集長として学会創立50周年記念号の編集する過程で当時の会長の狩野の原稿のことで私は何度かひやひやしたし，「精神分析事典」出版のときは編集委員でありながら，多くの担当原稿を抱え込んだまま長期間動かないように見えた。

なぜ狩野はあんなに遅いのか。それは私の謎だった。しかし，今回この本のゲラで彼の原稿を見返して，なんとなくその理由がわかってきた気がする。

　狩野の書くものは一見平明に見える。難しい言葉は少なく，センテンスひとつひとつの意味は明らかだ。すうっと読めそうな感じがある。彼の書くものの印象，ある種あっさりしていて変に気負っていない感じは，狩野と通常の社交的人間関係のなかで接するときに感じるものに近い。整理されていてクリアでな印象がある。すうっと読めるものはすうっと書けるような気がする。しかし，ことはそれほど単純ではない。

　彼とはじめて一対一で会ったのは1989年だから，もう30年近く前になる。東海大学精神科に勤務していた彼の部屋にスーパービジョンを受けに行ったときである。東海大学は伊勢原にあり，夜の東名高速を車で飛ばして往復したものだった。いま考えると驚くが，当時彼はまだ44歳だった。彼は同僚と講師室という部屋を共有していたが，私の行くときは彼はいつもひとりだった。その部屋の扉を緊張してはじめてノックしたとき，扉が開いたとたんに私はその部屋の様相に驚いた。ほんとうに雑然としていた。読みかけの本が開いてある。積まれた本が危なっかしく傾いでいる。床にも書籍やファイルが不規則に置かれている。そんな感じだった。

　だが，その部屋でスーパービジョンを受けるようになると私は驚いた。彼がなにか私が読んだ方がよい文献を思いつくと，何十と積まれた赤い丸善製の書類箱（こういうものはいまはもうないので，読者が思い描くのはむずかしいのかもしれない。いまは文献はデータベースからPCやタブレットに落として読むものなのでこういうものは必要ないが，当時文献は雑誌からコピーしたり，図書館から取り寄せたりしたものを紙の形で保存するものだった。彼は厚く硬い紙の書類箱に分類して収納していた。）のひとつから，彼はその文献をあっという間に取り出してくるのだった。また，うずたかく積まれたおびただしい書籍や雑誌の塊のどこに自分が読みたいもの，自分が注目したものがあるのかを彼がわかっていることが，折に触れて明らかになった。この雑然としたありさまは東京国際大学の研究室のときはすこし改善されていたような記憶があるが，彼が最後に根城にしていた小寺記念精神分析研究財団の理事長室でも変わらなかった。狩野理事長と話すためには，床の上に積まれたたくさんの本の山を縫うように自分の席に進まなければいけなかった。頭のなかであれほどもののありかが整理されて記憶されていることと，この雑然として床に積まれている書籍と雑誌の塊の両面が狩野なのだ。

この二冊組の論文集の第一巻は，彼の精神分析的な思索があらわれたものが集められている。私見では，彼は日本の精神分析の同世代のリーダーたち（相田，北山，丸田，皆川，衣笠ら）と比べて，とても複雑な精神分析的思索者であるように思う。精神分析をひとつの考え方，ひとつのアイデア，ひとつの学派といったものに準拠して統一的な視点，ビオンの言葉でいうなら頂点からみて納得するということがなかった。サンドラーの表象論を深く学び，研修医時代にすでに相田，渡辺とビオンを読んで深く影響され，ローワルドを高く評価し，オグデンの価値をいち早く見出し，いつの間にかグリーンも読みこなしている。精神分析的な本質に近づけるようなさまざまなアイデアを敏感に吸収し，参照したそのありかたはとてもユニークだった。同時に，一般システム論という科学哲学的アイデアを背後に置きながら，精神分析の内部で起きていること，そしてそれと環境／社会との接面で起きていることにつねに固定観念にとらわれることなく目を向けていった。おそらく彼は，精神分析がひとつの統一した秩序をなすようにみえたとたん，そこに贋物の匂いを嗅ぎ取る人間だったのだと思う。精神分析の豊かさと全体性を維持するために，彼は絶えず新しい視点を導入する必要があったのであろうし，そのどの視点も全体を統べてはならなかったのだろう。

　それは，ある意味，あの部屋のありかたとつながっている。最初から整理されているのではなく，混沌を十分に含み込んだ上で，思考の光は的確にものごとに届いていく。そしてしかし，やはり混沌は混沌として維持される。彼はビオンを深く読み込んでいたが，それですべてを説明しつくそうとはしなかった。ウィニコット，クラインに対してもそうだった。どこかですべての知について保留しているところがあった。

　この論文集に収載されている論文のどれにもその特徴は現れている。たとえば，彼の精神分析学会会長講演であった「精神分析的に倫理を考える」にとってみよう。当日，この講演を聞いたとき，たいへん大きな知的刺激を受けたことをよく記憶しているが，こうして活字で読むとそのときの感動が何であったのかがあらためて確認できる。タイトルが「精神分析の倫理を考える」ではなく，「精神分析的に倫理を考える」であることに気をつけないといけない。精神分析で倫理というと，倫理違反した事例についていろいろ検討し，何がよくなかったかわるかったかを検討する，というような話か，と私はうっかりそう思ってこの講演を聴き始めた。だが，そのような底の浅い話ではなかった。彼はまったく教条的ではなかった。分析的実践における倫理というものがどのように精神分析的

概念のなかから浮かび上がってくるのか，それを境界という概念を鍵にしてさまざまに思いめぐらし，超自我的になることなく，倫理というものがどのように精神分析実践とともにあるのかをさまざまな角度から検討していった．分析的揺らぎ，というものを保持することこそ倫理的だという彼の提起はきわめて本質的なものである．これを聴きながら，私は，実践における倫理というものが基本的に超自我の機能ではなく，自我機能なのだということが腑に落ちたのだった．

　倫理という，いかにも結論が出ているような問題を取り上げ，ああでもない，こうでもない，とさまざまな角度から検討する．これがいかにも狩野らしい．一見すっきりした結論もそうした雑然とした，生きた混沌のなかから生まれたものなのである．これが分析的な思索者としての狩野の姿だし，おそらく，その混沌をひとあたりのよいすっきりとした風貌の奥に抱え込む結果，彼の原稿は遅くなるのだ．思考の運動がなかなか静まらず，それを言語というものでピン止めすることに絶えず抵抗していたのだと思う．

　狩野は二冊の論文集しか生前に出版しなかったが，けっして寡作であったわけではない．その意味で今回の論文集二冊が刊行されたことはたいへんよいことである．それは，単に彼の著作をすべて本にするからいいということではない．彼の思索は今世紀になって深まりを見せていたし，まだ深まりの途上にあった．その途上の彼に後世の読者が触れることには大きな意義があると思う．その意味で，池田暁史氏のご尽力に感謝したいと思う．彼がいなければこの仕事がまとまらなかったのは明白である．そして私がこの本の刊行に幾分でも貢献できたとしたら大きな幸いである．

　狩野は 2015 年春に亡くなる直前までとても明晰だった．彼が亡くなったのは，癌による衰弱のせいではない．間質性肺炎による呼吸不全によって，空気中で溺死したように亡くなったのだ．遺体の肌艶はよく，髪もくろぐろとしていた．当時私はこの一句を得た．

　死者の髪くろぐろと照る蝶の昼　直樹

　もうすこし存えていたら，狩野がさらに深化したものを私たちに見せてくれたのではないかと思うと残念でならない．彼が泉下でこの出版を喜んでいることをこころから願う．

藤山直樹

目　次

まえがき（藤山直樹） ……………………………………………………… 5

第Ⅰ部　精神分析的思考
- 第1章　気分障害の精神分析——無能力感と境界形成をめぐって—— …… 15
- 第2章　情緒障害のいくつかの形態およびそれらの分裂病との関係（翻訳） 39
- 第3章　ヒステリーを読む …………………………………………………… 63
- 第4章　私の精神分析的パーソナリティ臨床——疾患分類批判—— ……… 75
- 第5章　精神分析の生成論について——「フロイト派」の立場から—— … 87
- 第6章　創造的対話——森田療法と精神分析—— ………………………… 101

第Ⅱ部　治療構造と倫理
- 第1章　治療構造をどのように作るか ……………………………………… 113
- 第2章　構造化すること（structuring） …………………………………… 125
- 第3章　入院治療とはなにか——投影同一視の認識と治療の構造化 …… 137
- 第4章　精神分析的に倫理を考える ………………………………………… 151
- 第5章　論文を書くことと倫理規定を守ることとのジレンマ …………… 173
- 第6章　治療構造論，システム論そして精神分析 ………………………… 181

第Ⅲ部　精神分析を読む——本，人，そして組織——
- 第1章　書評『精神分析学の新しい動向』 ………………………………… 201
- 第2章　書評『小児医学から精神分析へ』 ………………………………… 205
- 第3章　書評『実践・精神分析的精神療法——個人療法そして集団療法』 … 207
- 第4章　書評『解釈を越えて——サイコセラピーにおける治療的変化プロセス』 211
- 第5章　小此木啓吾先生——精神分析をすること—— …………………… 217
- 第6章　私はフロイディアンか？ …………………………………………… 219

第7章	下坂幸三先生のご冥福を祈る	223
第8章	書評『フロイト再読』	229
第9章	力動精神医学と土居の仕事	233
第10章	「精神分析研究」50周年記念特集増刊号刊行にのぞんで	245
第11章	日本精神分析協会と日本精神分析学会——共存の歴史とその行末——	251

解　　題——狩野力八郎先生の人と仕事—— 269
著作リスト 287
索　引 297

精神分析になじむ

狩野力八郎著作集 1

第Ⅰ部
精神分析的思考

第1章　気分障害の精神分析
――無能力感と境界形成をめぐって――

I　はじめに――全体的なテーマ――

　うつ病に関する精神分析的アプローチの主要なテーマは，対象喪失と対象恒常性が成立していない場合の喪失への反応を取り扱うということである。うつ病において対象喪失は自己の一部を失う体験になり，その苦痛を万能的に否認しているのである。すなわち，うつ病の精神分析は，この自己の喪失ひいては自我の障害を扱うことになる。

　ところが，Freud, S. がこのことを明確化した結果，われわれ臨床家が眼にする「抑うつ状態」は古典的なうつ病論ではくくれない広範囲の病態を視野に入れることになった。たとえば，自我の退行によるメランコリー性抑うつと自我が退行していない神経症性抑うつ，二次的同一化が達成されている抑うつと自己愛的同一化にとどまっている抑うつなどである。さらには，Kernberg, O.F. の人格構造論を援用すれば，神経症レベル，境界人格レベル，精神病レベルといったそれぞれの人格病理において抑うつがみられるのである。

　一方，今日使用されている「気分障害」という記述診断的なカテゴリーもまた広範囲の病態を含んでいる。

　とはいえ，「抑うつ」を示す，いろいろな病態に共通する要素もある。本論文では，精神分析の臨床から得られた，そのような共通する精神力動について述べたい。

II　うつ病に精神分析は禁忌か

　先に進む前に，うつ病治療における精神分析の位置づけについて述べておきたい。というのは三環系抗うつ剤の開発以降，そして現在は SSRI の登場により，うつ病に対する精神分析からの発言が影を潜めてきたようにみえるからで

ある。確かに，米国でも1971年のJacobson, E. の「Depression」以降あまり目立つものはないし，むしろうつ病に対しては薬物療法と認知療法を行うという考え方が主流になってきた。著者は，30年くらい前に米国の精神科医の「うつ病に精神分析は禁忌である」という講義を聴いたことがある。罪悪感に悩んでいるうつ病患者に精神分析を行うことは罪悪感をいっそう悪化させるからだ，というのがその理由であった。いいかえると，うつ病患者に対する精神分析は悪しき退行を引き起こすということである。この主張は，筆者も含めわが国の精神科医のうつ病観にかなり大きな影響を与えてきたように思う。

では今日的にみて，うつ病に精神分析は禁忌であるという考えは妥当なのだろうか。もし，精神分析が無意識的罪悪感の意識化ということのみを治療機序とするなら，これは一見もっともらしい理由である。しかし，30年以上前，すでにJacobson, E. (1971) は次のように反論しているのである。「深い前エディプス的な空想が表面化するとき，患者は一過性に動揺し，あるいは軽い混乱状態に陥り，さらにはかつて経験したこともないような心身症反応（中略）を示すことさえある。しかし，本当の躁うつ病で，治療経過中の抑うつ状態の反復をのぞいて，患者が深いイド材料の突出によって誘発された精神病状態を呈した経験は私にはない」。すなわち，重い病態の人が示す転移に対する注意深い観察と分析をするならば，悪性の退行は起こらないのであって，このような非難は当たらないというのである。筆者も自分自身や同僚の臨床経験からJacobson, E. の見解は妥当だと考えている。その理由は精神分析技法の展開と関連しているのである。すなわち，うつ病に禁忌とされた精神分析とは神経症モデルに対する古典的な精神分析技法のことであって，今日的な重い病態に対する精神分析モデル，たとえばcontainingとかholdingといった技法を駆使するならば，そして精神病レベルの転移を理解するならば，悪性の退行は起きないか未然に防ぐことができるだけでなく，「抑うつ状態の引き金にしかならなかった不幸な生活状況を改善できる（患者の）能力」(Jacobson, 1971) を促進することが可能なのである。

わが国でも，1985年に日本精神分析学会の「躁とうつの精神分析」というテーマのシンポジウム（日本精神分析学会第30回大会, 1984）で，その時点までにおけるうつ病に関する精神分析的研究が論じられ，以降徐々にではあるが，学会レベルでうつ病の精神分析経験が発表されるようになった。これには二つのパターンがある。第一は，「慢性抑うつ」として発表されていて，うつ病の

精神分析を正面から取り上げている場合であり，第二は，対象症例をみると精神症状としては大うつ病や気分変調など気分障害として診断できるものの，発表形式としては人格障害や摂食障害の治療として論じられている場合である。後者の場合など，うつ病には薬物療法と認知療法が適用されるべきであるといったステレオタイプな主張に気圧されている節があり，気分障害の精神分析という視点からもっと論じてもよいように思われるのである。

　実際，気分障害は広いスペクトラムであり，精神分析療法に限らず広く精神療法一般という視点からみて，治療関係が役に立つケースが少なくないのである。たとえば，入院治療を受けた典型的な大うつ病患者が，薬物療法よりも他のうつ病患者や看護師との人間関係が治療に大いに役に立ったと述べることがしばしばある。回復途上にある患者は，新しく入院した患者にとって回復のよいモデルになり，自分だけがうつ病ではないと考えることや将来へ希望をもつことを促進するのである。ちなみに，これらは，集団精神療法では，universality（一般性），希望の浸透，という治癒促進因子として明確化されている。長期入院治療でカタルシスだけでなく内的構造の変化がもたらされることもある。

　だからといって，筆者は精神分析がうつ病治療において万能だということを主張しているのではない。たとえば，精神分析ないしは精神分析的精神療法の限界の一側面として，時間と手間がかかりすぎるという実践レベルでの問題があることは承知している。臨床上の問題は薬物療法か精神分析かではなく，個々のケースに応じたテーラーメイドの治療（tailor-made treatment）を計画し実践することであって，その場合，精神分析や精神分析的精神療法は，現在もなお重要な選択肢の一つであるということをいいたいのである。

Ⅲ　どんな気分障害に精神分析が行われているか

　実際には，さまざまな気分障害に精神分析的精神療法（ないしは洞察志向的，力動的精神療法）が行われている。概して「抑うつ状態」という診断が下されていることが多いが，おおむね次のような病態が含まれていると思われる。
　神経症レベルでは，マゾヒズム性格，ヒステリー性格，強迫人格，回避性人格などが代表的である。境界例レベルでは，スキゾイド・スキゾタイパル・境界型・自己愛・演技性・依存性などの人格障害である。これらは，慢性抑うつ

の形態や悪性の自己愛をもった自己愛人格障害（Kernberg, 1984）の形をとることもある。さらに境界例レベルの人格障害とともに神経性食思不振症をともなう場合や人格構造の基礎に高機能発達障害が認められる場合もある。精神病レベルでは，思春期発症のMDI（躁うつ病）などが含まれる。

　しかし，実際に精神分析的精神療法を行うかどうかは，必ずしも疾患分類によっているのではなく，分析可能性の程度や質についての判断や，薬物療法の効果が制限的な場合，あるいは「もっと話を聞いてあげたほうがよい」などという実践的な理由によって決定されている。ここで，分析可能性について少し説明しておく。それは一言でいえば，患者が精神分析を自分のために活用できるかどうかということにかかわっている精神分析的概念である。実際には，言語化能力，内面の動きを把握する能力，自分をわかってほしいという動機，治療者を理解する力，変化を求める動機，内的体験に触れることができるかどうか，アンビバレンスへの耐性，分離に耐えられる能力，他者との関係において不信感や疑惑が優勢か信頼感が優勢か，建設的か破壊的か，などという精神力動あるいは対象関係のあり方を評価するのである。

Ⅳ　精神分析の貢献

　ここで，論を進める前に，精神分析がうつ病にどのように貢献したかを概観してみたい。もっとも，これについては，小此木啓吾（1985）や西園昌久（1990），岩崎徹也（1990, 1994）らによる優れた系統的論説があるので，詳しくはそれらを参照していただくとして，ここでは要約にとどめる。うつ病に関する精神分析の流れをみると，大きくFreud, S. やAbraham, K. の時代とその後の時代に分けて考えてみることができる。

1. Freud, S., Abraham, K. の時代

　うつ病の精神分析は，まずAbraham, K. によって概念化され，それに引き続いて起きた彼とFreud, S. との対話の結果が，Freud, S. の『悲哀とメランコリー』(1917) を生み出したといえる。Freud, S. は，続いて『自我とエス』(1923) においてメランコリーについて論じている。この流れの中で，解明されたうつ病の精神力動は，無意識的対象喪失，口愛期への欲動退行と自己愛的同一化，口愛期サディズム（攻撃性），自我と超自我の葛藤としてのうつ病，抑うつと

強迫との類似性と相違，の五点に集約される。

　まず第一の無意識的対象喪失とは，うつ病を引き起こすのは対象喪失を本人が意識していない場合だということである。『悲哀とメランコリー』において，Freud, S. は，「患者は，誰を失ったかは知っているが，それについて何を失ったかは知らないのである」「メランコリーはなんらか意識されない対象喪失に関連し，失われたものをよく意識している悲哀とは区別される」と述べ，正常な悲哀と病的な対象喪失の違いを明確にしている。

　第二に，その際リビドーは口愛期に退行し，対象から離れたリビドーは，捨てた対象と自我の同一視のために使われる。その結果，自分と愛情対象の葛藤は，自己批判と同一視によって変化した自我との分裂に至る。対象愛は，困難に出会うと自己愛に退行するため，対象との自己愛的同一視が対象愛の代わりになり，対象へのリビドー備給は放棄されないのである。ここにうつ病特有の対象へのしがみつきが起きるのである。

　ついで，第三に，うつ病の自己処罰傾向や罪悪感は，対象に対する攻撃性が内向する結果だと理解される。すなわち，対象との自己愛的同一視により，自己処罰という形をとって対象に復讐し，サディズム的満足を得るのである。結果，自分の憎しみが対象を破壊することにまつわる罪悪感というアンビバレンスに苦しむのである。

　第四は，Freud, S. は『自我とエス』において再びうつ病に言及し，「破壊的成分が超自我の中に巣食っていて」，自我に対し，無慈悲にサディスティックに振舞うと述べている。すなわち死の衝動によって支配された超自我と自我の葛藤がうつ病を生起する精神力動だということが強調されている。

　第五に，愛の対象へのアンビバレンス，非常に強い罪悪感，あるいは発達上肛門期的傾向を有するなどの点で，抑うつと強迫はきわめて類似しているが，前者において，超自我の怒りの向く対象は，同一視によって自我のうちに取り入れられているのに対し，後者の場合，それは自我の外にとどまっている。つまり，抑うつ者の自我は，罪悪感にまったく抵抗しないのに対し，強迫神経症者の自我は罪悪感を不当なものとして扱い抗議するのである。精神性発達において強迫は，対象の保持や支配といった肛門期への退行があるわけだが，抑うつは口愛期に退行する。すなわち対象は全面的に自我の内部に取り入れられるということになる，という点で違いがある。

　ところが注目に値するのは，このような概念化を行いながら，Freud, S. は，

もう一方で，メランコリー性うつにおける一次的な自我の貧困化について言及しているという事実である。この考えは，上に述べた攻撃性の内向によるアンビバレンスや超自我と自我の葛藤を解決しようとする試みから起きる二次的な自我の制止という概念化と矛盾するのである。すなわち，うつ病において，理論的には，自我の障害は一次的か二次的かという課題，そして技法的には古典的技法の修正展開という課題が，次の世代に残されたのである。

2. その後から現代

　Freud, S. 時代の精神分析的実践と Freud, S. 以降のそれとを比べた場合，最も異なる点は，精神分析的営みの中で，転移を通して，対象喪失と喪の仕事がテーマになっていることである。そして，精神分析諸学派に共通した理論的枠組みとして対象関係論が位置づけられるようになった。その際，臨床の対象となったのが，一つはスキゾイドや境界例といった重症人格障害であり，もう一つがうつ病である。たとえば，Klein, M.（1946）のスキゾイド機制は躁うつ病と統合失調症の治療経験に基づいて解明されたということを想起されれば，わかりよいであろう。

　精神分析は，転移を通して精神病理を理解しようとするのであるから，そこで得られた知見は，記述的な疾患分類とは必ずしも一致しない。うつ病に関してはこの傾向がひときわ目立つのである。精神分析からみると，「うつ病」はいわゆる大うつ病などの DSM の類型化だけではくくれない広範囲の問題を含んでいる。治療者への二次的な同一化を基盤とした治療同盟を作ることによって患者の苦痛を和らげ治療がスムーズに進行する場合から，そもそもそのような成熟した同一化が困難な場合まで多様である。

　しかし，Freud, S. 以降，多くの精神分析家は，うつ病における特殊な転移の観察に基づいて**自我そのものの弱さ**を主張している。この**自我の弱さ**が，過剰な破壊衝動によるのか，神経生理的な基盤によるのか，対象関係の発達の問題なのか，といったことが主要な論点となっていった。そうした分析家たちはほとんど同時代に互いに対話を重ねながら，それぞれの概念化を発表しているので，誰が最も早くそれを主張したかという問いは適切ではないが，思考の流れに沿って四つの概念を描出しようと思う。

(1) 自我欠損説：無力な自我と技法の修正

　Bibring, E.（1953）は，うつ病における自尊心の低下は，超自我と自我の葛藤によって起きるのではなく，一次的な自我の無力さによって引き起こされるということを明確化した最初の人である。彼は，高度に備給された自己愛的切望と自我がそれらの切望に沿うことができないという（現実的であれ空想的であれ）無力さと無能力さに自我が急激に気づくことによって，無力という構造化された幼児期自我状態が再活性化されうつ病が起きる，という。そして，このような無力な自我という素因は，最早期の発達において対象を求める自我のニーズに環境が適切に応答しないときに形成される，と考えた。

　この考え方は，治療関係において患者は常に強烈な無力感や無能力感を感じつつ，なおも治療者を求め続けるという根源的なジレンマにどのように対応するかということが，うつ病治療であることを明示しているように思われる。

　彼の理論は，精神病理が特異的な葛藤（たとえば超自我と自我の葛藤）によって起きるだけでなく，発達的欠損（英語の文献では，deficit, defect deficiency という用語が十分に定義づけされないまま用いられている。本論文では欠損という用語を用いることとする）で起きること，しかもそれは対象関係における対象への落胆と幻滅に続いて二次的に起きるということを明らかにした点で，当時においては大胆かつ新鮮であった。彼の欠損理論は，もともとはナルシズム論で Freud, S. が導入した脱備給論（対象への備給が自己に向け変えられることにより自己への愛着が強化される）に発しているが，本能の力だけでなく，適応的な発達において自我の弱さを形成する共同の要素として環境要因を強調しているところに特徴がある。

　この考え方の流れは現在に至るまで，うつ病論だけでなく精神分析的精神病理学において広く遍在しているとみてよい。

　たとえば，Winnicott, D.W.（1971）は，母性的養育の不全により，乳児への侵害が起き，偽自己が形成され，超自我形成の失敗が起きるという。Balint, M.（1968）の基底欠損も欠損理論の一つである。この流れにおいて重要なことは，理論の変化にあるというよりも，Winnicott, D.W.（1971）の「holding」のように技法の修正がなされた点にある。

(2) 心身相関説：精神病的同一視と自他の融合（統合的アプローチ）

　さて，うつ病の精神分析に Jacobson, E.（1971）は大きな貢献をしている。

彼女は，まず神経症レベルの抑うつと精神病的な転移を起こす境界例から精神病レベル（ここには躁うつ病も含まれている）の抑うつの区別を強調する。後者において，彼女は自我の一次的な欠損理論をさらに推敲して，自我組織内部において自己表象と対象表象への情動エネルギーが容易に移動するために，表象レベルにおいて自他の融合と分離が頻繁に起きること，その移動にしたがって安全，抑うつ，高揚といった気分の変動が起きることを明らかにした。そして，この意味における自我の弱さの基盤に体質的な神経生理学的過程があることを強調している。すなわち，彼女はうつ病は他因子が関与している心身相関説を唱えているのである。

彼女の貢献は，こうした理論的明確化だけでなく，うつ病の精神療法に関する彼女の豊富な経験に基づいた知見を次々に発表したことである。それらのすべてをここで紹介する必要はないが，うつ病に対する長期間の精神分析の治療過程を四つの時期に分けて示したことは，現代でもなお治療を概観するために大変有益である。

第一の時期は，見せ掛けの転移が形成される時期で，理想化と否認が優勢である。患者は，改善したという主観的感覚をもち，しかし客観的には明確な成果は達成されていないという事実を否認するのである。筆者が，かなり長期にわたって精神療法を行っていた双極性うつ病の女性患者は，精神療法開始後きわめて速やかにうつ状態から回復した。彼女は休むことなくセッションに通い，とても活発に連想し，治療者の介入には常に感謝の念を表した。このように治療はうまくいっているかにみえたが，何か内的変化があったわけではなかった。日常生活について聞くと，必ずしも対人関係が変化したわけではないことがすぐにわかるほどであった。このように「よくなっていない」という事実について語りながら，それでもなお，彼女は，主観的には治療がうまくいっていると主張し続けたし，治療は必ず成功すると信じていたのである。この理想化と否認は，彼女の現実的都合により治療体制の変更を余儀なくされるまで3年間続いたのである。

第二の時期は，隠れた陰性転移とそれに伴う陰性治療反応の時期で，抑うつ的になったりもっと重篤な状態を示したりする。患者は治療者にべったりと依存的になりマゾキスティックになるが，同時にサディスティックにもなる。すなわち,治療者に服従する代わりに不可能なことを治療者に期待するのである。そして治療者の無意識の罪悪感につけ込んで揺さぶりをかけてくる。期待通り

の反応を治療者から引き出そうとしたり，反対に怒りや厳格さを喚起しようとするのである。したがって第一期とは様相が異なり，治療者は患者から向けられた期待に沿うことができないという無能力感や過剰な期待そのものに対する怒りなどに支配され，治療過程はひどく難渋するのである。

第三の時期は，危険な取り入れと自己愛的引きこもりがみられる時期である。治療者という対象を取り入れ，空想上も現実的にも，それに没頭するのであるが，この防衛機制は自分や治療が建設的になり成功したりするのではないかと感じると，たちまち自分が死んでしまったり，空虚になってしまうという恐怖が起きるということに動機づけられているのである。

これらの複雑な転移に対し，治療者は根気強く関与する態度を続けていくことがこの状況の変化に役に立ち，第四期に入る。そこでは，転移解釈が可能になり，それを通した空想の解釈ができるようになり，ゆっくりとではあるが建設的葛藤解決がすすむのである。

Jacobson, E. は，うつ病の精神分析において，治療者の情緒的態度の価値を強調している。患者の気分水準にフィットした柔軟で自然な対応，そして温かい理解のある態度と患者が向ける悪意に対する適切な分析である。こうした彼女の主張は，治療者が逆転移をもちこたえ，行動化はしないが温かさを提供し続けるという意味を含んでいるが，この意味で彼女は明らかに古典的技法の修正を提唱しているのである。彼女は，同時に夫婦や家族へのアプローチも重視しているなど，彼女のうつ病治療は非常に広範な統合的アプローチを構想していると考えられる。

(3) 葛藤説：自己愛的対象関係と投影同一視・躁的防衛

Klein, M. (1935, 1940) は徹底的に葛藤理論を推稿することにより，うつ病の精神力動を解明した。彼女は，抑うつ不安の克服が人間の精神的健康をもたらすと考えていた。Freud, S. にとって「喪の仕事」は終わるものであるが，Klein, M. にとっては，それは生涯かけて克服するものであった。彼女は，躁うつ病の精神力動は抑うつ不安とそれに対する躁的防衛であること，対象関係はなお部分的な対象関係にとどまっていることを明らかにした。すなわち，自分の攻撃性がよい対象を傷つけたり死なせたりしたのではないか，という罪悪感，喪失感，後悔，抑うつなどからなる抑うつ不安をもちこたえて，積極的によい対象との取り入れ同一化が起きるならば，部分的な対象関係は全体対象関

係へと統合され，自我は対象への感謝と思いやりをもつことができ，象徴機能や想像する能力が熟成される。しかし，この不安に耐えられないとき，躁的防衛を使い，対象を万能的にコントロールするのである。

このあたりの精神力動を，Segal, H. (1994) 次のような文章で生き生きと描いている。

「正常の喪失では，失われた対象は心の中で生きた仕方で保たれているが，喪に服する者は，それが現実には不在であることに気づいている。しかしもし喪失が，自分の身体の内部に死体が具象的に存在する感覚に通じるならば，喪の過程は進むことができない。現実の死体を生き返らせることができないのは，糞便をミルクに戻せないのと同様である」

躁的防衛は，万能感にみちた対象の支配，軽蔑，対象に対する勝利感などから成り立っていて，自他の分離と分化すなわち対象喪失や対象への依存を否認するのである。この過程において患者は，自分のサディズムを理想化するという空想にふける。Klein, M. (1946) は，この対象に対する万能的コントロールに関連して，投影同一視という防衛機制を見出したが，続いて，Segal, H. (1973) は，躁的防衛は，分裂，投影同一視，否認，理想化といった原始的防衛機制から成り立っているかなり安定した病理的構造をもっていることを明確化した。

Freud, S. の自己愛同一視において取り入れ同一視の側面が強調されているのに対し，Klein, M. − Segal, H. は投影による同一視を主張している点に斬新さがあったし，技法的な進展をもたらした。すなわち，このような悪意に満ちたサディスティックな自己愛的対象関係は，治療者に対して即座に転移される傾向があり，治療者はそうした内的対象関係の役割をとらされてしまうのである。したがって，このような対象関係は治療に対する最大の抵抗となるために，治療者はセッションの流れの瞬間瞬間において，即座にこれら変転する病理的対象関係を把握し解釈する必要がある。「今ここで」の対象関係を徹底的に探求するのである。こうした技法論の基礎に，Bion, W.R. の container-contained モデルや妄想分裂ポジションと抑うつポジションは Ps ↔ D という力動記号で表現されるように，セッションにおいて患者はその両者の間を揺れ動いているといった治療技法論の影響があるのはいうまでもないであろう。

現代のクライン学派でうつ病の治療技法に貢献している Steiner, J. (1993) は，投影同一視によって一度は喪失した自己の一部を再獲得するためには，対象を断念し，対象を悼むことが必要であり，この喪の過程において投影同一視

は自分に戻り自我は豊かになり統合されるととらえている。そして，この喪の過程は，対象喪失の恐怖の段階と対象喪失の体験の段階という２つの段階があるとしている。第一段階では，治療者のコンテイナーとしての機能が重要だが，第二段階では，何が対象に属し，何が自己に属するかを認識すること，すなわち対象を断念し，（対象の断念は自分の具象的な死を意味するがゆえに）自分の無力さを知る苦痛に直面しなければならないと述べている（ちなみにこうした臨床経験に基づいて彼は病理的組織化という概念を提唱しているが，詳細は彼の著書『心の退避』を参照してほしい）。このような現代クライン学派の治療技法的考え方は，一つのセッションの動きをミクロにみるならば，Jacobson, E.のいう四つの段階の精神力動は段階を追って出現するのではなく，それらは一つのセッションでも織りなしていて瞬時にある力動から別の力動へとシフトしているととらえるというところに特徴があるといえる。

(4) 脱備給説：死せる母親と移行空間

　さて，Bion, W.R. や Winnicott, D.W. の流れをくんでいる Green, A. (1986) は，うつ病に関連して「死せる母親」(dead mother) という概念化を提唱した。彼は，うつ病患者との精神分析において治療が進行すればするほど，患者は主観的には空虚さを体験するという奇妙な逆転現象が起きることに気づいた。そこにおいて，依存しているのは患者ではなく分析家であり，患者の活動は自分のためではなく，分析家のために分析家に解釈する機会を与えるためになされているという状況が生まれる。しかも，この状況で分析家は治療に失敗するのである。それは，まるで，患者は自分の死を育てるために生を生きているようである。この観察から，彼は，うつ病の基盤には，原初的母性的対象からの徹底的なリビドーの脱備給の結果，無意識の中に痕跡として残った「心的な穴」があり，ついで弱体化したリビドーによって自由になった破壊衝動が，心的穴に再備給されるために動員される結果，憎しみが表出される（つまり憎しみは二次的反応の結果である）という，彼独自の脱備給論を唱えた。彼は，このような原初的対象を「死せる母親」とし，そこで起きる喪失を blank mourning と呼んだ。すなわち，抑うつポジションにおける対象喪失は，破壊性を伴う去勢不安を引き起こすがゆえにそこには「血」の色があるのに対し，自己愛的なレベルにおける対象喪失はただただ空虚であり，血の色がないからである。ここでいう喪失は，実際の対象喪失とは限らず，比喩的レベルにおける喪失であるが，少な

くともこの状況で乳幼児の心は生き生きとした母親からの情緒応答性を喪失するのである。

この考察で彼は，抑うつ患者に対して，第一に憎しみの解釈をもっぱらにする古典的な精神分析技法あるいは Klein, M. の技法（現代クライン学派ではなく）を批判し，転移のなかで愛情の変形を十分認識した技法を強調している。すなわち治療において，患者は死せる母親を覚醒させようとしてケアする。もし，この試みが成功し死せる母親が生き返ると，彼女は再び患者を捨て，自分の関心事に没頭し，別の対象に向かう，その結果，患者は二度目の喪失という災難を蒙ることになる。したがって，死せる母親を生き返らせようという患者の願望は極度なアンビバレンスを惹起することになる。第二に，分析設定における移行空間の生成とそこで生き続ける分析家という対象が患者に生気を与えるという。したがって，分析的介入の目的は患者の洞察ではなく，二人の間の移行空間の生成と生き生きとした関係の生成なのである。

V 精神分析的治療の観点からの要約

以上に述べてきたところを治療的観点から要約してみる。

まず第一に，気分障害の精神分析的精神療法を実施する場合，単独で行うのは大変難しいので，少なくとも主治医と精神療法を行うものと役割分担をする必要がある。主治医は，精神医学的なマネージメントや薬物療法を行い，精神療法の維持の支持につとめる。境界人格障害のようなあからさまな対人操作がない場合は，主治医と精神療法担当者はそれほど密接に連携しなくてもよいであろうが，両者共に，精神療法担当者が自分の作業に没頭できるような治療環境を設定し続けるという感覚をもつことが必要である。主治医は，必要に応じて配偶者や家族へのアプローチをする。

すなわち，情緒的な成長を促進するような治療環境を設定し，維持し続ける努力あるいは治療を構造化する努力といってもよいが，そうした態度が最も重要な技法なのである。

第二に，Freud, S. 以来現代に至るまで理論的変遷はあるものの，転移の焦点は自己愛的対象関係である。あるいは病的な二者関係といってもよい。これに関して，筆者は次の二つのことを明確化したいと思う。

1. 陰鬱なしがみつきと境界形成の絶え間ない努力

　うつ病の特徴は，対象への特殊な形の依存である。「しがみつき」といってもよいが，境界人格障害や自己愛人格障害にみられるようなあからさまな「しがみつき」とも違い，長い時間を経て理想化や否認が減少して，陰性反応が表出されて初めてそれと気づくか，もしくは治療者の持続的な内省によって初めてわかるような空虚で陰鬱なしがみつきである。Jacobson, E.（1971）はうつ病患者の対象へのしがみつきを以下のように述べている

　「特異的なことは，抑うつ患者が愛し働く能力の喪失を回復するのに，愛情対象からの過剰ともいえる魔術的な愛情の力を借りようとする，ということである。あるメランコリー患者は，愛情は私にとって酸素なのです，といった。そのために，彼らは変転する防衛手段を使う。そして，外界からのそうした助力を得ることができていないと，愛情対象，さらには対象世界からさえも身を引いて，自分の内側での戦いを続けるようになる」。したがって，分析の過程で，分析者が中心的な愛情対象と抑うつ葛藤の中心になることは必至なのである。このように Jacobson, E. は愛情を求めるために患者は治療者にしがみつくことを強調した。このリビドーの力は弱体化し，抑うつを構成する源泉になっているが，同時に我々治療者が彼らから冷淡さ・空虚さだけでなく，わずかではあるが愛情を感じとることができるゆえんになっている。

　しかし，筆者は，この必死に外界対象に保護を求めるしがみつきは，愛情希求 - 理想化によるだけではなく，「ひたすら自分を維持しようと努力する動き」そのものに動機づけられていると考えている。もしこの動きを止めると，彼らはまったく統制されていない主観的な感覚，すなわち，無秩序，無意味，破局，消滅，名前のない恐怖，空虚，無力感と無能力感といった，空白の世界に落ち込んでいく恐怖をもっているからである。サドマゾキスティックな関係でもないよりよいのである。この対象関係の様式について，Ogden, T.H.（1994）は，最も原初的なレベルにおける主体と世界とのかかわりに関する Bick, E., Meltzer, D., Tustin, F. らの研究を基礎に，抑うつポジション，妄想分裂ポジションに加え，自閉接触ポジションとして公式化している。自分を維持しようということは，自分について自分という境界を形成しようとする動きのことであり，この境界は動きを止めると消えてしまうような，すぐれて主観的，力動的な感覚の形（硬さや柔らかさ，圧力感などの皮膚の接触感覚）であって，そうした感覚をもつ限りにおいて安全感を感じることができる。こうした境界を

Bick, E.（1968）は第二の皮膚形成と呼んだのである。

　こうしてみると，うつ病患者の治療者へのしがみつきという現象は複雑な精神力動から成り立っており，そこでは，適応的な強迫的コントロール（抑うつポジション），病的投影同一化による万能的コントロール（妄想分裂ポジション），対象との接触による第二の皮膚形成の動き（自閉接触ポジション）という三つの体験様式が複雑に織りなしていると考えられる。したがって，治療者はまずもってこのしがみつきという動きの意味を把握し，それが防衛している抑うつ不安，被害的不安，無力感について考え，想像する必要がある。この姿勢は containing といってもよいであろう。

2. コミュニケーションにおける言葉の無力と可能性空間

　多くの分析家は，うつ病患者は自分を言葉で語らないという困難を経験している。何か新しい考えが創造されるような自他が対話する情緒的コミュニケーションが成立しないのである。筆者がコンサルテーションをした症例（単極性大うつ病）を紹介する。

症例

　患者は，30歳代の有能な男性会社員である。彼は，主治医から薬物療法を受けながら，別の精神科医に精神療法を受けていた。数カ月の治療で彼は仕事に復帰できるまでに回復した。治療初期にはかなり積極的に連想していたが，次第に彼は，精神分析で話をしてもなんら役に立たないと述べるようになっていった。そのころのあるセッションで彼は次のように述べた。

　「自分の気持ちや感じていることを人に話すということが，話したいと思うことが習慣としてありません。話したからといってどうなるのでしょう。人に相談するのは，考えを共有するというよりは自分が一方的に押し付けている。自分から本当に助けを求めたり，力を貸して欲しいということがほとんどありません。相談したからといってどうなるものでもない。治療に来ているといっても，感覚としてはこの時間を生活の中に組み込んでいるだけなのです。無感覚なのです。わざとそうしているのではありません。仕事をし，生活をし，ここへ来ているのは当たり前で，特別なことをしているわけではないのです。そこから少しでも外れてしまうと，それ以上に自分はだめだという感覚に陥るのです。だから仕事もやめられないのです」

しかし，その態度は決して冷たいわけでもなく，拒絶的でもない。ただひたすらそのように話しているのである。治療者は次のように介入した。「自分が頑張っている，一生懸命やっているということを認めると，自分の芯が崩れてしまうのでしょう。そして生きてはいけないと感じるのでしょう」
　患者は次のように応えた。「認めないことが，今生きていくために必要なのです」とにべもなく否定した。
　治療者はこのやりとりを通じて，以前感じていたような触れ合うという感覚がなく，治療者としてまったく役に立っていないと感じていた。
　コンサルテーションを通して，この鋭敏な治療者は次のようなことに気づくことができた。治療者は，治療者として効果的であろうとして有効な解釈をしなければならないという考えにとらわれ，自分の内面に起きている出来事から関心をそらしていた。このことに気づいた治療者は，患者と二人でいたときの体験を思い出した。治療者は，ハリネズミの針が外ではなく内に向いているようで，抱きしめると患者の針が患者を傷つけることを恐れていた。同時に，治療者は，二人は溶媒の中にいて，離れていて，それぞれが無力感や無能力感を感じているが直接コミュニケートせず，しかし互いの振動だけがコミュニケートしているようだということを言葉にすることができた。治療者は，この患者との関係にかすかな希望を感じることができたのである。

　うつ病患者との精神療法では，治療者と患者の二人は息が詰まるような，そして何も考えが生まれてこないような空間のない状況に陥ることがまれではない。この意味で，筆者は上述したGreen, A.の移行空間という考えに同意したい。同じような概念化をOgden, T.H.（1986, 1994）もしており，彼は分析状況において可能性空間をこじ開けるいくつかの技法について述べている。
　筆者は，このような状況において，治療者が，患者の中に抑うつポジションすなわち期待や希望を感覚しようと努めること，そのためには自分の中に起きる無力感や無能力感という逆転移を回避することなく，あるいは行動化することなく，そういう感情をもちこたえることが必要なのであり，そうなって初めて意味のある言葉が生まれてくると考えている。

VI 一つの治療モデル——症例の断片——

　これまで検討してきたことを念頭において，約6年継続した症例の最初の2年間について提示する。なお，症例の記述については，相互関係や治療者の主観性を強調するため，「筆者」あるいは「治療者」という言葉ではなく「私」という言葉を使用することにする。また注）で記したことはこの論文を書いているときの事後の意見である。

症例

　症例は30歳代前半の女性であり，大うつ病のカテゴリーに入るが，もっと深刻なのは反復する自殺企図であった。

　彼女は「言葉は役に立たないと考えている人」であった。ひどく寡黙で，精神療法を拒んでいたが，一般外来には几帳面に通ってきた。私が彼女と出会ったのは，彼女が深刻な自殺企図で救急外来に運ばれてきたときであった。私は，精神療法と，家族をも交えたマネージメント，入院治療が必要だと考えていた。それを，本人と両親に伝えていた。両親は私の提案に協力的だったが，彼女は婉曲に「いいです」と言って拒否し，不眠の薬物療法だけに同意した。それは，決して強い口調ではなかった。しかし，私は部分的にだが，それに逆らえないものを感じた。同時に，彼女は言ったことは守る人なのだろうとも感じていた。というのは，救急外来における最初の出会いの際，彼女がかろうじて述べた一言が私には印象深かったからである。病歴を聞いたとき彼女は「以前にも自殺企図をした」と答えた。そのときの対応を聞くと，「ある精神科に通ったが，そこで数回でいいでしょうと言われた」ということを彼女は語っていたのである。そのとき，私は，その精神科医が彼女の問題を深刻に考えなかったことに対する彼女の不満をわずかに感じとることができた。同時に，私は，言葉にはならない，彼女の治療への期待を感じていた。おそらく両親も私と同じような考えだったのかもしれない。両親は彼女の言い分に同意し，しかし必要と感じたときはいつでも両親が私の外来を受診するか私に連絡をするということになった。

　一般外来での長い期間，私はこの治療が何か変化をもたらすとは思えなかったが，彼女の日常生活や心身の状況にできるだけ積極的な関心をもつように心がけた。彼女が治療に参加しうるような状況を作り上げることを試みていたの

である。その結果，ごく限定されてはいたが，彼女に関する情報を分かち合えるようになった。しかし，何が彼女を自殺企図に駆り立てたのか皆目見当がつかなかった。

　1年を超えた頃，彼女は「精神療法はまだ必要か」と私に尋ねた。私は「必要だ」と答えた。彼女は「ならばやります」と言った。なぜ彼女が決心したのか，その直接的動機について私は皆目見当がつかなかった。しかし，私はあえてそれについて尋ねないことにした。なぜなら，おそらくこの段階で，その動機を二人で探求する作業よりも「まずはやってみる」ことが重要なのであり，精神療法過程の中でそれは探求されるべき課題になるだろうと考えたからである。ただ，彼女が部分的にせよ，「彼女との治療に関する私の考え」に同意したのだろうということはわかった。私は，精神療法のやり方について説明したとき，対面法でも寝椅子でもよいと伝えたのだが，最初彼女は寝椅子を選んだ。しかし，当時私が精神療法に使える時間は限られていたので週1回とした。

　初回のセッションの際，私は彼女がどの程度連想するのか気がかりだったが，彼女は私が予測した以上によく話をした。といっても小声でぼそぼそと連想する程度であった。彼女は，「どのようになったら治ったというのですか，その境目はどこですか」「もし，そうでないのに，私が死んだりしないとか，人と付き合える，とか言ったらどうするのですか」と質問した。そして「実際はまだ死のうとする気持ちがあるし，大勢の人の中にいるのが怖いのです」と言った。

　これを聞いて，私はかなり困惑した。直接彼女の質問に答えたなら，単純で直線的な事実のやりとりになるだろうし，反対に何も答えなかったら彼女の存在を無視することになるだろうと思ったのである。最初から進退窮まった感じがした。私は，彼女の問いを反芻しようと試みた。そこで明瞭に浮かんできたのは，彼女は私という対象にしがみついている，同時にそのしがみつきの中に彼女の律儀さを私が感じているという私の考えであった。そして彼女の質問が，私の精神分析についての基本的な考えに対する真剣な問いかけだとも考えた。そこで，私は次のように答えた，「確かに私にはもしあなたが不正直だったときそれを完全に見抜く力はない，しかし私はあなたはこうだと断定するようなことや私の言いなりにすることには関心がない，実際私とあなたの間で一致とか不一致といったことは絶えず起きるでしょうし，そのときの気持ちに私は耐えることはできるでしょう」。さらに「あなたがこの治療に本気で取り組もうとしていて，互いに信頼するとか信用するという問題について真剣に考えていると

思う」と,私は付け加えた[注1]。彼女は「自分は常に人に裏切られるのではないか,人は私をいいとは思っていないのではないか,と思っている,それがまた態度に出て,悪循環になるのです」と連想し,続けて中学生の頃いじめにあった話をした。その話は残り時間中続いた。私は「あなたはこういう話をしていてもどこかでは私に裏切られるという不安があるのでしょうか」と聞いてみた[注2]。彼女は,それを否定し,「いやなことを思い出してしゃべることがただつらいのです」と言った。私は,いじめの話を興味をもって聞いていたという私の行為について,私が彼女に対し非常にサディスティックな行為をしてしまったのではないかという後味の悪さを感じたままこのセッションは終わった。

次のセッションは何も思い浮かばないという彼女の言葉で始まった。そしてずっと沈黙していた。30分くらいして彼女は,「人と会うのが怖いというのはどのようにして治るのか。自分の思っていることを全部話したとして,話すことによってすべて解決するのか」とつぶやいた。それは決して私をあからさまに責めるような話し方ではなかったのだが,私は責められていると感じた。そして,私は,すでに私たちがサディスティック－マゾキスティックな転移的競争関係に入っていて,それは彼女との治療に関する私の万能的空想(彼女を精神療法で救済し,彼女に明るい人生を提供できるといった空想)を強化していると思った。同時に私の体験している万能的空想は,部分的には彼女自身の無力さ,無能力さとそれを防衛するためのサディスティック－マゾキスティック空想へのしがみつき,さらには「治療はかくあるべきだ」という万能的考えの反映だと考えた。私は,彼女の決して冷たくはないむしろ温かさや真剣さを感じていたが,それとは別に私は,彼女の激しい憎しみと不信に直面しているのだと思った。結局,これは私の精神分析家としての信念を問うているのだという考えに至った。私は,「この治療と私は役に立つと私は考えています,もし過去のあなたの体験と今あなたが感じたり考えたりしていることを区別するこ

注1) ここで治療者は,彼女との意見の違い,信頼に対する不信やそれに伴う彼女の破壊性そして治療者に投影された虚しさに耐えうるということを伝えようとしているのである。

注2) このいかにも教科書的な介入は失敗であった。決め付け的で私の考えを押し付けているに過ぎず,それは対話の空間を生成することができないからである。おそらく彼女は,いじめや他者への憎しみによる悪循環にもかかわらず,人間関係を維持し,存在し続けているということを治療者に伝えようとしていたのであろう。

注3) ここで治療者は,対象喪失を否認することによって起きる苦痛は認めることによる苦痛よりもはるかに強いこと,対象喪失を認めるためには希望を内在化する必要があることを伝えている。この解釈は,患者から投影された様々な彼女の側面を咀嚼し代謝する作業から生まれたのである。

第1章　気分障害の精神分析——無能力感と境界形成をめぐって——　　33

とができないとしたら，そして過去の体験がまったく変化しないとしたら，それは大変な苦痛でしょう」と明確にいった(注3)。彼女は黙っていた。私は「前回つらい思いをしながらいじめられ体験について話したにもかかわらず，あなたの苦痛は変わらないので，この治療に疑問を感じたのだろうか」と尋ねた。彼女は，「話して変わるって思ってなかったので，そういう疑問はもちませんでした」と答えた。

　次のセッションで，彼女はよくしゃべった。「友人の父親が急死した，その友人の話を聞いてあげて少しは役に立ったかなと思いながらも，うまく慰めることができない，なかなか言葉で言い表せない，でも私に頼ってくることが私の役にも立っている」と言い，「なぜ自分が死のうと思うのか，なぜ完全にやめることができないのか」と自分に語りかけるように連想した。しかし，続けて彼女は「死のうとすることがどうしていけないのかどうしてもわからない」と言うのであった。このように彼女は，人間関係が互いの役に立っているということについて少しだけ話しながら，私が答えるのに難渋するようなひどく基本的な質問をした。この傾向は数カ月の間続いた。たとえば，カウンセリングは役に立つのか，よくなったという境界をどこで見分けるのか，この治療を続けなければいけないのか，何もかも早く終わらせたいのだ，もっとしゃべれるようになるにはどうしたらよいか，などである。私は，彼女の質問の意味について考えてみた。私が沈黙で応じても，対象関係をめぐる葛藤を解釈することで応じても，それは私のサディズムつまり逆転移の行動化になるのではないかと思った。しかし，彼女の質問はすべてが，<u>今行われている精神分析について基本的に私がどのように感じ考えているか</u>ということに関連していると思った。さらに，彼女の質問の仕方には，内容はともあれ，面と向かって彼女に応じて欲しいという他者に対する彼女の期待が込められているのだという考えにたどり着いた(注4)。そこで，私はそのつど，質問に沿って答えるようにした。

　約4カ月目のセッションで，彼女は部屋に入るなり対面法を選んだ。私はそれについてなにも言及しなかったのだが，彼女はまったく普通にてきぱきと話し始めた。話の内容は，人の相談を受ける仕事を通してもっとしゃべれるよう

注4) 希望や他者に対する言葉にされた期待は，抑うつポジションにおける対象の喪失にともなう情緒であり，よい内的対象関係を維持する能力に依拠しているが，自閉接触−妄想分裂−抑うつという三つのポジションが変転する分析状況において，それらの情緒を見出すのは治療者の大きな仕事である。

になりたいので，ちょっと危ないところだが，とりあえず相談に関連する民間施設に就職したということであった。その次のセッションも彼女は対面を選んだ。予測通りインチキな相談所なのでやめた，やめるとき脅かされたが，きちんと交渉した，という話をした。彼女の用意周到さ，力強い対応能力，そしてメリハリのある話し方に私は非常に驚いた。このような力強い側面を，彼女は私に一度もみせたことはなかったし，それを示唆するようなエピソードを両親からも聞いたことがなかったからである。私は「死にたい，元気がないあなたと，今のこうした交渉をするしっかりした強いあなたとあまりに対照的で驚いた」ということを伝えた。彼女は「自分でもこの違いには気づいている」，そして「自分があまりにも強いので，自分を責めてしまうのだと」と言うのであった。私がそのような経験はあるのか尋ねると，「それはないが日頃の積み重ねでそのように考えてきたのだ」と答えた。しばらく沈黙してから，彼女は「死にたい人をカウンセリングでは助けられないのでしょう」と真剣な表情でつぶやいた。私が，どうしてそう思うか聞くと，彼女はしばらく答えなかった。しかし，彼女の中で，明らかに情緒的動揺が起きているようにみえた。そして涙が落ちてきた。彼女はさめざめと泣きながら過去の自殺企図の動機にまつわる出来事について語り始めた。彼女は，過去の自殺企図において，それぞれ別の友人が自殺を成功させた後に，自殺企図を行っていたのであった。それらの友人たちは，自殺企図を繰り返し，薬物療法やカウンセリングを受けていた。彼女は，その友人たちから相談を受けたとき，助けようとしたが助けることができなかったのである。つまり，彼女の人を助けようとした試みは幾度となく失敗したのである。その後の話で，彼女は友人たちと自分は同じ病気だと確信し，その結果自分でも自分を救えないと考え絶望的になっていたと述べた。

　私は，「あなたが温かいから相談されたのだろう，あまりしゃべらないが人にそれは通じるのでしょう，その二人の人もそれがわかったのであなたに相談したのではないだろうか」と言った。彼女は黙っていた。私は，彼女が前に友人の父親のことを話していたことを思い出していた。そして「おそらくそういうことをあなたは人から言われたことがあるのではないだろうか」と言うと，それは肯定し，友人の友達が死んだときだと述べた。

　彼女が，救済願望・病者への自己愛的同一化・自己破壊衝動から構成されるかなり組織化された病理的幻想をもっていることは明らかである。彼女の現実

の対人関係，職業などの分野では相当の改善を示し始めていた。このような病理構造がワークスルーされるにはさらに約4年を要したのである。

　しかし，精神療法開始半年くらいの期間に示された，私の信念を問い，質問を繰り返すという彼女の行為は，万能的でサディスティック―マゾキスティックな要素だけでなく，私との精神分析的関係に関する彼女の体験（虚しさと無力・無能力感に脅かされている関係でもある），つまり彼女の自己を支えるために不可欠な要素を含んでいたといえる。そして私は彼女とのセッション中，常に身体全体に加わるある種の圧力を感じていた。私が彼女の質問の意味について考え，具体的に私の言葉で応じるという過程は，私が次第に彼女の人生に慣れ親しみ，彼女のために感じ，話をするという，必然的なある反応共鳴が私の心の中に確立された過程でもある。そして同じ過程が彼女の中でも起きていたと考えることができる。これは投影同一化の解釈と取り入れ同一化の過程という側面だけでなく，息が詰まるような密接な二者関係や役に立つか役に立たないかというアンビバレンスを超えて，言葉が紡ぎだされるような空間の生成の過程という側面がある。

　このことによって，彼女は無能力感・悲哀・落胆・怒り，そして共感・希望を自分の言葉で体験する能力が芽生えてきたと考えられる。それは，私の言葉・彼女の言葉で示されるように，二人の心が独自の境界をもちながら，相互に浸透するという過程だともいえる。

Ⅶ　おわりに

　気分障害の精神分析は非常にチャレンジングな領域である。この小論で示したように，技法の改善や理論の遂行をしながらこうした臨床的努力は営々と続けられている。気分障害という広いスペクトラムをもつ障害には，精神分析ないしは精神分析的精神療法の適応ではないケースから明らかな適応であるケースまで様々である。しかし，わが国の現状では，言語化能力があり訴えが多いと精神療法に依頼されるというケースが大変多い。たとえば，非常に悪性の自己愛をもつ演技性人格障害が気分障害を合併して，一見言語化能力があるようにみえるため精神療法に依頼されるようなケースは，治療が難しく極端に長期化することが少なくない。反対に，提示した症例のように寡黙な人は精神療法に依頼されないだろうし，一見正常であれば精神科治療も短期で終わってしま

うであろう。

　確かに，気分障害の精神分析的精神療法は理論的にも技法的にも複雑であり，実践するためには相当のトレーニングが必要である。そうではあるが精神分析の観点からの気分障害ないしはうつ病論が一般臨床精神科医の間にもっと浸透してもよいのではないかと考えている。この意味で本論が多少なりとも貢献できることを願ってやまない。

文　献

Balint, M. (1968) The Basic Fault——Therapeutic aspects of regression. London, Tavistock.（中井久夫訳（1978）治療論から見た退行——基底欠損の精神分析．金剛出版）

Bibring, E. (1953) The mechanism of depression. In : Greenacre, P. (Ed.) Affective Disorders. New York, International Universities Press.

Bick, E. (1968) The experience of the skin in early object relations. In. The International Journal of Psychoanalsis. 49 ; 484-486.

Freud, S. (1917) Trauer und Melancolie.（井村恒郎訳（1970）悲哀とメランコリー．著作集6．人文書院）

Frued, S. (1923) Das Ich und das Es.（小此木啓吾訳（1970）自我とエス．人文書院）

Green, A. (1986) On Private Madness. Madison, International Universities Press.

岩崎徹也（1990）精神療法．（大熊輝雄編）躁うつ病の臨床と理論．医学書院．

岩崎徹也（1994）思春期・青年期の抑うつ——精神分析の立場から．思春期青年期精神医学 4（2）; 159-165.

Jacobson, E. (1971) Depression-Comparative Studies of Normal, Neurotic, and Psychotic conditions. New York, International Universities Press.（牛島定信訳（1983）うつ病の精神分析．岩崎学術出版社）

Kernberg, O.F. (1975) Borderline Conditions and Pathological Narcissism. New York, Jason Aronson.

Kernberg, O.F. (1984) Severe Personality Disorders. New Haven, Yale University Press.（西園昌久監訳（1996）重症パーソナリティ障害——精神療法的方略．岩崎学術出版社）

Klein, M. (1935) A contribution to the psychogenesis of manic-depressive states. In : The Writings of Melanie Klein, Vol.1. London, Hogarth Press.（安岡誉訳（1983）躁うつ状態の心因論に関する寄与．メラニー・クライン著作集3．誠信書房）

Klein, M. (1940) Mourning and its relation to manic-depressive states. In : The Writings of Melanie Klein, Vol.1. London, Hogarth Press.（森山研介訳（1983）喪とその躁うつ状態との関係．メラニー・クライン著作集3．誠信書房）

Klein, M. (1946) Notes on some schizoid mechanism. In : The Writings of Melanie Klein, Vol.3. London, Hogarth Press.（狩野力八郎・渡辺明子・相田信男訳（1985）

分裂機制についての覚書．メラニー・クライン著作集4．誠信書房）
日本精神分析学会第30回大会（1984）シンポジウム「躁とうつの精神分析」：精神分析研究 29（1）；1-46.
西園昌久（1990）精神分析学的研究．（大熊輝雄編）躁うつ病の臨床と理論．医学書院．
Ogden, T.H. (1986) The Matrix of the Mind-Object Relations and the Psychoanalytic Dialogue. New York, Jason Aronson.（狩野力八郎監訳，藤山直樹訳（1996）こころのマトリックス──対象関係論との対話．岩崎学術出版社）
Ogden, T.H. (1994) Subjects of Analysis. New York, Jason Aronson.（和田秀樹訳（1996）「あいだ」の空間──精神分析の第三主体．新評論）
小此木啓吾（1985）現代精神分析の基礎知識．弘文堂．
Segal, H. (1973) Introduction to the Work of Melanie Klein. London, Hogarth Press.（岩崎徹也訳（1975）メラニー・クライン入門．岩崎学術出版社）
Segal, H. (1994) Phantasy and reality. In : Schafer, R. (Ed.) (1997) The Contemporary Kleinians of London. International Universities Press.（福本修訳（2004）空想と現実．現代クライン派の展開．誠信書房）
Steiner, J. (1993) Psychic Retreats-Pathological Organizations in Psychotic, Neurotic and Borderline Patients. London, Hogarth Press.（衣笠隆幸監訳（1998）心の退避──精神病・神経症・境界例患者の病理的組織化．岩崎学術出版社）
Winnicott, D.W (1971) Playing and Reality. London, Tavistock.（橋本雅雄訳（1979）遊ぶことと現実．岩崎学術出版社）

第2章　情緒障害のいくつかの形態
　　　　およびそれらの分裂病との関係（翻訳）

〔訳者序〕

【「as if personality：かのような人格」に関する論文の翻訳について】
　「かのような人格（as if personality）」については，我が国でも精神分析の分野だけでなく精神医学一般でも広く知られている。ところが，この概念について Helene Deutsch が総括的に考察したのは，ここで訳出した「Some Forms of Emotional Disturbance and Their Relationship to Schizophrenia」(1942) においてであり，タイトルに「as if」がないため多少とまどってしまう。かなり前になるが，筆者も分裂パーソナリティーについて勉強している時にこの論文を読み，なぜ「as if」がタイトルに入っていないのか不思議に思ったことを覚えている。ちなみに，1938 年に Deutsch がこの概念を最初に発表した独語論文のタイトルには「als ob」が入っているのである。そんなわけで，訳者としてはこの論文が「かのような」人格に関する論文であることを強調するために訳文のタイトルを変えようかとも思った。しかし，原著に忠実であることが，学術論文の翻訳には必要ではないか，とりわけこの種の学術誌ではそのほうがよいのではないかと考え直し，タイトルの変更を思い止まった。そのかわり，いわゆる「訳者序」の下に，上記のような表題を使わせていただいた次第である。
　Helene Deutsch (1884-1982) については，いまさら説明するまでもなく，Freud, S. 以降精神分析の発展に貢献したもっとも代表的な精神分析家の一人である。彼女のパイオニア的貢献は，彼女がウィーン大学における最初の女子医学生であり，ウィーン精神分析協会初の女性会員であり，さらに女性心理を扱った最初の精神分析家でもあったという事実を述べるだけでも十分であろう。
　たまたま，この論文を訳している時，「Mothering Psychoanalysis」(Janet Sayers 著，1991) というタイトルの本を手にいれた。この本は，現代の精神分析の基礎をつくった，とりわけ精神分析における父性中心から母性中心への

転回という現代の流れにもっとも貢献した4人の代表的女性精神分析家たちに関する伝記である。そこで，Karen Horney, Anna Freud, Melanie Klein とともに Deutsch も詳しく取り上げられているので，興味のある方はお読みいただければよいであろう。ちなみに，この本が英国で出版されたときは上記のタイトルであるが，米国版では「Mothers of Psychoanalysis」であり，邦文訳本では「20世紀の女性精神分析家たち」（晶文社，1993）となっている。なぜそうなったかは詳らかではないが，どこか現代の女性心理に関するとらえ方の微妙な違いを反映しているようでもあり興味深い。

さて，Sayers, J. によれば，Deutsch は女性心理に関する論文が多いものの，彼女がもっとも関心をもっていたのは人間の欺瞞性についてであるという。おそらく，このことが彼女をして精神分析の道に駆り立てたのであろうし，「病的な嘘」「偽りの identity」そして「かのような人格」といったテーマに目を向けさせたのであろう。

最後に，訳文の掲載を許可された The Psychoanalytic Quarterly と Martin Deutsch 教授に感謝いたします。

〔翻　訳〕

［本論文は，Über einen Typus der Pseudoaffektivität ('Als ob') という題名で，Int. Ztschr. f. Psa. X X, (1934) に発表した論文と，American Psychoanalytic Society の1938年シカゴ大会における講演を組み合わせたものである。］

　本論文において私は，いくつかのタイプの情緒障害に関する精神分析的観察について述べたい。ここで述べる一連の症例において，個体の外界や自我にたいする情緒的関係は枯渇しているか欠如しているようにみえる。こうした情緒生活の障害は異なった形をとっている。たとえば，正常な情緒的きずなや応答性の欠知に自分では気付かない，しかしその情緒障害は周囲の人達によってのみ認知されたり，あるいは分析療法において初めて発見されたりするという人達がいる。また，情緒がないことを訴えたり，内的体験の障害に強烈に苦悩するといった人達もいる。後者の中には，その障害が一過性で流動的な場合，あるいはその障害が繰り返し，しかしある特異的な状況や体験との関連でのみ起こる場合，さらにはその障害が持続的で非常に苦痛な症状を形成する場合もある。また，こうした情緒障害が自分の人格に内在すると認知されることもある

し，逆に外界に投影されることもある。「自分は変わってしまった，何も感じない，すべてが非現実的に見える」という患者もいるし，どうも周りが変だ，霞がかかっているように見える，人も出来事も芝居がかって見えるし現実的でない，と訴える患者もいる。自分の弱点に気付いていて，それを訴えるような人の場合，その障害の形態は'離人症'の病像にあてはまる。そして，これについてはすでに多くの研究者が記述している。精神分析的文献では，とりわけ Oberndorf, G.P. (1934, 1935), Schilder, P. (1939), Bergler, E. と Eidelberg, L. (1935) といった人達の研究が注目されている。

　本論文における精神分析的観察は，離人症と近縁関係にあるものの，患者が自分では障害だと認知していないという点で離人症とは異なる状態をおもに扱っている。この特殊なタイプの人格を私は 'as if'（かのような）と名付けた。ここで強調しておきたいのは，この名称は Vaihinger が提唱した虚構体系 (system of fictions) や 'As-If' 哲学とはなんら関係がないということである。ただ次に述べるような理由から，私はこのタイプの人にあまり目新しくもない用語を使用しているにすぎない。すなわち，このタイプの人の感情状態や生き方を理解しようと努力すればするほど，我々はある避けがたい印象にとらわれるからである。つまり，こうした人の人生に対する全関係には，なにか真実さに欠けるところがありながら，外見上はむしろまるで完全である'かのよう'に見えてしまうような何かがある，という印象である。さらに専門家でなくても，こうした「かのような」人に出会った後は，遅かれ早かれ，「あれ，彼（彼女）はどこか変だな」とつい考えてしまうものである。一見すると，こうした人は正常に見えるし，病気を示唆するものはなにもない。行動上の異常はなく，知的能力は傷害されていない。情緒表現も十分まとまっており適切である。であるにもかかわらず，しかし，当人とその相手になる人達の間にはなにかつかみどころのないボンヤリしたものが入り込んできて，「どこか変だな」という疑問を引き起こすのである。

　私の患者の一人であるが，人生経験もあり有能な男性が，ある社会的な集まりで，私の別の患者つまり「かのような」タイプの少女に出会った。その直後の分析セッションにおいて，彼はこの少女を褒めて，彼女がどんなに刺激的で，話上手で，魅力的で，面白いかといったことを話したのであるが，最後に「でも，あの子はどっか変なんですよね」といってこの話を終えた。彼は自分の言わんとしていることを説明できなかったのである。

私は，この少女の書いた絵をいくつかその道の権威ある評論家に見せたことがある。彼によれば，彼女の絵画は優れた技量と能力を示しているが，しかしそこにはなにかしら心の乱れがあり，それは内的な束縛のせいであろう，とはいえそうした抑制は必ず取り除かれうるものだと思う，ということであった。この患者の精神分析はあまりうまくいかなかったが，終結に向けて，彼女はさらに絵画を勉強するためにこの評論家の学校に入学した。しばらくして，私は彼女の能力を熱烈に褒めたたえる報告を彼女の先生から受け取った。そして，数カ月後私のところにあまり熱烈ではない報告が届いた。実際，彼女は有能ではあったけれども，しかしこの先生が最初ひどく感心したのは，彼女が彼の技術と芸術的理解の方法をまたたくまに取り込むその速さについてであった。しかし，彼はこれまで出会ったことがないようなつかみどころがない何かが彼女にはある，ということを率直に認めざるを得なかった。そして，最後に「どこか変だな」という例の疑問で報告は終っていた。さらに，その後この少女は全く異なった教育方法をとっている別の先生のところにいき，そこでも驚くほど容易にかつすばやく新しい理論と技術に適応した，ということが申し添えられていた。
　これらの人達が最初に与える印象は完全な正常性である。彼らは知的には異常が無く，有能であり，知的かつ情緒的な問題について素晴らしい理解力を示している。彼らにはまれならず創造的な仕事に向かう衝動があり，それらを達成しようとする時，彼らは形式的にはかなり困難な仕事をしてのける。ところがその仕事は巧妙ではあるが，常に調和を欠いたなんらオリジナリティーもないお手本の反復である。よく観察してみると，彼らの環境との情緒関係にも同じことが認められる。これらの情緒関係は，通常はかなり強いものがあり，友情，愛情，同情，理解に満ちている。ところが，専門家でない人でも，まもなくどこかしら奇妙であることに気付き，説明しようのない疑問をもつ。分析家にとってすぐに分ってくるのは，どんな情緒関係にも暖かさのかけらもないこと，情緒表現はすべて形式的であること，あらゆる内的体験は完全に排除されている，ということである。それはちょうど，技術的には優れているが，人を本当に感動させるような真にせまった演技力に欠けている俳優の演技のようなものである。
　すなわち，こうした人の本質的な特徴は，外見上あたかも完璧で豊かな情緒的能力をもっているかのように人生を送っているということである。その人に

とって，自分の空虚な生き方とほかの人が実際に体験していることとのあいだにはなんら違いがない。ここでこの問題をさらに深める前に述べておきたいのは，この状態は抑圧をもつ人間の冷たさとは同一ではないということである。すなわち，抑圧をもつ人間の場合，ふつうは高度に分化した情緒生活が壁の背後に隠されているものである。そして，情緒の喪失が顕在化しているか，あるいは過剰代償によって覆い隠されているものである。そこには，現実からの逃避つまり禁止された本能欲動の意識化に対する防衛がある場合もあるし，不安をともなう幻想を避けるために外的現実を求める場合もある。精神分析が明らかにしたところによれば，「かのような」人間において，もはや抑圧の働きはなく，対象備給が現実的に喪失しているということである。世界に対する表面的に正常な関係はこどもの模倣に対応しており，環境への同一化の表現である。そのため，この物真似は，対象備給の欠如にもかかわらず，現実世界に対して見せかけの良い適応をするという結果をまねくわけである。

　さらに，人生に対するこうした関係は，当然の帰結として外界からの信号を素早く巧妙にキャッチし，それに沿って自分自身と自分の振る舞いを鋳型にはめ込むという高度な可塑性をもった，環境への完全な受け身的態度をつくり上げる。他者の考えや感情への同一化は，この受け身的な可塑性の表現であり，かつその人をして他者に対する最大の忠誠と最悪の裏切りを可能にしてしまう。いかなる対象も同一化への架け橋として作用する。「かのような」人間の愛情，友情，愛着は，最初のうちは相手の人にとってとても報いられるものをもっている。それが女性の場合，彼女ははまさに女性的献身の典型のようにみえる。とりわけ，受け身的態度や同一化しやすさなどによってこうした印象をもたれる。しかしまもなく，本当の暖かさの欠如により，そこに空虚で退屈な雰囲気がかもしだされるために，男性はたいがいいきなり関係を断ってしまう。このように「かのような」人間が捨てられたとき，どんな関係にも持ち込むあの執着心にもかかわらず，「かのような」それゆえ偽物である急激な情緒反応を示すか，あるいは露骨に感動性の欠如を示す。そして，機会があればまたたくまに前の対象は次の新しい対象に取り替えられる。このようにして，このプロセスが繰り返されるのである。

　情緒生活において非常に明白であるこの空虚さと個体性の欠如は，同じく道徳構造にもみられる。完全に没個性的でありまったく無原則的であるなど，その言葉の文字どおりの意味において，「かのような」人間の道徳，理想，信念

は，たんに他者のそれの反映にすぎず，良いか悪いかしかない。彼らは，社会的，倫理的，宗教的なグループにひどく安易に加わるが，そうした一つのグループに忠実であることによって，自分の内的空虚さに満足と現実性を与え，同一化によって自分の存在の妥当性を確証しようとする。一つの哲学に過剰なほど情熱的に執着していても，たとえばたまたまサークル仲間の再編成などがあると，ただそれを契機として，なんら自分を内的に変革することもなく，素早くそして完璧に別の正反対の哲学へと転向してしまう。

こうした患者の第二の特徴は被暗示性である。これはこれまでの説明から十分理解できるものである。同一化能力の場合と同様に，この被暗示性もまたヒステリーのそれとは異なっている。ヒステリーでは，対象備給が必ずあるものだが，「かのような」人間において，被暗示性はつねに受け身性と自動人形のような同一化に帰することができる。愛欲の虜のためだといわれるような犯罪行為の初期段階は，むしろ受け身的な影響され易さによることが多い。

「かのような」人格のつぎの特徴は，攻撃的な傾向が，ソフトで感じがよくしかし消極的な善良さといった印象をともなう受け身性によってほぼ完全に隠されているということ，しかしそれはいとも簡単に悪意に変換しうるということである。

以上のような特徴をもったある患者について述べたいと思う。彼女は，ヨーロッパでももっとも古い貴族の家系のうちの一つに一人っ子として生まれ，かなり変わった環境で育てられた。彼女の両親は，公式的な仕事があるという理由と，さらにはまったく伝統にのっとって，育児と教育を他人に委ねた。週のうち特定の曜日に，彼女は「コントロール」を受けるため両親の前に連れてこられた。そこでは，教育成果について公式的なチェックがなされ，あらたなプログラムとその他もろもろの指示が家庭教師に与えられた。そして，この冷たい儀式が終わると，彼女は自分の住まいに戻されるのである。彼女は，両親からなんの暖かさもやさしさも受けなかったし，また直接処罰を受けることもなかった。こうした両親からの実質的な分離は生後まもなくから始まっていたのである。自分の子どもにほんのわずかしか暖かさを与えないというこの両親の態度のうち，おそらくもっとも不幸なことはつぎのような事実であろう。すなわち，両親の「存在」そのものがあまりにも強調されていたということ，そして両親に対する愛情，尊敬，従順といった感情を直接的かつ現実的に一度も体験することなく，むしろそれらの感情をもつようにきびしく教え込まれたとい

うことである．さらにこの事実は，彼女の受けた全教育プログラムによって強化されたのである．このように両親の方に著しい感情の欠如があるという環境のもとでは，子どもに満足のいく情緒生活の発達などというものは望むべくもなかった．しかしながら，もしそうした環境でも，誰かほかの人が両親の役割を果たすということが考えられよう．その場合，彼女の状況は養家で育った子どものそれであったろう．そのような子ども達の場合，実際の両親に対する情緒的結合は両親代理に移し替えられ，そうした関係の中で，エディプスはかなりな困難に遇いながらも，しかしおそらく重大な変容を蒙ることなく発達するものである，ということをわれわれは知っている．

　儀式的な伝統に従って，この患者にはつねに三人の乳母がついていた．どの乳母も一番に両親の目にとまりたいと思っていたし，またたえず子どものご機嫌とりをしていた．さらに彼女たちはしばしば交替していた．このように幼い頃ずっと，彼女には彼女を愛した人物も，また彼女にとって重要な愛の対象となりえたかもしれないような人物もいなかったのである．

　概念で思考できるようになるとすぐに，彼女は両親に関する幻想に没頭するようになった．彼女は，それらの幻想にはとても普通の人間では達成できないものが得られる神のごとき力があると考えた．物語や伝説から吸収したあらゆることを素材にして，実に念入りに彼女は両親に関する神話を作り上げた．それらの幻想の中に愛情を求める願望はいささかも表現されていなかった．むしろ，それらの幻想はすべて自己愛的利得を得るという目的をもっていた．現実の両親と会うたびに，想像上の英雄たちと両親との乖離は深まっていった．こうして，子どもの中に両親神話が形成されたのであるが，この幻想的なエディプス状況とおぼしきものは，現実の人間や感情に関するかぎり，やはり空虚で形式的なものにとどまっていた．両親との関係を否定した現実が，幻想への自己愛的退行を引き起こしたのであるが，それだけでなく代理的な対象リビドー関係の全くの不在が，このプロセスに拍車をかけていた．乳母や家庭教師の頻回な交替，さらにこれらの人達がもっぱら厳格な教育を行い，命令に従って行動し，子どもを現実の要請に従わせるためにあらゆる手段を取り，そしてその中で訓練目標を達成するための一つの方法として意識的に偽の思いやりが用いられたわけであるが，こうした事実が対象リビドー関係の可能性を閉ざしてしまったのである．この子どもは，非常に早くから整理整頓や厳格なテーブルマナーをしつけられていた．また，ごく幼いころはよく癇癪をおこし，乱暴もし

たが、それもうまく統制され、完全におとなしく服従するようになった。こうした厳格な規制のほとんどは最終的には両親の気に入るということによって達成された。それゆえ、彼女は、自分がやった従順で適切なことはすべて神話的な父親と母親の願望あるいは命令によるものだ、と考えていた。

　彼女は8歳のとき、女子修道院付属の学校に入学したが、その頃彼女はもはや完全に「かのような」状態になっており、そうした中で精神分析を受けることになったのである。表面的には、彼女の生活はほかの平均的な生徒と違いはなかった。彼女は仲間の生徒たちの真似をして尼僧に型どおりの愛着を示していた。非常に愛情のこもった友人関係をもっていたが、それは彼女にとってなんの意義もなかった。彼女は信仰心のかけらもないまま、しかし敬虔に宗教行事に参加したし、罪悪感らしきものをもちつつマスターベーションの誘惑も経験した。しかし、それはたんに同級生のようであるためであった。

　やがて、両親に関する神話はしだいに消え失せたが、かわりに新しい幻想をもつということはなかった。この神話は、彼女にとって両親が現実の人物としてより明確になるとともに、そして彼女が両親を軽蔑するとともに消失したのである。自己愛的幻想は消え、現実体験に道を譲ったわけであるが、しかし彼女はただ同一化によってのみ現実体験にかかわることができたにすぎなかった。

　分析が明らかにしたのは、彼女が受けた早期の躾がまさしく本能欲動を抑制することができたということである。彼女には、なにか「仕込まれた行為」といったものがあったし、それはサーカス動物の演技のように仕込み役の存在に束縛されていた。本能の否認が要請された場合、彼女はそれに従った。しかし、彼女が別の対象にこころを傾け、その対象が欲動満足の許可を与えた場合、彼女は躊躇せず、しかしほとんど満足を得ることなく、そのとおりにすることができたのである。欲動がけっして外的世界との葛藤にいたらない、というのがまさしくこの躾の帰結であった。この点で、彼女は本能欲動が目の前の外的権威者だけによって曲げられるような発達段階にある子どものように行動していた。たとえば、彼女はある時期、彼女の家庭環境や早期の躾とは信じられないほど異なっている悪い仲間と付き合うということがあった。彼女は安酒場で酔っ払い、あらゆる類いの倒錯的性行為に加わった。このような悪の世界にいながら、彼女はのちに次々に参加した敬虔主義派、芸術家集団、政治運動にいる時とまったく同じような心地よさを感じていたのである。

　彼女は感情の欠如を訴えるということは全然なかった。というのも、彼女は

それにまったく気付いていなかったからである。彼女の両親との関係は，彼らを幻想上の英雄にしてしまうことができるほど強かったわけだが，しかし将来の健康な心的生活の形成を可能にするような暖かみのある力動的エディプス構造の創造という点に関しては，肯定的であれ否定的であれ，そのために必要な条件は明らかに欠けていた。両親が，ただそこにいて幻想に栄養を供給しているだけでは十分とは言えないのである。正常な情緒生活を発達させるために，子どもは両親のリビドー活動によってある程度までは現実に誘惑される必要がある。母親が子どもの身体的な諸欲求を満たすように，子どもはこうした愛情のこもった母親のあらゆる無意識的な誘惑行為と同様に母親の身体的な暖かさを経験する必要がある。子どもは父親の男性性を感じ取るために，父親と遊び，十分な親密さを経験する必要がある。これは本能衝動がエディプス構造の流れに入るために必要なのである。

　この患者の神話は，Freud, S.[原注]が「家族ロマンス」とよんだ幻想と多少似ているが，しかし「家族ロマンス」において，両親とのリビドー関係は抑圧されてはいるものの非常に強力である。

　現実の両親を拒否することによって，禁止された諸願望や罪悪感などに由来する強い情緒的葛藤を部分的に避けることができる。現実の対象は抑圧されてしまうが，しかし分析において，それらは十分なリビドー備給をもちつつ顕在化しうるものである。

　しかし，この患者にとって，両親とあるいはほかの誰とも生き生きとした暖かみのある情緒関係はまったくなかった。対象備給のわずかな試みの後，子どもが退行過程によって自己愛に戻ったのか，あるいは愛されないことの結果として現実的な対象関係を作れなかったのか，ということはあらゆる実際的な目的にとってみれば関係のないことである。

　情緒生活の発達を阻害したのと同じ欠陥が，超自我形成においても働いていた。エディプス・コンプレックスとおぼしき構造もしだいに放棄され，統合的かつ統一的な超自我形成にまで発達しなかったのである。超自我発達の必要条件は，強いエディプス的対象備給にもあるという印象を，われわれはもっている。

原注）　Freud, S. は，幻想がすべてそれらを作る人物の家系に関連しているという共通の事実をもつような幻想を「家族ロマンス」と名付けた。「家族ロマンス」の典型は「ぼくは自分の親の子ではない，誰の子なのかしら」であり，通常答えは「僕はもっと高貴な家系の出なんだ」である。Cf. Deutsch, Helene (1930) Zur Genese des 'Familienromans. Int. Ztschr. f. Psa., XVI. pp. 249-253.

非常に早期の段階において，超自我の前駆体となるようななんらかの内的禁止が存在し，それらが外的対象に密接に依存しているということは否定できない。エディプス・コンプレックスの解決に際して，両親への同一化はこれらの要素の統合を引き起こす。これがないと，この患者がそうであったように，諸同一化は動揺し一時的なものにとどまる。良心を作り上げるために働く代表的な人物は外界にとどまり，内的な道徳は発達せず，かわりに外的対象への同一化が持続する。子ども時代の教育的な影響は，本能生活とりわけ攻撃性に禁止的に作用したのである。その後の人生において，彼女は適切な超自我をもてず，自分の行動の責任を彼女が同一化している外界の対象のせいにした。他者の意志に対する服従の表現である彼女の受け身性は，攻撃性の最終的な変形であるように思われる。
　この脆弱な超自我構造の結果，自我と超自我との接触はほとんどなく，そのためすべての葛藤場面は外界にとどまっている。それはちょうど従順でさえあれば万事が摩擦なく進行する子どものようである。持続的な同一化と受け身的な服従は，現在の環境に対するこの患者の完全な適応の表現でもあり，またそれらは患者の人格に実体がつかめないといった性質を付与している。現実とのこのような結合の価値には問題が多い。なぜなら，同一化はつねに環境の一部分とだけでおきるからである。したがって，環境の一部がその残りの部分と葛藤的になると，当然患者はそこに巻き込まれることになる。それゆえ，その諸同一化が変化することによって，人に利己的な行動や犯罪行為にひきこまれてしまうという事態がおこりうるし，したがっておそらく利己的な人達のある部分は，このように限局的に現実に適応する「かのような」人格をもった一群の人達なのであろう。
　この患者の分析は，本当の幼児性，すなわち情緒生活や性格形成の発達のある明確な段階における停止を明らかにした。注目すべきことは，極めて好ましくない環境の影響に加えて，この患者が精神病者や病的な精神病質者のとても多い家系の出身であったということである。
　さて，つぎの患者の父親は精神病にかかっており，母親は神経症であった。彼女は父親について「黒い髭をはやした男性」という記憶しかなかった。彼女の父親はサナトリウムに出たり入ったりしていて，家では離れに住み，いつも看護人の世話になっていた。そこで彼女は，父親の不在を，なにかとても魅惑的で素晴らしいこととして説明しようとしていた。彼女は父親に関する神話を

作り上げ，幻想の中で彼を神秘的な男性に置き換えていた。のちに，彼女はその男性を「インディアン」と呼び，彼とあらゆる類いの経験をした。そうした経験一つ一つによって，彼女は超人間的な存在になることができたのである。インディアンの原型は父親の男性の看護人であった。というのも，この幼い少女は彼が父親の部屋に神秘的に消えて行くのを見ていたからである。この子の教育や養育は乳母にまかされていたが，うまい具合に彼女はこのきわめて異常な母親との間に強いリビドー的愛着関係をもつことができた。その後の彼女のいろいろな関係には，とくに同性愛的な方向においてではあるが，ときにかなりの暖かさを示すといった対象リビドー的な要素が認められた。しかし，それらは彼女の関係のもつ「かのような」質を変えるほどではなかった。この患者における適切な対象備給発達の失敗は，弟の誕生に関係しており，彼女は弟に対し異常に強い攻撃的羨望を発展させた。性器を比較し，そのためこの少女は自分の身体を鏡に映し何時間もすみからすみまで詳しく調べるようになった。その後，この自己愛的な活動はしだいに昇華されていった。まず最初は，この鏡による調査をさらに進めるために，彼女は実際に粘土で自分の身体の各部分の模型を造ってみた。何年もの経過の中で，彼女は塑像において非常に腕を上げ，短期間女性彫刻家の指導も受けた。それは，無意識的には外界に向けて繰り返し自分の身体をあらわにするという幻想であった。後に，彼女は非常に肉感的で，年配の婦人のようにみえる大きな女性像だけを造った。これらのことは，幼い頃，弟に奪い取られた母親を再生しようというはかない試みであることは明らかである。最終的に，彼女は彫刻を捨て音楽の道に進んだのであるが，それはたんに自分の先生が彼女を十分に評価できないと彼女が思い込んだからである。

　子どもの頃，きわめて顕著だったのは，弟の猿まねである。彼女は何年間も幻想の中ではなく行動化によって弟に完全に同一化していた。二人にとって悲惨なことであったが，弟は非常に早期から明らかな精神病の徴候を示しており，ひどくなると緊張病性興奮を呈した。彼女はあらゆる弟の奇異な行動の真似をし，弟と共に幻想の世界に生きたのである。唯一，部分的な対象リビドー備給とそれが弟から置き換えられ，より正常な対象に同一化するということによって，彼女は入院を免がれたのである。最初のうち，私は彼女の状態を精神病の弟への同一化の結果だという考えに傾いていた。後になってようやく，彼女の病理はもっと深いところにあるということを認識したのである。

この患者は，発達上の違いはあるけれども，最初の症例に類似していると思う。第三の症例において考えられるのはつぎのようなことであろう：失望が母親との強い関係を粉々に打ち砕いたこと，父親の神秘的な不在のため，母親との関係が動揺したとき少女は父親の中に代理を見いだせなかったということ，その結果その後の対象関係は同一化の段階に止まってしまったということ，などである。そのような同一化によって，彼女は弟への強烈な憎悪を回避し，さらに弟に向かう攻撃性を変形し，弟に従順に同一化するといった服従的な受け身的態度をとるようになった。彼女は，ほかにどんな対象関係も発展させなかったし，彼女の超自我は最初の症例と同じ運命に出会った。父親に関する神話と非常に早期における母親に対する軽蔑の結果，彼女の超自我統合は妨害され，彼女は外的世界の人々に依存せざるをえなかったのである。

　第三の患者は，知的で芸術的才能にあふれた，美しいしかしきまぐれな35歳の女性である。彼女が，精神分析を受けにきたのは，長年続いた冒険の果てに疲労困憊してしまったからである。まもなく明らかになったのは，いろいろな事情が重なった結果ではあるが，彼女の精神分析への関心は，実際には精神分析家というものへの関心，とくに自分の職業に対する関心である，ということであった。彼女はしばしば児童心理学やフロイト理論へのなみなみならぬ関心について語った，そしてこれらの問題に関して幅広く本を読んでいた。ところが，それらについての彼女の理解はおそろしく表面的で，彼女の関心もまったく非現実的であった。さらに子細に検討していくと，このことは，彼女の知的な関心についてだけでなく，彼女が今やっていることあるいはこれまでなしてきたことすべてについて当てはまることが分かった。非常に活動的で疲れ知らずのこの女性の中に，「かのような」患者の偽似情動性と密接に関連した状態を認めたのは驚きであった。彼女の経験もまたすべて同一化にもとづいていた。しかし，彼女の同一化は，ある時点でただ一人の人やただ一つの集団に忠実であるような，いわばより一夫一婦主義的であるようなタイプの患者の同一化のように単純明快ではなかった。つまり，この患者は，多くの同時的な同一化——すなわちいろいろな同一化についてのいろいろな象徴的表象——をもっていたのである。それゆえ，彼女の行動は常軌を逸しているようにみえた。実際，彼女を知る人は彼女を'クレイジー'だとみていた。とはいえ，まわりの友人たちは，表面的には豊かな彼女の人生の背後に，深刻な感情の欠如が隠さ

れていることには気づいていなかった。彼女が私のところにきたのは、自分の性格を変えたいという願望、つまり、'非常にしっかりした'職業的人格に同一化することによって、自分の人生にもっと平和と調和を作り上げたいという願望のためであった。

　6カ月したころ、分析は異例なほど成功しているかのように見えた。患者は、自分について多くのことを理解することを知り、奇妙なところも消えた。ところが彼女は精神分析家になろうと決心したのである。しかし、これが否定されたとき、彼女は虚脱状態に陥り、完全に情緒を失ってしまった。そしてつぎのように訴えたのである。「ひどく空しい、あー、ひどく空しい、なにも感じません」。ここで暴露されたのは、彼女は分析を受ける前に、さまざまな友人関係や変愛関係を打ち切ってしまった結果、深刻な経済的困難に陥ってしまったということ、そのためすぐにでも仕事をしなくてはならないということを自分でも分かっていた、ということである。

　このような意図をもって、彼女は分析を受けにきたのである。彼女の計画は、分析家に同一化することによって、分析家になることであった。これが不可能だと分かったとき、このうわべは非常に才能豊かで活動的な女性は、完全に受身的な人間になってしまった。その後しばしば、彼女は発作的に荒れ狂った。たとえば、子どもっぽく泣いたり、怒りを爆発させたり、床に身を投げ出して蹴飛ばしたり、泣き叫んだりしたのである。しだいに、情緒の欠損は進行し、彼女は、完全に拒否的になり、すべての解釈に対し「それはどういう意味か分からない」と応じるようになった。

　この患者は発達上二つの時点で、深刻な外傷を経験していた。父親はアルコール依存症であり、しばしば母親に残酷な仕打ちをしているのを彼女は目撃していた。彼女は懸命に母親の味方をした。わずか7歳の時、彼女は、母親を不幸から救済し、母親のために小さな家を建てるという空想をもった。この目的を達成するために、彼女は、小遣いをすべて貯蓄し、学業にも励んだのである。しかし、そのあげく彼女が知ったことは、母親がたんに夫の受身的な犠牲者ではなく、乱暴されることに快感を得ている、ということであった。その結果、彼女は母親を軽蔑するようになった。この出来事は彼女の唯一の愛情対象を奪っただけではなく、自立した適切なパーソナリティにおける女性的な自我理想の発達をも停止させてしまった。そして、彼女はあの多様な同一化を作りあげることによって、この欠損を埋め合わせようと努力することのために、残

りの人生を費やしたのである。そのやり方は「かのような」患者と同じであった。
　こども時代に優しさや愛情を剥奪されたため，彼女の本能は残酷で原始的なままにとどまっていた。彼女は，これらの本能に完全な自由をあたえるということと，それらを抑制することとの間で，揺れ動いていた。彼女は，売春婦空想を行動化させたり，さまざまな性倒錯に耽ったりしたし，またしばしば軽躁状態のような印象を人に与えた。一方彼女は，保守的な人物に同一化することで，この堕落した状態から抜け出し，さらに，この方法で一種の昇華——つまり特定の対象に依存するという形であるが——を達成した。彼女の職業や興味における激しい変更はこの結果であった。そのような対象を獲得することが可能であったり，あるいは非常に原始的な欲望の満足に身を任せることが可能である限りにおいて，彼女は自分の感情欠如に気づかなかったのである。
　つぎに述べる情緒障害の二つの症例は，「かのような」グループと非常に類似性があるものの，いくつかの点で異なっている。優れた知的能力をもっている17歳の少年だが，彼は顕在的な同性愛と意識的な感情の欠如のため，精神分析を受けにきた。この感情の欠如には同性愛の対象が含まれていた。それらの対象について，彼はあらゆる類いの倒錯的空想を発展させていた。彼は，強迫的に良心的で，謙虚で，きちんとしていて，かつ信頼できる人であった。同性愛において，彼は受身的であり口愛的かつ肛門愛的であった。分析において，彼の連想材料は大変に豊富だったが，分析はしだいに情緒的真空状態に向かった。転移はしばしば夢や空想の中に表現されていたが，それはけっして意識的，情緒的な体験とはならなかった。
　ある日，私は彼に私がかかわっている連続講演のチケットをあげた。彼は私の講演にきたが，会場にむかう階段で激しい不安におそわれた。このように，彼の不安を転移の中に集中させることによって，分析は進展し始めたのである。
　彼は一人っ子で，教養にあふれた環境で育った。父親は厳格で野心的であり，母親はこのハンサムで有能な息子に自分の人生を捧げていた。であるにもかかわらず，彼は情緒欠如という不幸を背負ったのである。愛情を求める必要などまったくないという環境で成長したという事実，つまり優しさを獲得しようとする努力はなんら必要とせずに，優しさに圧倒されたという事実，これこそが優しさを積極的に求めようとする彼の努力を麻痺させたのである。彼は本能衝動に拘束され続けた。つまり，良心的な世話によって避けられなかった幼児期不安などほとんどなかったということのために，防衛機制を構築しようという

動機が彼の中にはまったくなかったのである。

　彼は自分の自我理想を見下すという外傷を体験した。それは、あの素晴らしい父親が実は無教養で、頭がよくないということに気づいた時におきた。この気づきは、彼を脅かし、自分自身の価値を見下すように作用した。なぜならば、彼は父親似であり、父親の名前をもち、父親似だということを母親から繰り返し聞いていたからである。倫理的かつ知的要求が非常に厳しかったために、彼は父親に同一化した自己以上に素晴らしくなろうと努力した。この前に述べた患者たちとは対照的に、彼は連綿と続く対象に同一化したりはしなかった。人と情緒的な関係をもつかわりに、彼は二つの同一化に分裂した。一つは、最愛の母親とであり、もう一つは父親とであった。前者は、女性的であり、性愛化されていた。後者は過剰代償的に厳格で自己愛的であった。

　「かのような」患者と異なり、彼は感情の欠如を訴えていた。彼には、自分の情緒生活に暖かさを与えたであろうような、優しさのこもった感情がまったくなかった。彼はいかなる女性とも関係をもたなかったし、男性との関係は純粋に知的であるか、あるいは残酷さをともなった性的なものかのどちらかであった。彼のもっている感情には、彼自身けっしてその表出を許そうとしないといった特徴があった。これらの感情は、非常に原始的な怒り、非常に野蛮で、幼児的な性的欲望であった。そしてそれらの感情は、「ぼくはまったくなにも感じない」と、言い切ることによって、まったく認められなかった。しかし、彼はある程度真実を語っていたともいえる。つまり、彼には認めてもよいような感情すなわち優しさのこもった昇華された感情が、本当に欠如していたということである。

　同一化への傾向はこのタイプの感情障害にも特徴的である。この患者は、連綿と続く同一化の中に自分の人格を完全に埋没させることはなかったが、彼の自我のもっとも強い部分、すなわち知能は独創力に欠けていた。科学的な問題において彼が書いたり言ったりすることはすべて、大変な形式的能力を示していた。しかし、なにか独創性のあるものを作り出そうとすると、大抵それは彼がかつて類い稀な明晰さで把握したアイデアの反復になってしまった。多重的な同一化への傾向は知的なレベルで起きていたのである。

　このグループに入るもう一人の患者について述べる。彼女は30歳の既婚女性で、情緒の欠如を訴えていた。彼女は精神病者が多い家族の出身であった。高い知能と完璧な現実検討力をもっているにもかかわらず、彼女は偽物の存在

としての人生を送っていた。つまり，彼女はつねに環境によって彼女に暗示されるような存在そのものであった。際限ない数の同一化へと容易に分裂していくという完全な受身性以外には，なにも経験することができない，ということが明確になった。この状態は，子どものときなんら心の準備なしに受けた手術の後，急に始まったのである。麻酔から覚めたとき，彼女は自分が本当に自分自身なのかどうか尋ねた。その後，離人状態が始まり，それは1年間続き，さらに彼女は変容し受身的被暗示性を示すようになった。そしてその背後には麻痺的な不安が隠蔽されていたのである。

以上のすべての症例に共通しているのは，昇華過程の深刻な障害である。その結果，二つの事態つまり幼児期のいろいろな同一化をまとまりのある単一の，人格へと統合することが障害されるという事態，さらに不完全で，偏った，純粋に知的な本能衝動の昇華という事態がおきている。批判力や知的能力は優秀な場合があるが，人格の情緒的かつ道徳的部分には欠陥がある。

このような状態の病因は，まず第一に子どもの人格の発達にとってモデルとして役立つ対象に対する蔑視に関連している。この蔑視は，現実の中に確かな根拠をもっているかもしれない，つまりその起源を過去に求めることができるかもしれない。たとえば，それは，子どもが，マスターベーションとの最後の戦いに没頭し，昇華の努力に際して支持を必要としている，そのような発達段階において，両親の性交を目撃したときのショックに帰することができるかもしれない。あるいは，すでに述べた少年の例のように，自我理想のモデルとしてこどもに役立つはずの対象との関係が性愛化することによって，この例では母親との徹底的な性愛的同一化によって，昇華の成功が妨げられることもありうる。

この種の情緒障害の一つの原因は，ほとんど優しさを与えられなかったか，あるいは多すぎたか，といったことの結果として，情緒の昇華を促す刺激が不適切だということである。

幼児期不安は同じような運命をたどるであろう。あまりに苛酷な，あるいはあまりに過保護な養育態度は，防衛機制の経済論的形成における障害の一因となりうる，そしてその結果生じるのは自我の著しい受身性である。上に報告した少年の場合，不安発作が転移を引き起こしただけでなく，回復への道を開いた，ということを思い起こしてほしい。

ここで，「かのような」人格のもつ目の前の愛情対象に同一化しやすい傾向とヒステリーにおける似たような傾向とが，どのように違うかという問題を取

り上げる必要がある。両者の大きな違いは、ヒステリー患者が同一化する対象は強いリビドー備給が付与されている対象だという事実にある。情緒のヒステリー的抑圧は不安を消し去り、それゆえそれは葛藤から自由になる手段だということを意味している。「かのような」患者において、情緒の発達における早期の欠陥は内的葛藤を軽減はするが、その結果ヒステリーでは起こらないような人格全体の貧困化が起きる。

　本論文で記述した患者たちをみると、われわれは感情閉鎖のようなもの、とりわけ抑圧によって感情の喪失をきたしている自己愛的な人にみられる感情閉鎖のことを述べているのではないか、と疑問に思われるかもしれない。しかし、非常に本質的な違いは、「かのような」人格が情緒的な体験をもっているかのように装うのに対し、感情閉鎖のある人はそのようなことはしない、ということである。つまり、後者の分析においてつねに認められるのは、一度は発達した対象関係や攻撃的感情が抑圧をこうむり、そのため意識的人格の意のままにならなくなっている、ということである。そして、抑圧された人格の情緒的な部分は、分析を通して次第にアンカバーされるし、またときには情緒生活の埋もれた部分を自我の役に立つようにさせることも可能となる。

　例を挙げてみる。ある患者は、4歳の時に死んだ母親に関する記憶を完全に抑圧していた。そして、明らかに彼の感情の大部分はその母親に関するものであった。非常に弱いがそれでもなお効果的な転移の影響下で、隔離されていた記憶が徐々に浮かび上がってきた。最初、これらの記憶は否定的な性質をもち、優しさのこもった情緒はかけらもなかった。分析期間中、この患者は別の形の情緒障害つまり離人症をも示した。分析を受ける前、彼の自己満足は微動だにしなかった。彼は全力をあげて転移の発展に抵抗した。分析の中で、転移がまさにその発生の瞬間にあるという明確な兆候が知覚できた時、彼は突然奇妙な感情に襲われたと訴えたのである。明らかに、彼の中で離人症は備給の変化を知覚していることに対応していた。ただ、これが抑圧から浮かび上がってきた新しいリビドーの流れによるものか、あるいは転移と結び付いた感情の抑制によるものか、ということはなお問題であった。このような感情の抑圧の場合における内的葛藤は、「かのような」患者のそれとはほとんど類似点がない。両者において類似しているのは情緒の貧困化ということだけである。

　「かのような」人を強く特徴づけている自己愛と対象関係の枯渇は、この障害と精神病との関係を考えさせるものである。ただ、現実検討力がじゅうぶん

に維持されているという事実によって，この障害はわれわれのもっている精神病概念からはずれる。

　対象備給の前段階としての自己愛的同一化，そしてその喪失後におきる対象の取り入れは Freud, S. と Abraham, K. による最も重要な発見の一つである。メランコリーの心理的構造は，この過程の典型例をわれわれに示している。メランコリーにおいて，同一化の対象はすでに心理的に内在化されており，そのため専制的な超自我は，外的世界とまったくかかわりなく，合体された対象と葛藤し続けるわけである。「かのような」患者において，対象は外界にとどまり，すべての葛藤はそれら対象との関係において行動化される。かくして，超自我との葛藤は回避される。なぜならば，どの身振り，どの行動においても，「かのような」自我は，これまでいちども取り入れられたことのなかった権威者の願望や命令に同一化することによって，自分自身を軽視しているからである。

　「かのような」患者から得られた個人的印象およびその家族に認められる精神病素因という二つの問題は，初めから分裂病過程を疑わせるものである。とりわけ最初の二つの分析的に観察した症例においてそうである。重篤な精神障害について直接早期幼児期にさかのぼってその起源を探求することは完全に正当なことである，と私には思われる。しかし，このことが分裂病過程の診断に反対するものかどうかは，さしあたり結論を留保しておかねばならない。分裂病患者に関する私の観察から，分裂病過程は妄想を構築する前に「かのような」段階を経過する，という印象を私はもっている。22歳の分裂病の女性が緊張病発作の後，私を受診した。彼女は時間と場所について見当識はあったが，完全に妄想観念に支配されていた。混乱状態に陥るまで，彼女は「かのような」患者とほとんど区別しがたいような存在であった。彼女が同一化していた対象との結合は非常に強いものであった。そして，それらの対象はつねに傑出した女性たちであった。これらの関係の急激な変化の結果，彼女はほとんど躁的とも思えるやり方で住居の場所，研究，興味を変更していった。最近の同一化は，彼女をして上流階級のアメリカ人家庭からベルリンの共産党細胞へと移動させた。ところが，その対象の突然の脱党のため，彼女はベルリンからパリに移り，そこで妄想を顕在化させ，深刻な混乱状態に陥ったのである。治療は彼女を元の状態にまで回復させた。しかし，治療的な忠告にもかかわらず，彼女の家族は分析を中断することを決めた。彼女も，勇気を出してそれに抗議することができなかった。ある日，彼女は犬を連れてきて，すべてうまくいくだろう，といっ

た。つまり，自分は犬の真似をする，そしてそうすれば自分がどのように行動すべきか分かるだろう，といったのである。同一化は保持されたものの，それはもはや人間という対象に限定されていなかった。同一化には動物，無生物対象，概念，抽象が含まれていた。彼女の病的過程に妄想的性質を付与したのは，まさにこの選択性の欠如であった。そして，新たな妄想世界の構築を可能にしたのは，人間という対象への同一化能力の喪失であった。

　別の分裂病患者は，何年間もくりかえし同じ夢を見ていた。夢の中で彼女は，激しい苦痛と苦悩に悩みながら母親を探していたが発見することはできなかった。というのは，彼女はいつも無数の女性の群衆に出会い，そしてその一人一人が母親に似ていたために，本当の母親を捜し当てることができなかったからである。私はこの夢から，本論文で報告した二番目の「かのような」患者の彫刻において，あの繰り返し造られた，型にはまった母親像のことを思い出す。

　非常に多くの同一化が自我の崩壊に導くという過程の結果として，Freud, S. (1927) は多重人格について述べている。これが明らかな精神病理を結果することもありうるし，あるいは異なった同一化間の葛藤が，必ずしも病的とまではいわなくてもいいようなある形をとるということもありうる。しかし，Freud, S. は自我形成における純粋に内的な過程のことをいっているのであり，したがってそれは外界における対象との「かのような」同一化には当てはまらない。とはいえ，同じ心理過程が,「かのような」患者においてもそうなのだが，ある場合にはより'正常な'解決法になるだろうし，また別の場合には病的結果をもたらすであろう。そして，この病的結果は，本質的には重いものだと考えられる。

　Freud, A. (1937) が指摘しているように，「かのような」患者に認められるタイプの偽似情動性は，思春期においてしばしば見いだされる。自我理想のモデルとなる一次的対象に対する蔑視（これもまた思春期に典型的だが）は両者において重要な役割を果たしている，と思う。思春期におけるこのタイプの行動は精神病の疑いを招くものだ，と Freud, A. は述べている。私が本論文で提示した考えはまた思春期にも役立つだろう，と考えている。この過程は，ある時には'正常'の範囲内にあるだろうし，別の時には病的状態の種を宿すものである。将来分裂病になるかどうかはさておき，このタイプにはスキゾイドという名がピッタリ当てはまる。

　この論文で述べた情緒障害が'分裂病素因'を意味するのか，あるいは分裂

病の基本症状を構成するのか，ということは私には分からない。これらの患者は，一連の歪曲された異常な人格における異形を表している。彼らは，一般的に受け入れられている形の神経症の枠にははまらないし，現実適応がよすぎるので精神病だということもできない。精神分析はけっして成功しないが，しかし治療の実際的な効果はたいへん広い範囲に及びうる。とりわけ，分析医との強い同一化が積極的建設的な影響力として利用されることができるならばそうである。彼らが分析を利用するかぎりにおいて，われわれは自我心理学の分野で，とくに情緒障害に関して多くのことを知ることができるだろうし，さらにいまだ非常にあいまいな'スキゾイド'問題に貢献できるであろう。

精神病の壮大な妄想形成の中に，われわれは原初的太古的な欲動が無意識の深層から劇的なやり方で回帰するのを見ている。自我が衰弱してしまったがゆえに退行がおきる。われわれはこれを'自我の脆弱性'といっているが，またこの衰弱の原因は心理的，あるいは体質的，器質的であると仮定している。精神分析は，このうち最初のものつまり心理的原因を，とくに本論文でとりあげた症例が属しているような前精神病状態におけるそれを探究しうるものである。

〔解　題〕

【「AS IF PERSONALITY」について】

Helene Deutsch は Freud, S. に教育分析を受けた精神分析家であると同時に，von Jauregg, J.W. や Kraepelin, E. のもとで臨床・研究に従事するという経験をもっていた。精神分析と伝統的な精神医学を同時に学ぶという経験に加えて，きわめて自立的であった彼女は，伝統的な精神医学ともあるいは当時の精神分析とも異なった観点を主張していたために，彼女の関心は，精神分裂病，病的な嘘（pseudologia phantastica），そして神経症と精神病の中間領域などの深層心理や発達的な問題の解明といった新しい分野に向けられた（Rosen, 1982）。

同時に，彼女は一貫して同一化とその障害に関心をもっていた。このように嘘，同一化の障害，神経症でもない精神病でもない患者への注目というような流れの中で，現在でもなお臨床的な価値をもつ「かのような」人格という特殊な性格傾向が明確化されたわけである。

Deutsch, H. は 'borderline' という用語こそ用いていないが，本論文は現代の精神分析的境界例論の基礎をなしている。とりわけ，彼女が貢献したの

は内的対象関係の病理（対象備給の欠如と対象関係の枯渇，昇華過程の障害や統合された人格をもてないこと，超自我や自我理想の障害など）を強調した点にあり，この視点はその後まもなく発表された Fairbairn, W.R.D.（1944）や Klein, M.（1952）の schizoid personality 論，さらには Winnicott, D.W. の一連の false self 論，そして 1970 年代における Kernberg, O.F. の borderline personality organization 論へと受け継がれていった。

　さらに，本論文は現在の自己愛人格障害論の先駆をなすものである。すなわち，彼女の自己愛的同一化という概念について，その後 Reich, A.（1953）はヒステリーにおける自己愛的対象選択と自己愛人格における自己愛的対象選択との相違について詳細に検討している。前者において男性への服従はあるものの，それは対象に対する現実的かつ合理的な評価に基づいており，それ自体意義ある対象関係であるのに対し，後者では一時的で盲目的な関係で，原始的で未分化なかつ安易な対象との融合に基づいているという。そして「かのような」人格は後者に対応していると述べている。Kernberg, O.F.（1975，1984）もまた重篤な自己愛人格障害にみられる反社会性や病的な嘘と「かのような」人格との関連性に注目し，それは自我理想の重篤な病理すなわち自我理想の分化の欠如，超自我の未発達，優勢な攻撃性に基づいていると主張している。

　こうした思考や研究の流れをみると，彼女自身が本論文の最後で，精神分析はスキゾイド問題や自我の脆弱性の探求に貢献しうるものである，と予測しているように，彼女の先見性が見て取れるのである。

　さて本論文で，彼女が記述している「かのような」人格の特徴を要約すると以下のようになろう。

1：自分では気づかない，つまり自我異和的ではない離人症状。
2：外見上あるいは一見したところ完全な正常性を示すが，しばらくつき合うと「どこか変だ」という印象を他者に与えるか，その異常性は精神分析療法のなかで初めて明らかにされる。
3：環境へのみせかけの良い適応と現実との関係を絶えず維持しようとする傾向。
4：環境に対する完全な受動性，外界からの信号をすばやくキャッチし自分をそれに合わせる傾向。
5：他者の考えや感情への自己愛的同一化，つまり他者に忠誠を尽くし，それは最初のうち相手に満足を与えるが，そのうち裏切る。したがって，

　　　　真の対象備給に基づいた恒常性のある同一化ではなく，変化しやすい。
　6：対象喪失に対して，偽の激しい情緒か無感情で反応する。
　7：本質的には内的空虚さがあり，それを埋めるために他者やいろいろな集団に同一化する。
　8：被暗示性が高い，しかしヒステリーと異なり対象備給に欠ける。
　9：攻撃性が受動性によって防衛されているために，ソフトで善良な印象を与えるが，それは容易に悪意に変化しうる。
　10：昇華過程の障害が顕著であるため，いろいろな幼児期の同一化がまとまりのある単一の人格に統合されない，さらに不完全で，偏った，純粋に知的な本能衝動の昇華が起きる。
　11：これらの結果，自我理想の障害，道徳構造の欠如，エディプス葛藤の欠如が引き起こされる。
　12：しかし，原則的に現実検討力は保たれている。

症候学との関連でいうならば，本論文において，Deutsch, H. は「かのような」人格を一つの疾患単位として提出することにはかなり慎重であるように見える。むしろ，彼女の関心は，人間という存在の深層にある本質を探求し明確化することであり，それこそが彼女にとっての臨床的課題だったのであろう。そのためか，その後「かのような」人格を疾患単位として位置づけようとする研究は一部の例外を除いてあまり多くない。たとえば，Grinker, R. ら（1968）は，borderline の下位分類として「かのような」人格を取り上げている。つまり，彼らのいう第三群（the adaptive, affectless, defended, "as if" persons）がそれであり，つぎの四つの特徴を上げている：1) 適応的で適切な行動，2) 代償的な関係（かのような），3)状況への反応において情緒や自発性に乏しい，4) 引きこもりや知性化を主たる防衛として用いる。また，上に述べたような症候学的な特徴はそれぞれ部分的に DSM-III や DSM-III-R の Cluster A と Cluster B の人格特徴に反映されているのは良く知られているし，変動が顕著な同一化といった特徴は症候学のレベルでは今日的には多重人格の症候とも関連しているといえる。ただ，本論文で記述されている症例は，まさに多重な人格を示しているが，それは現代的にいえば対象備給のある dissociation よりは対象備給そのものが欠如している splitting に基づいていると理解したほうがよいようである。とはいえ，この問題はなお研究の余地がある興味深い課題であろう。

分裂病との関連について，本論文で検討されている症例の家族に精神病者が

多いことから，Deutsch, H. は，慎重に「かのような」人格が分裂病に属するかどうかについては結論を留保しているが，しかし分裂病では妄想構築のまえに「かのような」人格の時期を経過すると述べている。これはこれで臨床的にはよく分かるし，有意義な観察であるが，それとは異なった視点からみた時重要なのは「分裂病では同一化の対象は，人物から動物，無生物，概念，抽象まで進み，選択性がなく，人物への同一化能力が欠如している」という知見ではないかと思う。なぜならば，この考えは，たとえば Bion, W.R. のいう psychotic personality における象徴能力の欠如，奇怪な対象，病的な投影同一視という概念を想起させるからである。

　さらに，彼女は,「かのような」人格と，ヒステリー，感情閉鎖的な人，精神病，メランコリー，分裂病，思春期などとの異同について検討している。また，犯罪との関連についても触れている。現象的にみるならば，一見すると「かのような」性格特徴や「かのような」状態は，これらいずれの病態にも思春期青年期にもあるいは健康な人にも反社会的な人にも見られるものであろう。しかし，完全な正常性が対象関係性の欠如や情緒的空虚を覆い隠しているような，本物の「かのような」人格はなお存在している。臨床上大切なことは，それを見分けることであり，この問題は今日なお重要な課題として残されているように思われる。とりわけ，思春期患者においてその鑑別は必ずしも容易ではない。その意味でも，Deutsch, H. の業績は今日的にも有意義であると言えよう。

　Deutsch, H. は,「かのような」人格の病因として，早期幼児期からの現実的な環境の問題を示唆しており，その結果神経症的防衛機制が成立せず，自我の脆弱性を引き起こすと考えており，本論文の症例にも示されているように小児期から「かのような」傾向が認められると述べている。これは，Fairbairn, W.R.D. や Winnicott, D.W. の環境の失敗という考えにつながるものであるし，現代的には虐待の問題とも関連している。つまり，彼女は精神障害の病因として，心的幻想か現実的外傷かという，すぐれて今日的問題をも提起していることになるのである。

　最後に治療の問題について，彼女は，精神分析は成功しないが，治療者への強い同一化が広い範囲において建設的かつ効果的に作用すると述べている。しかし，彼女は具体的かつ系統的な治療技法についてはほとんど触れていない。とはいえ，ある意味では彼女の明確化に触発された Winnicott, D.W., Bion, W.R., Kernberg, O.F., Kohut, H. らに代表される治療者の貢献によって，現在，

我々はこうした重症人格障害をもつ人の治療について，羅針盤をもつことが可能になったといえるのではないかと思う。

文　献

Bergler, E. & Eidelberg, L. (1935) Der Mechanismus der Depersonalization. Internationale Zeitschrift für Psychoanalyse X XI ; 258-285.

Freud, S. (1927) The Ego and The Id. London, Institute of Psycho-Analysis and Hogarth Press.

Freud, A. (1937) The Ego and the Mechanisms of Defence. London, Hogarth Press.

Grinker, R., Werble, B., & Drye, C. (1968) The Borderline Syndrome. New York, Basic Books.

Kernberg, O.F. (1975) Borderline Conditions and Pathological Narcissism. New York, Jason Aronson.

Kernberg, O.F. (1984) Severe Personality Disorders. New Haven, Yale University Press.

Oberndorf, G.P. (1934, 1935) Depersonalization in Relation to Erotization of Thought. International Journal of Psychoanalysis X V ; 271-295 ; Genesis of Feeling of Unreality. International Journal of Psychoanalysis X VI ; 296-306.

Reich, A. (1953) Narcissistic object choice in women. Journal of American Psychoanalytic Association 1 ; 22-44.

Rosen, P. (1982) Introduction to "On the pathological lie" by Helene Deutsch. The Journal of The American Academy of Psychoanalysis 10 (3) ; 369-386.

Schilder, P. (1939) The treatment of depersonalization. The Bulletin of the New York Acadmy of Medicine X V ; 258-272.

第3章 ヒステリーを読む

はじめに

　私に与えられた役割は精神分析におけるヒステリー研究を振り返ることである。さて「ヒステリー再見——精神分析理解の基本として」という本シンポジウム[編注]のテーマの提案者であり，本大会実行委員長でもある松木邦裕氏（2008）は，このテーマを提案した趣旨について，大会プログラムの冒頭で次のように述べている。「（ヒステリーが）診断名から除去されたことは，ヒステリーがもはやいなくなったことと同じなのでしょうか。やはり，ヒステリーは捨て去るべきなのでしょうか。あるいは，もはやヒステリーが私たちに教えてくれることはないのでしょうか。ヒステリーに戻ることは，……現代の精神分析の理論や技法を，あるいは精神分析そのものを，その起源から見直すことでもありましょう」。この格調高い文章について，私は，精神分析らしさを，精神分析にもっとも馴染みのあるヒステリーの臨床をとおして考えてみようという意図が含まれている，と理解している。

　確かに，この趣旨は私の臨床体験ともしっくりくる。過去15年くらいを振り返ってみると，私は，つねにヒステリー患者の精神分析的精神療法を行っているのである。それは，ヒステリーを意図的に選択したのではなく，ある時期から明確な，別の意図をもって，すなわちひどく重いパーソナリティ障害や気分障害を持つ患者の主治医機能を果たしていることが多い日常臨床において，自分の分析家としての職業的関心と同一性を維持するために，精神分析にもっとも適した分析可能性が高い患者を少なくとも一人は持つようにしていた結果，それがたまたまヒステリーだったということである。診断についてもう少し厳密に言うと，精神医学的には気分障害であったり，不安障害の範疇のものであったりとさまざまであるが，精神力動的布置はヒステリーなのである。

編注） 日本精神分析学会第54回大会（福岡）

この患者選択に関して，いくつかの疑義があるかもしれない。一つは，臨床家の好みで患者を選択するのはそもそも医療の基本理念に反するのではないかという批判である。しかし心臓外科医が，心臓疾患の患者の手術を行い消化器の手術はしない，という臨床における専門性を考えればこの批難は当たらないであろう。もう一つは，私の性愛や性別同一性をめぐる葛藤，あるいはナルシシズムが関与していないか，という問いである。この第二の問いは，精神分析的なものであって，それこそが，私たちが，心的生活において性愛や性別同一性をめぐる葛藤をとおして生きていることを証明するものであり，これから私が本論文で考えようとしている問題そのものといってもよいのである。
　しかし，こうした疑義にもかかわらず，そして私の精神分析理論におけるさまざまなバイアスにもかかわらず，臨床実践において異なった理論がそれまでとは別の疾患を見出すように，私の場合は分析可能性という概念——そこには欲動，対象関係，不安，防衛が含まれている——がヒステリーを発見していたともいえるわけである。こうした臨床体験は，私だけでなく多くの精神分析家にも共通したものである可能性が高く，このことは，今なおヒステリー概念が精神分析の基本構造の重要な要素であることを示唆しているように思われるのである。
　ヒステリーに関してもう一つの臨床経験を追加しておきたい。それは，いろいろな症例研究会で，ヒステリーと考えられる症例に対し，治療者が，患者との「つながり」にこだわり，「攻撃性」とそれをめぐる不安の解釈にもっぱら関心を持ち，「性愛」の認識や解釈を避けるといったケースにしばしば出会うということである。つまり，空想生活における愛や性愛の役割，それらについて想起し考える代わりに行動すること，さらには身体についての多面的なかかわり，などといった精神力動を，見ようとしない傾向があるのである。この性愛について知ることの回避は，深刻な逆転移によって起きている場合もあるし，いわゆる脱性愛化という歴史的動向による場合もあると考えられるので，こうしたことにも触れながら考察を進めることにする。

1. 現代的動向：性愛をめぐる転移——逆転移——

　ヒステリーの精神分析に関する現代的動向の特徴は，転移－逆転移の主要なテーマを性愛の文脈で捉えるところにある。まず最初に，多少教科書的になる

が，Gabbard, G.（1994）が挙げたヒステリー治療における四つの逆転移を再録してみる。第一に治療者が，性愛的転移が起きていないのに起きていると思い込む場合である。この場合，治療者は自分の性的興奮に反応し，それを投影して認めず，患者が誘惑的だとレッテルを貼る。これは，ちょうど娘に対する父親のように，治療者が自分の中に性的興奮を持つことへの不安があるからである。第二に，患者の性愛的願望の告白に対して冷淡，無感情的態度を取る。これは，性的感情を過剰にコントロールしようとするがゆえである。第三に，性的感情を制御できなくなる恐怖に由来する不安である。性的話題から話を逸らす，あるいは抵抗だとみなし早熟な解釈をしてしまうなどである。このような性愛的転移感情を締め出す態度は，性的感情を受け入れがたい醜悪なものだというメッセージを伝えることになる。それは，激しい性愛的転移の中で，治療は役に立たない，セックスと愛のみが役に立つという患者からの隠れたメッセージに関与している。第四に，ひそかに患者の性愛的感情を鼓舞して，自分の覗き見的満足を得る。ここには，患者の性的願望を刺激して不毛に終わらせることで得られるサディスティックな快感がある。これは治療者の子ども時代に，異性の親が自分を性的に興奮させるだけで，満足を与えられなかったという関係に由来するかもしれない。

　ヒステリーの精神分析における転移‐逆転移の主要テーマが「性愛」であることは Bollas, C.（2000）も強調している。「ヒステリーは，一次対象との関係において，母子結合関係に基づく自己の存在 being は保証されているが，唯一性愛の面で不安定である。他者は，内的にも外的にも対象として体験されうるので，ヒステリーの一次対象は母親以外の他の誰かである。ヒステリーの苦悩は，一次対象の欲望を満足させるために自分のイディオムを差し控えることであり，それは同一化と表象の相補的行為に基づく一つの戦略でもある。したがって，ヒステリー患者は，自らを他者の欲望の対象としての配役に振り当てんがために，そのような対象をかならず見出してしまうのであって，それはたとえそのような対象を引き出す他者が未知であっても，葛藤の中でヒステリーは行動化によって，すでにこの対象を見出している。分析状況において，ヒステリー患者は過去には心的内容を自分の身体の一部である麻痺した対象へと転換したのであるが，いまやヒステリー転換の影響を蒙るのは分析家であって分析家は逆転移性の転換に直面しなければならないのである」

　この問題について，別の学派の考えを取り上げてみよう。ポストクラニアン

のBritton, R. (1999) も神経症における性愛の中心的意義を認めている。彼は，劇場のメタファーを使い，ヒステリーという劇場において，観客の中で起きることが容易に舞台の上で起きていることを凌いでしまうという。つまり，ヒステリーの分析における難しさは，投影同一視を介して，分析家が患者との無意識的かつ共謀的な相互賞賛という関係に陥りやすいという点にあるのであるから，性愛性転移においてわれわれは，たとえ内的に圧力を感じるとしても，物語の聞き手，舞台を見る観客の立場を維持することが適切だと，彼は強調しているのである。彼は，ヒステリーにおける問題は「それは誰の性 sex か？」であり，そこにおいて性は投影同一視による演技と考えられるので，このやり方を放棄することこそ，患者が自分自身の性愛を発見することを可能にする，と要約している。

　こうしたヒステリー理解に先立って，Kohon, G. (1986) によれば，Kahn, M.は弟子たちにヒステリー患者の治療において性愛的な解釈を差し控えるよう勧めていたそうである。つまり「ヒステリー患者に性欲のことを言うことは，主体に受け入れられない考えを押し付けるようなものだ」ということである。ヒステリー患者の，性愛に関するあからさまな態度に対するこのアプローチは十分うなずけるものがある。これに関する治療技法として，Gabbard, G. (1994) の提案は，いろいろな視点を総合したバランスの取れたものである。彼は，「治療者が性的な感情のほてりのなかで満足感を得ることにあまりに懸命であるために，精神療法過程は烈しい性愛転移の激情のなかで行き詰まってしまう，という例が数多くある」と述べた上で，分析家は，患者が何を望み，誰を求めているかを理解するだけでなく，分析家が何を望み，誰を求めているか知ること，分析状況で自分自身の願望に気づくことが重要だと主張している。

　では，関係論アプローチはこの問題をどのように捉えているだろうか。たとえば，Benjamin, J. (1998) は，精神分析における精神内界的視点と間主観的視点とは弁証法的緊張関係にあると捉え，心的空想や内的メカニズムによって形成される他者と関係する様式としての「対象」と，ユニークな主観性と個別性とそれゆえに彼・彼女といった他者性を持つ現実の外的他者としての「他者」との差異を明確にしている。この文脈から見ると，ヒステリーの性愛をめぐる逆転移は，治療者の内的反応としてだけでなく，治療者と患者の間にあって，治療者が「患者を男として見るか女として見るか」そしてそれに対応して「自分を女として見るか男として見るか」といった治療者の性別をめぐる「揺れ」

あるいは分裂した「性別相補性」と捉えられるのである。そして，ヒステリー患者が誘惑的であるということも，分析的ペアーにおける相互的誘惑という視点から捉えなおされるのである。

まとめてみると，ヒステリーに関する現代的動向は，対象関係論者であれ，ポストクラニアンであれ，自我心理学であれ関係論者であれ，性愛をめぐる葛藤とその解決困難性を中核としてみなすという点を共有しながらも，それをそれぞれの理論的文脈における精神分析的言語によって表現していることだといえる。それはそれで興味深いのだが，あまりに多様な思考を前にすると，ヒステリーという大海に投げ出されたようで，困惑を禁じえないのも事実である。

このヒステリー再見の動きは，ヒステリー，エディプスコンプレックス，男と女の性差，という一連の問題の軽視に対する反動として1970年代後半から起きてきた。そこには，いろいろな力が働いていたが，精神分析に限定すれば，Bion, W.R., Winnicott, D.W.の理論化，Stoller, R.J.の中核的性別同一性の概念化，一貫して性愛とヒステリーの分析を強調してきたフランス精神分析の刺激などが大きな影響力を持ったといってよいだろう。わが国でも，本学会のシンポジウムで，1991年に「エディプスコンプレックス」，1993年に「プレエディパルからエディパルへ」，そして1997年に「精神分析と身体性」というヒステリーに関連する重要な概念を取り上げてきたわけで，今回の「ヒステリー再見」は，こうした流れに位置づけることができる。すなわち，ヒステリーという言葉は死語になったのではなく，われわれ精神分析を基礎におく精神療法家の中で語り継がれてきたといってよいであろう。

2. ヒステリーはどのように消えたのか

ここまで，本シンポジウムのテーマに取り組むための私なりの考え方や現代的な概念について考察してきた。しかし，さらに論を進める前に考えておかねばならないことがある。「ヒステリーはいなくなったのか」「ヒステリーは捨て去るべきか」「ヒステリーから学ぶことはないのか」といったことについて，松木氏は反語的に問いかけているのだが，そうではなく，それらの問いについてまともに考えてみる必要があるように思う。確かに，性愛やエディプスコンプレックスが，二次的な地位に格下げされたという理論的経緯があるし，ヒステリーはDSM-Ⅲ以降米国で公式な診断名から消えたという事実があるからである。

この検討をしないと,「ヒステリー再見」がそして「ヒステリーに戻る」ということが,装いを変えるだけで昔に戻るという単なる反復強迫に過ぎなくなるであろう。もしヒステリーという用語が消滅したとするならば,それが私たちの視野からどのように消えたのかということを明らかにしなければならない。

　まず第一に Fairbairn, W.R.D. の貢献があった。自己は快感希求的でなく本来対象希求的であるという基本的考えにもとづきヒステリーも一次的には性的欲求の満足ではなく人（対象）を求めているのであって,母子関係において人として尊重され配慮されないとき,個体はコミュニケーションにおいて自己の身体を用いるのだと主張した。ヒステリー病理（他の神経症もだが）の根底にあるのはスキゾイド状況である,という彼の概念化は臨床的にうなずけるところがあるし,実際精神分析の進展に大きな役割を果たした。であるからといって,エディプスコンプレックスは二次的な意味しか持たず,母子関係を超えるものではない,という考えは直線的に過ぎるのであって,結果,去勢コンプレックスや父親の存在は,二次的な地位に格下げされ,それゆえ男女の違いという問題も軽視されることになったのである。第二は Klein, M. の貢献である。彼女にとってヒステリーは精神病に対する防衛であり,やはり二次的意味しか持たない。理論上は本能二元論を唱えてはいたが,臨床においては性愛をめぐる葛藤を取り上げることはなく,徹底的に攻撃性の解釈を重視した。この攻撃性とその意味・不安を解釈するという視点が精神分析を大きく進化させたのは周知の事実である。さらに,原光景の幻想における早期エディプスコンプレックスの発見の意義は重要であったが,それとヒステリーとの関連が論じられるようになったのは,上述した Britton, R. の論に見られるように,むしろポストクラニアンにおいてである。

　さて,米国では,精神医学と精神分析の結合,精神医学の社会的動向への過敏さがヒステリー研究に大きな影響を与えた。転換症状は,神経症としてのヒステリーにだけ認められるものではないという知見,そしてヒステリーを男根エディプス期の問題というより口愛期の問題として理解する考え方は,ヒステリーを「良い,男根的,本当の」それと「口愛的,いわゆる良い」のそれとに分類する方向へ進んだ。この流れの中で代表的なのは Zetzel, E.（1968）の分類である。彼女は,精神分析への反応,とくに内的現実と外的現実の区別ができているか否かによって,ヒステリーを階層的に以下の四つに分類した；本当に良いヒステリー,潜在的に良いヒステリー,抑うつ性格を持つヒステリー,い

わゆる良いヒステリー，である。彼女の記述したものは，豊かな臨床実践に根ざしたものであり，今でもなお有用性が高く，必読の論文であると私は考えている。しかし，精神分析と精神医学の結合には，症状の記述とヒステリーの精神力動的布置との区別が曖昧にならざるをえないという根源的困難を抱えていた。これらの困難や曖昧さを一挙に解消したのが，Kernberg, O.F. のパーソナリティ構造という捉え方である。つまり，ヒステリーは，彼のパーソナリティ構造論の中に，NPO レベルのヒステリーパーソナリティあるいは BPO レベルの演技性パーソナリティとして，吸収されたのである。といって，彼は性愛をめぐる葛藤の意義を軽視したのではなく，彼のパーソナリティ構造論の文脈で，このテーマについてその後も論文を発表し続けているということは付け加えておきたいと思う。

　米国でヒステリー研究に大きな影響を与えたもう一つの要因は社会的動向である。米国精神医学は，概して社会的動向に敏感に反応するという傾向がある。1960 年代のフェミニズム運動の中でヒステリーという言葉は，女性に対する偏見・差別として排斥された。その動向で展開された言説はそれなりに十分説得力を持ったが，同時にペニス羨望や去勢不安といった概念もまた，その無意識的空想としての位置や象徴的意味を顧慮されることなく，否定されてしまった。性差の問題は，生物学的水準に還元されるか，社会学的次元あるいは片方の親への同一化という単純な理論に還元された。

3. 小括と私論

　こうした一連の動向は，三者関係よりも二者関係（つまり母子関係）重視，性愛軽視という，Green, A., McDougall, J. らフランス精神分析がつとに批判する「脱性愛化」の流れだと要約できる。この批判を肯定的に受け止め，さらにはシステム理論（とくにオートポイエーシス論）によって，考察したのが以下に述べるような私なりの分析状況とヒステリー治療論の骨子である。

　分析状況において，分析家と被分析者からなる意識的・無意識的な二者の相互関係が反復される過程で，個人の個体的要素とは位相を異にする分析家－被分析者という新たな要素が生成され，分析家と分析家－被分析者，被分析者と分析家－被分析者が互いに浸透し合い，三項関係を形成するとき，精神分析状況は生きているシステムになる，ということである。つまり，分析家から見れば，

被分析者要素も分析家－被分析者要素もそれぞれ自分から分離した主観的体験や解釈の主体であると認識すると同時に，分析家はそれぞれの分離した主体を否定するという弁証法的対話が起きているということである。そして，視点を変えて，分析家－被分析者という主体から見れば，分析家は分離した主体であると同時に否定されるものでもある。こうした精神分析体験は，内的にいえば繰り返し起きる位相の変換という主観的体験といえる。この位相の変換は意図せず起きることが多いのではあるが，技法上そうした内的出来事への内省が必要なのはいうまでもないし，ヒステリー治療において性愛という情緒と性別同一性への一方的こだわりが位相の変換や内省の動きを停止させてしまうことがあるという意味で重要な役割を果たしているのである。この意味で，エディプス体験は，非内省的な二者性から抜け出る出口であるという Ogden, T.H. (1986) の思考には十分うなずけるものがある。

4. ヒステリーという母体

　Freud, S. に始まるヒステリー研究の資料は膨大である。ごく最近それらの膨大な資料のレビューと自分の臨床経験にもとづいて，テルアビブの精神分析家 Yarom, N. (2005) は matrix of hysteria という概念を提案している。ヒステリー論は，本論文で私が述べただけでも多様であり，それらを目にするだけで戸惑いを覚える。しかし，Yarom, N. は，Freud, S. から現代の関係論的アプローチに至るまで，それらの資料を実に明快によく整理している。彼女の理論は，Freud, S. に忠実ではあるが，現代的精神分析の多様な理論を取り入れながら，Freud, S. を読み替えている，という意味で今後のヒステリー研究の母体となる可能性があるので，ここに紹介する価値があると考える。
　それは，一つのナラティヴと三つの軸から構成されている。すなわち，間主観的視点から，ヒステリーのナラティヴは，「両性間の外的なそして内在化された葛藤が内的そして間主観的地平において身体の中で行為化されている」と読むことができるという。すなわち，両性別間の戦いが，"not knowing" と身体を介して，精神内界的にも間主観的にも生起していると見るわけである。そして，そこに含まれる非常に複雑に織りなしている諸要素を，第一に，性愛に関する葛藤，第二に抑圧の使用すなわち中心的防衛としての "not knowing"，第三に抑圧された願望を回帰させるために身体に頼ること (転換)，という三軸

にまとめている。

(1) 性愛に関する葛藤

　男も女も，性愛と性別同一性の領域で，いろいろな同一化の間を揺れている。しかし人は単一の性愛を受け入れざるをえないのであるが，これを拒むのがヒステリーである。いうなればヒステリーの葛藤は「私は男なのか女なのか」である。ヒステリー患者は，この混乱を克服し，ナルシシズムをケアし，空想的対象を維持するために，意識的-無意識的に，交差的な性選択をするのである。この意味で，欲動論（エディプス複合，同一化など），対象関係論（男性的要素，女性的要素，内的対象の役割など），自己と間主観的な理論はすべて，ヒステリーの葛藤理解に役立つといえる。なかでも，Kohon, G. (1986) の二価説は重要である。

　Kohon, G. は，ヒステリー患者では全体対象関係の発達が達成され，父親と母親が構成されていると考えた。つぎに主体は，二つの対象の間で選択に直面し（彼はこれを HY 段階と位置づけ特に女性を特徴づけるものと考えた），性の分化を十分認知した後，母親から父親へと対象を変化させるときにヒステリーのエディプス劇が起きる。彼は，Nagera, H. の二つのエディプス葛藤段階を引用しつつ，ヒステリーはこの二つの間に位置するという。その二つの段階とは，母親がリビドー対象であり，少女は母親との関係で積極的な立場を取るという男根エディプス段階であり，もう一つは，少女のリビドー的関心が父親に向き，少女は父親に対し受容的な態度を取るというエディプス固有の段階である。すなわちヒステリーは，この間で起きる一つのドラマであり，同時にこの二つを隔てている。彼女は，この間において，ある対象と別の対象との間を揺れ，二つの間でどちらも選択できず，麻痺しうわべの選択をするのである。たとえば，ヒステリーの三者関係状況は次のように描くことができる。患者は，母親と競争し，母親に取って代わり，父親を理想化したり誘惑したりする。もう一方で，彼女は母親の愛情を勝ち取るために，父親に攻撃的かつ競争的になる（男根期的競争）のである。この状況は男性との間でも起き，自分を男とみなすか女とみなすか決めかねるのである。彼女は，美しい無関心さのゆえにほどほど幸福ではあるが，欲望は満たされず，しかしそれを維持する以外に方法はないのである。

　Kohon, G. は，男と女は非対称でエディプス葛藤の表現が異なる，と主張し

ヒステリーを女性に関連づけているが，Yarom, N. はこうしたヒステリー状況は男性にも起きると考える。つまり，男性のヒステリーは，男根自己愛的であり，父親との同一化に失敗し母親の喪失を否認する，つまりはエディプス的勝利が問題になるのである。

(2) 抑圧の使用

ヒステリー患者は，真実と虚偽の間の違いを曖昧にする，知ることをしない，想起しない，時の流れを凍結している，といった防衛機制すなわち抑圧，否認，解離，空想を用いる。特徴は，こうした防衛機制が性愛や性別同一性の領域に限定して起きるということであり，これが偽自己との違いである。ヒステリーの現象学的表現である曖昧な表現，美しい無関心，嘘っぽさ（つまり空想の対象と現実の対象とを置き換えている）は，こうした防衛機制に拠るのである。

これら防衛機制を作動させる動機の一つは，人はただ一つの性別だという事実である。それは，ヒステリー患者に，他方の性別の喪失，他方の性別からの分離，他方の性別への欲望を喚起するのである。もう一つの動機は，性愛に関連している。つまり，性愛は両性を結合させるものの，それゆえに禁止されたもの（近親姦願望）に触れるという事態から起きる不安である。

(3) 転換と言語としての身体

精神分析は身体を持った二人の相互交流が，分析過程に影響を与えるとみなすようになっている。それは分析家と被分析者の体の動き，情動への注目に如実にあらわれている。身体症状がヒステリー的なのは，それが性愛葛藤と抑圧などの防衛により身体に回帰しているときである。そしてそれらの症状は，分析過程において性愛葛藤や性別同一性葛藤にまつわる問題が，転移や実際の生活の中で表現され，それらに気づくようになると徐々に減少するたぐいのものである。したがって，ヒステリー的身体言語は，教科書が述べるような麻痺や失声だけではなく，美しさ，肥満，眠る，食欲不振，腹痛などさまざまであるということを忘れてはならない。

5. 技法に関する私見

Freud, S.（1895）は，「ヒステリー研究」において，精神分析はヒステリー

における無意識的悲劇を，ありきたりの不幸な出来事に変えることであると述べているが，はたしてそうであろうか，というのが私の問題意識である。たしかに，ヒステリー患者に接すると何か心の奥に真実が隠されているといったミステリアスな印象を持つし，これ自体がひどく誘惑的でもある。それゆえ，意識されればありきたりの不幸だ，というFreud, S.の言は戒め的に役に立つ。同じように，本論で私が取り上げた識者たちの見解とくに逆転移についての意見にも同意する。たとえば，物語の聞き手・舞台を見る観客であれ，じらしに耐えること，自分自身の願望に気づくこと，性欲のことを言わない，などである。

しかし，治療機序の視点から見ると，Freud, S.の言は，無意識の意識化のことを指しているという意味で限定的である。精神分析過程で生じる事後作用によるパーソナルな歴史の書き換えとそれにともない自分の歴史に肯定感と自信を持つという結果はけっしてありきたりの不幸に変化するという事態ではない。

事後作用という治療機序を念頭におくとき，私はヒステリー治療においてつぎの三つの態度を強調しておきたい。

まず第一に，自由連想において，ヒステリー特有の曖昧さの背景にある「時の流れの凍結」を同定する作業である。その際，この時の流れの凍結は性愛と性別をめぐって起きているという認識は大変役に立つのである。

第二は，位相の変換あるいは三項関係の形成であるが，これはすでに述べたところである。Yarom, N.の理論を借りていえば，ヒステリー患者の葛藤を「私は男か女か」だけでなく「治療者である私は男か女か」さらには「私は，患者を男として見ているか女として見ているか」という自分自身の性愛と性別をめぐる「揺れ」を自覚することといってもよい。これは，時の流れの凍結を融解させる，すなわち脱構築する作業でもある。

こうした態度から容易に第三の考えが導かれる。たとえば，私が女性のヒステリー患者の治療をするとき，舞台を見る観客でありながら，同時に，いかにして被分析者（女性）を女性として愛するかがテーマになるであろうし，男性のヒステリー患者に対してはいかにして彼を男性として愛するかがテーマになる。このことの意味は，Deutch, H. (1965)が人の情緒発達について述べた言葉，すなわち父親が娘を女として愛さなければ，娘は女性になることができない，母親が息子を男として愛さなければ，息子は男性になることができない，ということに尽きるであろう。

おわりに

　本論で，私は精神分析におけるヒステリーの捉え方の最近の動向を概観した。とくに逆転移の検討や間主観的アプローチが最近の傾向であることを明確化し，Yarom, N. の労作を借りて，多様な諸概念の整理を試みた。最後に，私見であるが，いくつかの技法を補足した。

文　献

Benjamin, J. (1998) Shadow of the Other──Intersubjectivity and gender in psychoanalysis. London and New York, Routledge.
Bollas, C. (2000) Hysteria. London and New York, Routledge.
Britton, R. (1999) Getting in on the act──The hysterical solution. International Journal of Psychoanalysis 80 ; 1-14.
Deutch, H. (1965) Neurosis and Character Types. New York, International Universities Press.
Freud, S. (1895) Studies on Hysteria. SE.2.（懸田克躬訳（1974）ヒステリー研究．フロイト著作集 7．人文書院）
Gabbard, G. (1994) Psychodynamic Psychiatry in Clinical Practice : The DSM-Ⅳ Edition. Washington DC, American Psychiatric Press.（舘哲朗監訳（1997）精神力動的精神医学③──臨床編：Ⅱ軸障害．岩崎学術出版社）
Kohon, G. (1986) The British School of Psychoanalysis. London, Free Association Books. 〈西園昌久監訳（1992）英国独立学派の精神分析──対象関係論の展開．岩崎学術出版社（この中の Kohon 著「ドラに関する考察：ヒステリーの症例」)〉
松木邦裕（2008）日本精神分析学会第 54 回大会案内．
Ogden, T.H. (1986) The Matrix of the Mind──Object relations and the psychoanalytic dialogue. New York, Jason Aronson.（狩野力八郎監訳，藤山直樹訳（1996）こころのマトリックス──対象関係論との対話．岩崎学術出版社）
Yarom, N. (2005) Matrix of Hysteria. London and New York, Routledge.
Zetzel, E. (1968) The so-called good hysteric. In : The Capacity for Emotional Growth. New York, International Universities Press.

第4章　私の精神分析的パーソナリティ臨床
――疾患分類批判――

はじめに

　まず，これから私が何を話そうとしているかということについてお話します。大会長[編注]の大矢大先生から，パーソナリティとパーソナリティ障害の歴史的変遷について話すよう依頼されました。そして，その際，パーソナリティ障害と「発達障害」の関連についても是非論じて欲しいというお話でした。ご依頼を受けてから，私はいくぶん後悔しました。これは教育講演とはいうものの，前者のテーマについては，2002年に出版した「重症人格障害の臨床研究」（狩野，2002）の中で詳細に述べ，その後2005年の本学会大会シンポジウムで「自分になる過程：青年期の自己愛脆弱性と無力感」（狩野，2005）というテーマで続編を話しました。その後は，新しい追加はないし，そこで論じたことは決して古くなっているわけではないので，興味のある方は是非それらをお読みいただければと思います。一方，今日お集まりの方々は知り合いの方も多く，私の「パーソナリティ障害論」については何回もお聞きかと思いますので，反復は避けたいと思った次第です。

　後者のテーマは最近の流行ともいえるものです。いろいろな学会で取り上げられています。それだけ臨床家の関心を呼んでいるのでしょう。そこで，最初に後者の問題について私見を述べます。とはいうものの，この与えられた二つのテーマに通底しているのは，疾患分類というテーマでしょう。大矢会長の言葉は，臨床実践において，私は疾患分類についてどのように考えているかを明らかにせよということなのだと理解しました。それはとりもなおさず，精神分析あるいは精神力動的方向付けを持った臨床とは何かを語ることになるのだと思います。

編注）　日本思春期青年期精神医学会第24回大会（京都）

1. パーソナリティ障害と「発達障害」

　最近10年ほど，スキゾイド，境界例，自己愛パーソナリティなどいわゆるパーソナリティ障害という「診断」とAD／HD，広汎性発達障害，自閉症スペクトラム障害などといった「診断」との違いや関係について熱心に議論されています。しかし私はこの種の議論の流れにはどうしても乗り切れないものを感じています。最近出席したある学会において，AD／HDについて論じていた臨床家が，パーソナリティ障害なのかAD／HDなのか診断に迷うときは，後者の診断をする，なんとなればパーソナリティ障害にすると「精神療法的にかかわり，治さなくてはならないが，AD／HDだと薬物療法といわゆる医学的助言で済むから面倒ではない」と断じたのです。しかも，司会者やその議論に参加していたほかの発表者も彼の意見が当然であるかのようにうなずいていたのです。この臨床家の矜持を放棄した意見には驚きを越して唖然としてしまいました。

　説教じみたことを言うのは避けたいのですが，このような出来事を目にすると，疾患分類や診断に関し，どうしても原則に立ちかえって論じざるを得なくなります。つまり，私の用いる「パーソナリティ障害」概念と「発達障害」概念は，そもそも前提となるカテゴリーが違うということを主張しておきたいと思います。一般的に，パーソナリティ障害概念のルーツにはいろいろあります。遺伝や体質を基礎にした「変質」概念，症候学的に神経症と精神病の中間に位置づける「中間」概念，平均的範囲からの「逸脱」概念などです。これらに対し，精神分析はまったく異なる見方をしています。治療場面において個体は，一つのまとまりをもちつつ，治療状況や治療者に関与し，それ自体その人にユニークであるような存在であり，その存在のあり方は生活史的に形成されてきた（そして形成されつつある）ものだというのが精神分析的理解です。すなわち，性格やパーソナリティの力動的形成概念です。パーソナリティは，一生を通じて，体質と性格，倫理観などが絡み合って形成され成長していくと考えられています。そこでは，完璧なパーソナリティ理解などありません。症状や不適切な行動が，その人の人生の文脈の中に意味を持つものとして組み込まれるようになれば治療は終わりです。すなわち，精神分析においては，パーソナリティを理解する方法論は明確ですが，カテゴリーとしての障害という視点から見ると不明確です。実際の臨床において，私たちは，いろいろな性格特性概念について

言及しますが，それらはどんな類型のパーソナリティ（障害）であれ，治療を始める糸口として役には立つだけであり，類型化が最終目標ではないのであります。

さて「発達障害」といわれる一群の概念は，その基礎を脳神経学という分野においています。精神分析（あるいは力動的精神医学）と脳神経学とはカテゴリーが異なったもので，各々特有の言語体系を持っています。ですから，異なった言語体系に由来する概念を同一地平で比較検討すること自体まったく意味を成さないのであります。たとえば，精神分析から見てパーソナリティ障害にその重さの程度があるように脳神経学的発達から見て自閉スペクトラムや発達障害にも重さの程度はいろいろあるでしょう。ごく軽度の自閉性障害や発達障害をもち，精神分析的に見れば神経症水準のパーソナリティというような患者さんは我々の眼前に少なくないと思われます。私の言いたいのは，異なった分野相互の対話をするためには，それぞれ互いの分野によほど習熟している専門家の存在が必要だということです。理念的に言えば，今後,脳と心のインターフェイスの探求に習熟した専門家が生まれてくるのが望ましいのです。それまでの間，当面我々が取りうる最良の手段は，この問題を白か黒か式思考で切って捨てるのではなく，臨床場面において徹底した症例検討を繰り返すことだと考えられます。

2. 私の臨床における基本姿勢

私の基本は精神分析的姿勢だといってしまえばそれまでなのですが，その私の姿勢を支えている人々の見解を述べておきたいと思います。それらはすべて古典に属しているものです。もちろん取り上げれば限りがないのですが，私の臨床をもっとも良く代表するような人の見解をあげてみます。私にとっての備忘録のようなものですが，どうも若い先生たちに忘れ去られようとしている危惧があるものですから，若い先生方にも共有してもらいたいと考え取り上げるのです。

1. 疾病性 illness より事例性 caseness を重視する

「もし患者が例えば五つの症状をもっていたら，医師はそれぞれの症状の一つ一つを調べて，それらすべての症状を呈する疾患を見出すことができる。

ほら，一丁あがり！ これが診断だ」。これは Menninger, K. が，『The Vital Balance』（1963, p.24）で述べている診断主義批判の警句ですが，『カプラン臨床精神医学テキスト第 2 版』（Sadock, 2003）にも引用されています。この意味するところは，臨床精神医学においては事例性を重視することが大切だということです。しかし，この言葉はかつてよく取り上げられていたものの，最近ほとんど聞かなくなってしまいました。とりわけ，DSM-Ⅲの好ましくない側面に影響されるようになってからは，化石化してしまったかのようにみえます。しかし，現在でもなお銘記しておくべき概念なので，取り上げておこうと思うのです。事例性とは「精神医学の臨床実践は，疾病学の外に位置づけることとし，眼前の患者を統一的かつ非特異的にとらえ，治療は個々の事例ごとに進めるといった臨床姿勢」のことです。

2. 心理社会的アプローチ

　精神分析を駆使した Fromm, E. の『自由からの逃走』（1941）は現代社会の抱える問題を見事に浮き彫りにしています。彼の主張は，「現代人は，自由の重荷に，つまり孤独・無力に耐えかねて，権威主義・破壊性・機械的画一性に走っている」というものです。今日でもなお，臨床場面で私たちが出会う若者たちは，臨床診断分類を問わず，まさにこうした孤独感と無力感に圧倒されていることに気づきます。この問題について，私は，1995 年の本学会シンポジウムで「誰にとっての課題か？　青年期の課題と力動的システム論」で論じましたので是非お読みいただきたいと思います（『方法としての治療構造論』所収, 2009）。
　もう一つ Fromm, E. の貢献は社会的性格という概念を提案したことです。社会的性格とは，その集団の大部分の成員の性格構造に共通する側面のことであります。それは，一定の社会構造に対して人間が力動的に適応していく結果うまれ，こうした動きが新しい社会的性格を固定化し，人間の行動を決定するものだと考えられています。この意味での社会的性格は，生産的にも破壊的にもなりうるのです。この概念を応用した例として小此木のモラトリアム人間論をあげれば，この概念についてより分かりやすくなるでしょう。
　すなわち，我々は臨床において個としての患者を理解しようとしますが，環境としての社会が内在化されていること，あるいは内面化されている環境を忘れるわけにはいかないのです。

3. Erikson, E. のジレンマ

　Erikson, E. の同一性と同一性拡散という概念が，今でも臨床的意義を持っているのはいうまでありません。ところで，小此木は相田信男との対談（相田，2006）の中で「アイデンティティ」について「少なくとも，フロイトからエリクソンが使っているアイデンティティという言葉は世間で言われるような個の自立を謳った言葉ではなくて，いかに人間が集団に支えられたときに心が安らかになるか，という集団と関わっている居場所のある自分を意味するのがアイデンティティなんです」と述べています。すなわちアイデンティティという言葉の語源は，「同じ心の構造をともにし合う仲間，お互いに支えあう心のふるさと」といった意味を持つ言葉だというわけです。
　この意味での青年期の課題達成とは，集団と関与しながら心が安寧でいられるような感覚を体験できるようになることですし，それを体験できない状況が同一性拡散だといえます。このような主観的体験をも含みこんだ捉え方は，実は現代的な意味では，自己とか自己感という概念に引き継がれているといえます。
　しかし，この意味でのアイデンティティ論や自己論が普及すればするほど困った問題が生じてきました。たとえば，ヒステリーにおいて，性の抑圧が発見され，それが公然化し，そして性の抑圧意識が一般化すると，抑圧という防衛機制の意味は無視され，性の解放が唱えられるようになりました。同じように，かつて無意識的苦悩であった同一性拡散が公然化すると，青年はそれを見せびらかすようになってしまい，つまり，同一性拡散の社会的性格としての側面（いわゆる社会病理現象）のみを強調してしまい，そうなると皮肉なことに「単純化，悩まない，分かりやすいことなど」に価値が置かれてしまうという社会現象が生じてしまったのです。同様に，自分の居場所が欲しい，などという流行の表現も過剰な単純化の結果といえます。このように自らが創出した理論が受け入れられるのは良いとしても，それが過剰に単純化してしまったことが Erikson, E. のジレンマであったといえます。我々の分野の用語は，その本来の病理的意味を失い容易に社会性格化してしまうというリスクを常に念頭において置かないと，適切にその用語を使用できなくなります。この意味で彼のジレンマは大変教訓的であります。

4. Winnicott, D.W. の視点

　Winnicott, D.W. は『情緒発達の精神分析理論（第 11 章 疾患分類：精神分析

学ははたして精神医学的疾患分類に寄与したか，1965)』において，前述したMenningerの『Vital Balance』における主張を支持しながら，精神分析が精神医学や精神医学的疾患分類に対してなした最大の貢献は，おそらく，疾患単位という旧い概念を壊したことであろう，といいます。さらに同じ論文で，彼はより建設的な提言として次のように続けます。情緒発達の過程には，一方の極に遺伝（体質）を，もう一方の極に環境があり，その中間に生活し防衛しそして成長する個人がいる。そして精神分析の立場に立つものは，疾患分類となるとそれらすべての現象全体を考慮しなければならなくなるといい，まず第一に環境状態を分類すること，次の段階で個人の持つ防衛を分類することへ進み，最後に遺伝の問題すなわち個人の生得的傾向を観察することになる，というわけです。

　私はこのような姿勢は精神分析的に方向付けられた臨床家に広く共有されていると思うわけです。そして，前段で述べたように，この視点からは「発達障害」か「パーソナリティ障害」か，といった問題の立て方が生まれてくるはずがないのであります。しかし，もしそうでないとしたら私の思いは，たんなる期待であったのかもしれません。

5．Menninger, K.（1963）のunitary conceptと水準という考え方

　精神分析あるいは力動精神医学の臨床実践に関与している者ならば，正常から神経症，境界例，精神病に移行があるということを経験しているはずです。教科書に書いてあるように明確な線を引けないということも承知しているでしょう。うつ病に関しても，正常のうつ状態なのか反応性のうつ状態か，境界例にともなううつ状態か（その場合，気分障害がprimary diagnosisなのかパーソナリティ障害がprimaryなのか）を明確に区別するよりも連続性を考慮した方がよい場合も少なくありません。つまり，明確な一線を引くことを留保するわけです。同様に，いわゆる発達障害や自閉性スペクトラムを一元論的に捉え重い程度から正常までの水準として捉えようという試みもうなづくものであります。こうした臨床経験を振り返ると，精神疾患一元論という立場は簡単に捨て去ることはできません。この視点から，Menninger, K. は，「Vital Balance」においてunitary概念を展開し，全体としての人間の機能不全を以下のような五つの水準で捉えています。これは臨床の実際にとても合致したものだと私は考えています。

①いわゆる nervousness（内外の出来事に少し対応がよくない，まとまりがよくない）
②神経症（緊張への対応手段がうまくいかず過剰に代償的手段に頼る，苦痛な症状がある）
③危険で破壊的な衝動が漏れ出る，自我が対応に困窮する，自我の失敗による攻撃，爆発，侵襲，社会への攻撃など
④自我の不全，現実に従うことができなくなる（精神病のこと）
⑤ひどく萎縮・退化したという意味で精神病を超えた事態，生きる意志の放棄

この五つの水準は，漸次移行しうるものとして考えられています。また，彼は，臨床実践からすると水準の分類はせいぜい五つくらいが適当であって，それ以上の細かな分類は役に立たないと主張しています。

6. 精神分析的理解の基本方法：
Freud, S. に戻る（「制止・症状・不安」，1926）

以上述べてきた考え方は古典的なものでありますが，現代の精神分析的諸概念の直接的基礎をなすような，今も生きている基本的な概念でもあります。そして，これらの古典的概念を生み出したのが Freud, S. の仕事であり，それは後年の論文である「制止・症状・不安」にもっとも明確に現れています。

それらを簡単に素描してみましょう。分析の開始と患者の反応を想像してみてください。患者はカウチに寝る，自由連想という原則に従う，背後で分析家が傾聴する，という状況を患者はどのように体験し，それをどのようにコミュニケートするか，表出的にするのか隠蔽的か。分析家は，それらをどのように読み解くのか？　私の学んだことを少々付け加えますので，Freud, S. の書いていることそのものではありませんが，原則的には同じです。彼は次のように考えます。

「○○を話したい（願望，欲動），しかしその欲動のままに振舞うと○○の危険な状況が迫り，そうすると○○の不安が生じる（これを信号不安という），それゆえ浮かび上がってくる何かを防衛する（防衛機制，忘れる，抑える，なかったことにするなど），そしてこのように分析家に関わろうとする（対象関係），それがこの場合自分がこれまでの経験により内的に組織化してきたすなわちなじんだ適応の仕方だ（適応）」という文脈あるいはパターンです（一方，連想の内容は，患者の過去の歴史や現在の状況，人間関係を知る素材になるわけで

す)。すなわち精神分析の「いまここで」このように患者を理解するわけです。Freud, S. は最初，「いまここで」患者の症状を観察し，このような文脈で症状の意味を知ることによってそれらの原因を発見することができると考えたのです。しかし，現在では，症状の原因を探求し症状を取り除くというよりは，分析設定において生まれ，行動として表出される相互作用が生き生きとすることそのものが精神分析の意義だと考えられるようになっています。

　かつて，小此木（1964）は，こうした精神分析の方法を，わが国に紹介する際に論語の「その成す所を視，その由る所を観，その安んずる所を察すれば，人いずくんぞかくさんや」という視観察法を説明の道具として用いていました。すなわち，話の内容よりも話し方，関わり方にこそその人の本質があるというわけですから，この精神分析的考え方が，まさに直接パーソナリティ理解につながっていったということはお分かりいただけたかと思います。

　ちなみに，この論文で Freud, S. が上げた危険な状況とは，①母親表象がまだできていない出生外傷，②対象としての母親の喪失，③ペニスの喪失，④対象の愛の喪失，⑤超自我の愛の喪失です。Freud, S. 以降の「不安」の研究は，以上のような手段に基づきつつ，もっとも典型的には Reich, W. の性格としての鎧，Freud, A. の自我の防衛機制の明確化，Klein, M. のより primitive な不安である「分裂妄想不安」と「抑うつ不安」の発見とそれにおける心的機制を明らかにしたことに表れています。

3. 重い病態へのアプローチとして：自我あるいは自己の評価の必要性

　臨床家，すくなくとも精神分析的あるいは精神力動的方向付けを持った臨床家は診療において分からない出来事に出会ったとき，分からないことに耐え，もちこたえ，腐心し，思考することこそ本質的仕事であって，何か目新しいあるいは便利な「概念」に還元してはならないと考えています。逸話ですが，第一次大戦のとき，shell shock の麻痺，痺れ，振戦，発作，叫び，失声について，脳震盪による脳の点状出血によるという説が信じられていました。現在でも，患者が，他者の情緒をメンタライズしないとき，即座に「発達障害」かもしれないという臨床家が沢山います。その場合，彼らの思考作業から，精神分析の最も重要な概念である，防衛機制はどうなっているのか，自我の機能はどこが

どのように損傷されているのか，自我はどのようなレベルの情緒や不安を体験しているのか，などという考えはどこかに吹っ飛んでしまっています。

重い病態をもつ人と臨床的に関与するとき，その人の自我あるいは自己が世界をどのように体験しているかを考えることこそが重要であります。そして，このような表現がひどく曖昧であることは承知のうえで，そう思うのです。私はすでに本学会で「自分になる過程：青年期における自己愛脆弱性と無力感」(2005) という論文で，この問題を取り上げていますのでご参照ください。

読者の方のリマインドとして，個体が世界を体験する仕方についてどのような概念が関連しているかを箇条書きしてみましょう。

1) Ogden, T.H. ら (1994) の抑うつポジション，妄想分裂ポジション，自閉接触ポジション
2) Stern, D.N. (1985) の中核自己感 (自己発動性，自己一貫性，自己情動性，自己歴史性) の障害
3) Kernberg, O.F. (1975) の非特異的自我脆弱性 (不安耐性の欠如，衝動コントロールの欠如，成熟した昇華チャンネルの欠如，自己と対象イメージの分化の欠如，自我境界が曖昧になる，一次過程思考へのシフト)
4) Pine, F. (1990) の自我欠陥論
5) Mentalizing 機能の障害 (Fonagy, P. et al., 2004, 2006)

これらは必ずしも境界パーソナリティ構造に特徴的なものではありません。しかしパーソナリティの機能を探求するために有益な精神分析的概念なのです。たとえば，上述したように，精神分析の臨床実践という視点から見るならば，いわゆる神経症レベルの人に，自閉接触ポジションに見られる付着性同一化などの防衛機制が認められても良いし，Pine 流に言えば自我の欠陥があっても良いわけです。私は，DSM-Ⅲの5軸診断という方法はすぐれて臨床に役立つと考えていますが，はたしてどれほどの臨床家が5軸診断をしているでしょうか。せいぜい1軸の診断に終始し，単純な操作的診断に左右されているのではないでしょうか。同じように精神分析にもとづく Kernberg, O.F. のパーソナリティ構造論も有益ではありますが，すべての臨床的現象を，NPO－BPO－PPO に還元してしまうという姿勢には疑問を抱かざるを得ません。

以上に述べてきたところをまとめてみます。まず評価に関しては，第一に，自我の防衛機制をつねに評価すること，第二に，自己のまとまりと連続性 (同一性) を評価すること，第三に，その他の非特異的自我の脆弱性を評価すること，

第四に，適応機制を評価すること，つまり，患者は一人で制御できるか，他者を必要とするか，その質と程度はどうか？　適応的か，支配・操縦的か，付着性同一化（現実的コンテイナーを必要とする，as ifパーソナリティの一部を含む）かなど考慮することです。第五に，これがもっとも重要なのですが，患者の能力，長所，を捉えることです。病理を治すよりも，もっている能力を伸ばす方がよほど簡単だからです。

　重い病態の治療において，第一に，一貫した治療態度と構造を提供する，第二に，情動の発露をキャッチする，第三に，同一化の質と程度を把握する，第四に，些細な変化（たとえば中核自己感の表現など）をキャッチする，第五に，工夫する（ステレオタイプな治療論にとらわれない，一人一人の乳幼児の母親はそれぞれに共通の面もあるが，それぞれユニークであるのと同じである）。

おわりに

　私に与えられたテーマを私なりに解釈しなおしてみました。すると，何を期待されているかということが分かってきました。本発表で私は私の臨床姿勢を述べていく中で反疾患分類論について述べてきたつもりです。精神分析概念や精神医学概念を用いて，臨床で出会う現象を分析し整理し思考することは重要な作業です。しかし，その作業はある現象を特定の疾患に還元してしまうことではないはずですし，そのような還元主義的姿勢からはなにものも生まれてこないということを主張しました。

文　献

相田信男（2006）実践・精神分析的精神療法——個人療法そして集団療法．金剛出版．
Allen, J.G. & Fonagy, P. (editors) (2006) Handbook of Mentalization-Based Treatment. John Wiley & Sons, West Sussex. （狩野力八郎監修，池田暁史訳（2011）メンタライゼーション・ハンドブック MBTの臨床と基礎．岩崎学術出版社）
Bateman, A. & Fonagy, P. (2004) Psychotherapy for Borderline Personality Disorder ——Mentalization-based Treatment. New York, Oxford University Press. （狩野力八郎・白波瀬丈一郎監訳（2008）メンタライゼーションと境界パーソナリティ障害——MBTが拓く精神分析的精神療法の新たな展開．岩崎学術出版社）
Freud, S. (1926) Hemmung, Symptom und Angst. GW, 14. (Inhibitions, symptoms and anxiety, SE20, 1959) （井村恒郎訳（1970）制止，症状，不安，著作集6）（大宮勘一郎・加藤敏訳（2010）制止，症状，不安，全集19）

Fromm, E. (1941) Escape from Freedom. New York, Holt, Rinehart & Winston.（日高六郎訳（1951）自由からの逃走．東京創元社）
狩野力八郎（2002）重症人格障害の臨床研究――パーソナリティの病理と治療技法．金剛出版．
狩野力八郎（2005）自分になる過程．青年期の自己愛脆弱性と無力感．思春期青年期精神医学 15；25-35.
狩野力八郎（2009）方法としての治療構造論――精神分析的心理療法の実践．金剛出版．
Kernberg, O.F. (1975) Borderline Conditions and Pathological Narcissism. New York, Jason Aronson.
Menninger, K, Mauman, M., & Pruyser, P. (1963) The Vital Balance ; The life process in mental health and illness. New York, Viking Press.
Ogden, T.H. (1994) Subjects of Analysis. New Jersey, Jason Aronson.（和田秀樹訳（1996）あいだの空間――分析の第三主体．新評論）
小此木啓吾（1964）精神分析ノート2　生きている人間関係．日本教文社．
Pine, F. (1990) Drive, Ego, Object and Self ; A synthesis for clinical work. New York, Basic Books.（川畑直人監訳（2003）欲動，自我，対象，自己――精神分析理論の臨床的総合．創元社）
Sadock, B.J. & Sadock, V.A. (2003) Kaplan & Sadock's Synopsis of Psychiatry : Bahavioral Sciences／Clinical Psyciatry, Ninth Edition. PA, Lippincott Williams & Wilkins.（井上令一・四宮滋子監訳（2004）カプラン臨床精神医学テキスト　第2版――DSM-Ⅳ-TR診断基準の臨床への展開．メディカルサイエンスインターナショナル）
Stern, D.N. (1985) The Interpersonal World of the Infant. Basic Books, New York（小此木啓吾・丸田俊彦監訳，神庭靖子・神庭重信訳（1989）乳児の対人世界　理論編と臨床編．岩崎学術出版社）
Winnicott, D.W. (1965) The Maturational Process and Facilitating Environment. London, Hogarth Press.（牛島定信訳（1977）情緒発達の精神分析理論．岩崎学術出版社）

第5章 精神分析の生成論について
——「フロイト派」の立場から——

Ⅰ．はじめに——対話の前提として——

　今回，特集「精神分析学と精神病理学との対話」に参加することになり，あれこれ考えているうちに，20年ほど前，精神科医になりたての頃の出来事を思い出した。当時，筆者は，仲間と一緒にJaspers, K.の「精神病理学総論」を数年かけて読み通した。この経験は貴重であった。緻密な記述，豊富な内容は知的好奇心を大いに満足させてくれた。それ以上に，「了解の幅を広げようとする」その姿勢（当時はそのように思えたのである）に共感した。にもかかわらず，筆者が精神病理学よりも精神分析を選択したのは，Jaspers, K.の中にどうしても確かな治療学がみえてこなかったからである。そこで，まずほかのことはさておいて精神分析に思う存分浸ってみようとしたのであるが，しかしなお，Jaspers, K.の厳密な記述に共感していた筆者は，精神分析状況におけるさまざまな力動的現象をより厳密に記述することをのちのち自分の課題とした。これはある意味で筆者の「精神分析と精神病理学との対話」の始まりであったともいえるのだが，いっぽう日暮れて道遠しでなかなか成果を上げられないでいる。これには，精神分析が狭義の精神分析療法や研究のみならず想像以上に広大な領域——神経症・境界例・精神病といった多様な病態や入院精神医学・集団精神療法・家族療法・コンサルテーションリエゾン・卒後教育・乳幼児精神医学・思春期青年期精神医学といった分野をカバーしているため，そうした応用分野の臨床や研究に関与することが多かったという事情もある。
　そんなわけで，精神病理学との対話はつねに頭の片隅にありながら長い間お預けになって今日に至っているので，筆者は我が国の精神病理学について論評するだけの十分な知識をもちあわせていない。しかし，あらかじめ送られて来た松本論文[編注]によれば，まずは松本氏に答える形をとりながら精神分析のア

編注）　松本雅彦（1992）精神分析学と精神病理学との対話．臨床精神病理 13；177-183.

イデンティティーを明らかにするところから始めようということなので，なんとかなると思った次第である。

　松本氏は今日の精神病理学の課題として，第一に，精神生活の「全体」をいかに把握するか，第二に心的存在としての精神病をいかに「了解」するか，第三に「内因」概念をどう捉えるか，という三点を上げている。そして，これは同時に精神分析への問いかけのようでもある。さらに，二つの重要な問題を提起している。一つは，はたして現在の病態が過去の生活史のみによって理解され得るのかどうか，という問題である。これは，精神分析における転移－逆転移概念にかかわる問題であるがゆえに重要である。それだけではなく，精神病理学が生活史法を取り入れているところからして，生活史の意義をめぐり精神分析と精神病理学とが交差する領域でもあるために，この問題は対話のよい素材ではないかと思われる。いま一つは，「生の現実」を前にして精神分析はその仮構をいかにして修正していくのか，という問題提起である。これは，精神分析が成立したときから内在する精神分析固有の問題であって，歴史そのものである。そして，今日，我が国の精神病理において用いられている現存在分析，人間学，現象学といった方法がある意味で精神分析を乗り越えるために成立したものと考えるならば，これも精神分析と精神病理が対話し得る領域であろう。

　つぎに論を進めるまえに，まず述べておかなければならないことは，精神分析という言葉には精神分析的精神病理学も含まれるということである。これは当たり前といえば当たり前のことである。しかし，ややもすると精神分析は精神病理なき技術論に陥りやすいし，ひるがえってそのことが精神分析を心理主義や魔術的な治療法へと導きやすいために，あえて述べておくのである。また，学派に関してだが，精神分析にいろいろな学派があるのは事実であるにしても筆者はいくつかの理由からこれまで自分を特定の学派に限定することを拒んできた。そのため，「フロイト学派から」ということで執筆を依頼されたが，それを広義に受け取り，あまり「……学派」にこだわらずに本論を進めたいと思う。

II．Jaspers, K. の分析批判（Bion, 1977）に対する反論

　さて，我々は，人間の心的生活を治療者－患者関係のなかで理解しようとする。その際，精神分析は，自然現象に対するのと同じように精神現象について

第5章 精神分析の生成論について──「フロイト派」の立場から── 89

も，仮説をたてその因果関係を説明することを目標とする。一方，周知のことであるが，Jaspers, K. は自然現象については因果説明を用いるが，精神現象については「了解」を行うと主張し，精神分析は本来了解できないものを無意識や性欲論の概念を用い了解できるかのように主張しているといって精神分析を批判したわけである。

　つまり，この論争は内的体験の関連性とりわけ精神病のそれをどのように理解するのかということをめぐるものであり，さらにその結果それまで大変曖昧であった人間の心的生活を理解するための方法概念に関する検討への道を切り開いたのである。

　このような意味で Jaspers, K. の果たした貢献は計り知れないといえようが，では彼の精神分析批判は正当であろうか，あるいは彼の「了解」という方法それ自体に問題はなかったのだろうか。彼の精神分析批判にはかなり感情的なものが含まれており，いちいち反論する必要のないものがあるが，「了解」か「説明」かという方法概念をめぐる問題は重要である。実際，精神分析からの反論もその多くは「了解」という方法の曖昧さに向けられている。つまり，実践上も概念上も曖昧だということである。ではどのように曖昧かということについて，Hartmann, H.（1964）と土居（1958, 1979）の見解にもとづいて以下に述べてみよう。さて，「了解」とは「心的生活という文脈において相手の中に身を移し入れることによって，主観的にかつ明証的に追体験できることであり，しかも内からの因果性が把握できることである」（松本論文より）。まず第一に，「相手の中に身を移し入れる」とは「人の身になって考える」とか「共感」するといったことであろう。これは，確かに人の心的生活に接近する一つの手段ではある。例えば，ある治療者はこのような手段によって当の患者の体験と類似した体験をもつかもしれない。しかし，別の治療者はまったく別の体験をもつかもしれない。それはそれでよいのだが，Jaspers, K. はこの手段の本質についてそれ以上説明していないし，したがってその信頼性や妥当性の保証はなにもないのである。むしろ，この手段の治療的あるいは研究上の意味については精神分析が精力的に探究して来たと言えよう。なぜなら，精神分析はその性質上自らの方法概念をもつねに検証・探究の対象として来たからである。そこで用いられた，あるいは探究の過程で明確化された概念が抵抗，転移，逆転移，同一化，共感，直感であり，さらに現代的には投影同一視，container-contained モデル，錯覚−脱錯覚モデル，などである。

第二は「明証性」についてである。Jaspers, K. が「発生的了解の明証性は究極のものである……（ある一つの関連：筆者註）を我々に確信的に了解させるならば，我々はこれ以上遡及できない直接的明証性を体験するのである。全く非個人的な，私的なものから解き放たれた了解的関連に対するかかる明証体験の上に，全了解心理学は構成されている」，と主張する時，Hartmann, H. と土居は，明証的な了解とは合理的な理解ないしは日常的な意識レベルにおける理解のことを述べている，という。そして，人間の心的生活の関連性についての心理学的理解がこのような明証性によってのみ導かれると間違いが起こる，なぜならば，そこには自己欺瞞性や嘘の可能性が考慮されていないからである，と反論する。したがって，明証性にもとづく了解は，そこになぜかという疑問を差し挟めばたちどころに分からなくなるような「偽の関連」である。たとえば，明証性とは「人は悲しいときには泣くものだ」といった信念であり，「人は悲しい時に笑う」ということや，「悲しいという体験」と「笑うという体験」との関連を意識的には体験できないことがあるという事態を考慮していない。このように，明証性は決して究極のものではないし，そればかりか明証体験は本当の関連を理解することを妨げることさえあるのである。たとえば「あいつはいい奴だ」という見方をしても彼はたえずそのように思考したり行動したりしないのである。しかし，一度明証的に分かってしまうと，我々はそのような理解から距離をおいて当の相手を理解することがむずかしくなるものである。ここにおいて，精神分析はどうしても無意識を考えざるを得ない。そして，体験と体験との関連を意識的に体験できないという現象は精神分析においてしばしば認められるし，精神分析の進展と共に意識的には体験できなかった体験を意識化できるということはすでに証明されている。

　第三に，Jaspers, K. は了解という手段に関して，自己理解について述べていない，ということである。他者を理解するためには「相手の中に身を移し入れる」だけでは不十分であり，自分をまずは理解するということが必要であろう。我々には多くの盲点がある。そのため，あることには敏感に理解できるが，別のことにはひどく鈍感だということがある。Freud, S.（1910）が「彼自身のコンプレックスや内的抵抗が許容する範囲でのみ分析の仕事を進めうる」と述べ，自己分析の重要性を説いたのは，まさにこのような事情からである。そして，自己分析の能力を高めるために，精神分析では，セミナー，精神療法スーパービジョン，教育分析という方法がとられているのである。ここで留意しておきた

いことは，このような学習は教条的に画一的な精神分析家を育てるものではないということである。むしろ，自己洞察によって自分の個性を生かし，基本的な方法は共有しながらも自分独自のスタイルを作り上げて行くものである。このような，学習方法があったればこそ，後述するが精神分析はたえずその中に自己批判力を維持し，自己展開が可能であったといえる。

　第四に，Jaspers, K. は治療者－患者関係が展開される「構造」や「状況」について全くふれていないということである。この傾向は，我が国の精神病理学者の論文にも見受けられる。しかし，たまたま町であったという状況から得られる情報と治療関係から得られる情報とでは大変な違いがあろう。精神分析ではたえず「構造」の意味をも探究してきた。なぜならば，精神分析の構造こそが患者の理解，探求，治療にとって基本的かつ特有な方法だということは，たとえ精神分析の学派が異なっていても共有されていることだからである。さらに，Ekstein, R. (1952) や小此木 (1990) がいうように，面接「構造」がたとえ異なっていても面接の「構造」を明確にし比較検討することによって，我々はそこから得られた情報についてより客観的に比較できるのである。このように，構造の意味をも探究することによって，精神分析的研究は自然科学的研究とその方法や過程において本質的には同じものになったと考えられる。そこで土居は次のように主張する。「自然科学の研究でも，研究者が人為的に実験状況をつくり，研究者の解釈を媒介として，洞察を得る。だから臨床研究でも，研究者が現象の発生に参加していることはなんら差し支えない。大切なことは研究者がどの程度まで参加しているかがはっきり確認されることである」と。さて，こうした「構造」の意味に関する精神分析的研究は，「治療構造論」として小此木がつとに提唱するところなので，それらを参考にしてもらいたい。

　以上述べたことから明らかなように，人の心的生活に関する「理解」あるいは「解釈」といってもよいが，それは Jaspers, K. が主張するような簡単な手段や過程で得られるものではない。彼は「了解した」ところでその作業を終えてしまっている。一方，解釈がいかにして生まれるか，それがいかにして検証されるかという問題提起から精神分析の作業は始まるのである。

III. 精神分析の基本的観点とその展開
——巨視的見地と微視的見地——

　言葉でもって何かを明確化するということは，同時に明確化されない何かを切り捨てるということである。精神分析的に「分かる」ということ，すなわち「解釈」によって因果関係を説明するということは同時に「分からないものは何か」ということをあぶり出してくるのである。この意味で「かのような了解」は解釈の第一歩にすぎない。そもそも，いかなる科学的理論も絶対的な真実について述べているわけではない，という事実は強調してもし過ぎではない。因果関係の原理も，厳密に言えば科学的法則について述べていないだろうが，それなしにはどんな科学も成立し得ないような考えないしは有益な手段なのである。ここで，精神分析の因果関係とはけっして一対一のそれではないということは述べておかねばならないだろう。つまり，重複決定（overdetermination）である。たとえば，患者の一つの連想は，彼が意識的に伝達している意味，転移感情，欲動派生物，防衛によって同時に決定されるということである。このように，精神分析は我々に「答え」についてすべて答えているわけではないが，何を質問したらよいか，ということに気付かせてくれるのである。いいかえるなら，精神分析の本質は一方で体系的な理論をもちながら，他方で教条主義を拒否しているというところにある，といえよう。前に引用した Hartmann, H. や土居に限らず，多くの精神分析家が精神分析の科学主義を強調するのも，実は以上のようなことをいわんとしているからであろう。

　したがって，ここには Jaspers, K. のいうような「いかなる首尾一貫した体系化をも受けつけない一つの全体」つまりはいかなる検証をも拒否するような「全体」を一挙に把握しようというような万能的な考えは入り込む余地はない。彼の理論は極めて精緻であるが，肝心なところにくると「全体」とか「究極」といった言葉が紛れ込み，曖昧になる。むしろ，全体ということに関していうならば，一般システム理論は示唆的である。つまり，一つのシステムが一定のまとまりを維持しつつ，オープンシステムとして有機的に展開する，それを促進している基本的な力はなにかということを明らかにしている。そして，機能的なシステムではシステムの境界機能（透過性）が維持され，かつサブシステム間の関係が力動的だととらえる。このような視点から全体を概念化するならば，精神分裂病について Tausk, V.（1919）や Federn, P.（1953）が自我境界の

病理に注目し，対象関係論が分裂－妄想態勢の意義を強調したのはうなずけるのである。

　松本氏は Jaspers, K. のいう意味での全体把握と直感把握とを同列に上げているが，この二つの概念は異なるものではないだろうか。全体を一挙に把握するという手続きが筆者にはよく分からないのである。しかし，松本氏が「これら印象，直感は，患者－診断者の相互作用のうちでのみそのつど把握される事態であり，……そのときどきの体感領域に属するといってもいい」という時の把握の仕方はまさに精神分析でいう直感となんら変わるところはない。このような意味での直感把握は精神分析でも重要な機能を果たす。このことを，とりわけ強調したのは Bion, W.R. (1969, 1977) である。すなわち彼はそのままでは知ることのできない起源的な事実，いいかえると無意識的な心的現実のことだが，そのような感覚的な要素に接触していく治療者の態度についていわゆる五感による一般的な観察方法とは別に直感するあるいは夢想する（reverie）能力とよんだ。この治療者の態度は，Bion, W.R. によれば乳児と母親の関係において乳児から投影される欲求を適切に読み取り変形して乳児に返す母親の能力をモデルとして説明される。たとえば，乳児が空腹や痛みといった不快な体験を母親の中に排出するとき，適切な母親はそれらを読み取り，空腹を満足に，痛みを喜びに変形できるのである。したがって，このような直感把握の正当性は，無意識の意識化とか自己洞察によってではなく，無意識のコミュニケーションにおいて意味を読み取り生成する機能が成長していること，すなわち治療関係が力動的に展開していることによって検証されるのである。このような概念は後述する精神分析における微視的見地に属するものであり，Freud, S. の「平等に漂う注意（evenly suspended attention）」「無意識の受容器官」といった治療者の態度を，異なった文脈から捉えかえしたものだと考えられる。

　こうした Bion, W.R. のモデルを採用してみると，松本氏が精神分裂病の基本障害としてあげた「プレコックス・ゲフュール」をはじめとするいくつかの概念が，どのようにしておのおのの精神医学者の中に精神分裂病の心的現実を変形したものとして生まれて来たのかということが理解できそうである。たとえば，「プレコックス・ゲフュール」は耐え難い恐ろしい内的体験が自己から切り離されて診断者の中に排出されたものだとは考えられないだろうか，「出立の病い」とか「個別化の危機」は分裂機制や陰性治療反応では説明できないだろうか，「自明性の喪失」はまさに Freud, S. が精神分裂病の病理として唱え

た「対象表象からの脱備給」のことではないだろうか。
　さて，ここで松本氏が提起された「現在の病態が過去の生活史のみによって理解されうるのかどうか」という問題を検討するために，まず精神分析の巨視的見地と微視的見地について述べたい。そして，これは必然的に「精神分析における理論的修正」の問題にも触れることになる。周知のように精神分析はその治療対象を神経症から性格障害，境界例，精神病へと拡大した。その過程で精神分析は治療の失敗を単に患者選択の失敗ではなく，精神分析技法の欠陥としてとらえ，しかし精神分析の本質を変えたりその技法を管理に変えたりせずに，その技法を重症例に適応させた，ということは Winnicott, D.W. (1919) も述べている。そこで分析の場面設定という考えが導入された。こうした新しい対象と新しい場面についての研究からそれまでとは違う概念が構成されたわけである。まさに「生の現実」を前にして，精神分析は修正を受け入れたのである。つまり，小此木（1985）によれば，神経症の研究から得られた理論（例えばエディプス・コンプレックス）に基礎づけられた立場を巨視的見地，精神病や児童の研究から得られた理論（例えば，プレエディプス問題，母子関係，自己愛）を微視的見地という。そして，この二つの見地の相互関係はあたかも古典物理学と近代的量子物理学のそれに比すことができる。つまり，一定の範囲たとえば神経症の治療では，巨視的な見地からの理論や技法によってほぼ理解でき，治療操作も進めることができる（例えば神経症者においてエディプス葛藤はその個体全体を構成するサブシテスム間の葛藤をもっともよく表す比喩であり，それで個体全体を説明はできないが全体に重大な影響を与えるようなものであるがために，治療操作の対象たり得るのである）。しかし，微視的な対象である精神病や児童になるとそれだけでは不十分で，異なった理解が必要になる，ということである。さらにひるがえってこの微視的な見地から，巨視的な見地の修正も行われた。さで，微視的見地は①操作主義，②エネルギー原理，③非決定論の三つの見地からなる。そして，この三つの見地は精神分析における「生成論」によって得られたものだと小此木は主張する。つまり，生成論は心的現象を発生−発達論に即してではなく，論理的−先験的に分析し，その心的機能の成り立ちを明らかにしようとする手法である。このような生成論的分析は，すでに Freud, S. にみられるものであるが，さらに Bion, W.R., Lacan, J., Schur, M., Grotstein, J.S., Ogden, T.H. などの精神病論において用いられている。
　上に述べた，三つの見地の詳細については小此木の論文を参照していただく

として，ここでは非決定論について触れておきたい。つまり，精神分析的現象は心的決定論に従うのではなく，精神分析的操作によって生起されうるものであり，したがって分析者と患者との相互作用そのものが分析の対象になる，という立場である。この立場に立つと，たとえば現象を反復強迫のように過去によって因果的に決定されると考えるのではなく，相互作用によって創造されたととらえる。この概念が精神分析の諸理論に与えた影響は大きい。第一に，自我心理学において，過去にとらわれない自由な自我の活動への研究を促した。たとえば，自我を助ける適応的退行(Kris, E.)である。第二に，新しい体験によって過去の体験が修正される，つまり記憶は remodel されるという Freud, S. の事後作用ないしは遡行作用（Nachträglichkeit）への再認識（すでにラカン学派がこの概念に特別な価値を見いだしたことはよく知られているが）を促し，それは転移，過去の役割，解釈といった概念に新しい意味を与えている。たとえば，Modell, A.H. (1990) は転移は心的時間系列からみるとすぐれて円環的な体験であり，それゆえ逆説的である，という。そして転移が過去の反復か新しく創造されたものかという議論は直線的な時間系列にとらわれているがゆえに，「現時点における現実によって喚起された情動的記憶と幻想との間の複雑な円環的関係の視点を見落としてしまう」と主張する。こうして，過去の役割をみると，それは内的幻想として現在の一部であるという意味で重要なのであって，行為の原因としての過去は少なくとも精神分析治療では意義を失う。すなわち，過去の子供時代に実際に何が起きたかではなく子供のこころに内的に何が起きたかが問題であり，さらに患者が「いま・ここで」ある出来事から創造する「意味」が重要だと考えられる。となれば，解釈も当然体験の原因を説明するものではなく，「いま・ここで」の体験に新しい意味を与え，それを変化させるものと考えられるから，解釈の内容だけでなくいつどんな状況で治療者の何を伝えるかあるいは伝わるかが問題になる。

　以上述べて来たことを要約するならば，微視的見地から精神分析は文字どおりの過去を探求するのではなく，「いま・ここで」生起する現象とその背後にある無意識的幻想あるいは無意識的コミュニケーションを探求し生成論モデルによって分析・再構成するものだといえる。このような方法概念はクライン学派の Segal, H. (1973) の主張するところと見事に合致するものだと，筆者は考えている。

Ⅳ. 精神分析的精神分裂病論

　精神分裂病に関する精神分析からの文献は膨大である。かつて，我が国でも精神分析の立場からの議論が盛んであった。しかし，過去 15 年位であろうか，アメリカにおける精神医学の動向の変化の影響かと思われるが，ごく一部の臨床家を除いてはあまり議論されなくなった。しかし，精神分析が分裂病理解や治療に果たしてきた役割は計り知れない。おそらく，我々臨床家が分裂病者に対してとる基本的な態度に関する知識は，直接間接にそうした研究から得られたものではないだろうか。たとえば，精神病理学会における下坂と木村の論争（臨床精神病理 9 巻 1 号，1988）の中で取り上げられている「治そうとしない態度」などは対象関係論による分裂機制の解明などをまって概念化されたものである。

　ここで，すべての文献を網羅するわけにはいかないので，最近の傾向について要約する。London, N.J. (1973a, 1973b) は Freud, S. の分裂病モデルには，神経症モデルすなわち葛藤理論によって神経症から分裂病までのすべての病態を説明しようとする統一理論（Unitary Theory）と神経症モデルとはまったく異なった分裂病に特異的な理論で把握しようとする特異理論（Specific Theory）がある，と指摘した。すなわち，Freud, S. が分裂病の病理として述べた「無意識的な表象からのリビドーの脱備給」という概念は，London, N.J. によれば心的表象を創造し維持する能力の基本的な障害によって構成される心理的な損傷ないし欠損（ego deficit）であるという。そして，分裂病の行動は，脱備給の結果おきる内的な破局に対する反応として理解される。たとえば，分裂病の原始的な一次過程の心象は，統一理論では早期幼児期の対象関係への防衛的退行をあらわすのに対し，特異理論では心的対象表象を組織化し維持する能力の欠陥に対する反応とみる。このような特異理論はすでに述べた微視的－生成論モデルに基づいているということはお分かりいただけると思う。以上のように葛藤理論と欠損理論は精神分析的分裂病論につねに内在しているのである。さらに欠損理論は神経－生理学的障害による自我障害を措定しているだけでなく，非常に早期の障害された母子関係によって起きる分裂病の素因としての欠損をも含んでいる。たとえば，Winnicott, D.W. (1965) の母性愛欠損（maternal privation），Balint, M.(1968) の基底欠損（basic fault），Fairbairn, W.R.D.(1952) の人間として真に愛され認められたいという体験をもてないこと，などである。

第5章 精神分析の生成論について――「フロイト派」の立場から――

　このようにみると，松本氏がいうごとく精神分析は否定態，欠如態を語らずにすんでいる，というようなことはないというのはお分かりいただけるかと思う。ただ，我が国ではどうしたわけか微視的-生成論モデルや欠損理論が注目されなかったのである。松本氏の指摘はそのためにおきた誤解であろう。

　我が国では小此木（1985）が，分裂病には快感原則・願望・一次過程といった心的機能の形成不全があることを指摘し，この脈絡から神経症，境界例との違いを論じている。そのうえで，さらに上述した Freud, S. の欠損理論と Bion, W.R. の精神病パーソナリティー論との統合を試みている。

　以上のような特異理論-生成論の立場から Grotstein, J.S.（1977a, 1977b）と Ogden, T.H.（1980）はそれぞれの分裂病論を展開している。前者は，心的機能において心理的意味の領域と，そうした意味の創造を媒体する能力すなわち知覚に意味を与え，思考する能力のレベルとは異なると考える。そして，神経生理学的な障害による知覚に対する刺激障壁の欠陥あるいは早熟な過敏性という欠損のためにいろいろな刺激を適切に振い分けることができず，心理的緊急状態に対して原始的な破壊衝動が生のまま放出され，それへの防衛として原始的防衛機制群が作動する。そして，このような防衛機制が肥大し，結局知覚に意味を与え，思考する能力が障害されると考える。このように彼は欠損理論と葛藤理論の両方を考えている。一方，Ogden, T.H. は葛藤理論に拠るが，神経症のそれとはまったく異なっている。彼は，分裂病の精神病理を，意味が存在しうる心理的状態を維持しようとする願望と，意味・思考・思考し体験を生成する能力を破壊しようとする願望との葛藤として理解する（ちなみに，神経症では性的願望とそれへの禁止といった両立しがたいけれども一連の意味をもった知覚から生じる緊張と防衛の再構成からなっている）。そして分裂病者は耐え難い苦痛を避けるために，知覚に意味を付与する能力や知覚するものについて思考する能力を破壊しようとするが，その結果は著しい引き込もりや非体験にも等しい状態に陥るのである。

　以上でお分かりのようにこの両者の理論には Bion, W.R. の影響が大きい。しかし，Bion, W.R. の理論については本特集（「臨床精神病理」13巻3号，1992）で衣笠氏が詳しく述べるであろうからそれを参考にしてもらいたい。また，この二人に共通しているのは精神内界（思考・感情・幻想）の現象と対人関係（現実的な外的対象をもつ対象関係，および心的対象表象）とを繋ぐ概念として投影同一視を重視し，心的表象（思考・幻想・自己および対象表象）と人が思考・

感情・幻想を思考し，体験することとの間の関係を概念化しようとしていることである。なぜならば，まさにそうした領域に分裂病の精神病理をみるからである。彼らは，もちろん治療経過や技法についても詳細に記述しているが，紙数の都合で割愛した。

最後につぎのことを述べておきたい。今日，精神分裂病の治療において薬物療法や地域医療が重視されているとはいえ，精神分析にもとづく精神療法はなお有益だと考えられる。さらに精神分析にもとづく力動的診断は治療の全経過のあらゆる局面において重視されねばならない。とりわけ，患者が緊急状態にあるときは精神分析的な見立てが必要不可欠ではないだろうか。

V. おわりに──精神病理学への提案──

今日，我が国で精神分析はかなり受け入れられるようになってきた。しかし，それでもなお誤解や偏見があるようである。その原因がどこにあったのかあるいは今どこにあるのかは分からない。文化的な要因をふくめ多々あるのであろう。それにしてもJaspers, K. の分析批判の影響は少なくとも学問的なレベルでは多大であったように思う。それゆえ，議論の蒸し返しになることを危惧したが，あえて長々とJaspers, K. に対する反論を述べた。さらに，我が国では精神分析のある部分が誇張されて伝わり，別の部分がほとんど紹介されてこなかったという事情がある。これには精神分析教育の不備も加わり，随分と誤解されたように思う。そこで，精神分析を専らにしている人には周知のことであるが，松本氏の問いかけに答えながら巨視的見地から微視的見地への展開，そして微視的-生成論モデルについて述べ，そのような見地からの精神分裂病論を紹介した。

最後に，精神病理と精神分析の対話をより実り多くするためには，精神病理学の論文において面接の構造や設定さらには患者との対話について記述される必要があるように思われる，ということを提案したい。これは，各々の研究者の方法概念を，実践的なレベルにおいて明確にするという作業である。一方，精神分析の側はそこでおきる現象をもっと厳密に記述する必要があろう。そうなれば，互いに用いる専門用語の違いからくる対話の困難をこえて，より具体的な比較検討ができるのではないだろうか。

精神医学の現在は松本氏がいうように生物学的研究や統計学を駆使した操作

的診断に覆われている。しかし，それはこの二つのアプローチの方法概念が実践的なレベルにおいて明確だということも大きな要因になっているのではなかろうか。精神病理学がなおその価値を維持し向上させるためには，その方法論が今以上に具体的かつ明瞭になり，かつその成果が治療に結びつくものでなくてはならない。筆者が上のように提案をするのはこのような理由からでもある。

文　献

Balint, M. (1968) The Basic Fault : Therapeutic Aspects of Regression, London, Tavistock.（中井久夫訳（1978）治療論からみた退行——基底欠損の精神分析．金剛出版）
Bion, W.R. (1969) Second Thoughts. London, William Heinemann Medical Books.
Bion, W.R. (1977) Seven Servants. New York, Jason Aronson.
土居健郎（1958）精神療法と精神分析．金子書房．
土居健郎（1979）精神医学と精神分析．弘文堂．
Ekstein, R. (1952) Structural aspects of psychotherapy. Psychoanalytic Review ; 222-229.
Fairbairn, W.R.D. (1952) Psychoanalytic Study of the Personalities. London, Tavistock.
Federn, P. (1953) Ego Psychology and the Psychoses. London, Maresfield Reprints.
Freud, S. (1910) Die zukünftigen Chancen der psychoanalitische Therapie. Internationaler Psychoanalytischer Verlag.（小此木啓吾訳（1969）精神分析療法の今後の可能性　フロイト選集15．日本教文社）
Grotstein, J. (1977a) The psychoanalytic concept of schizophrenia, I : the dilemma. International Journal of Psychoanalysis 58 ; 403-425.
Grotstein, J. (1977b) The psychoanalytic concept of schizophrenia, II : the reconciliation. International Journal of Psychoanalysis 58 ; 427-452.
Hartmann, H. (1964) Esaays on Ego Psychology. New York, International Universties Press.
Jaspers, K. (1946) Allgemeine Psychopathologie. Berlin-Göttingen Heidelberg, Springer Verlag.（内村祐之，他訳（1956）精神病理学総論．岩波書店）
London, N.J. (1973a) An essay on psychoanalytic theory : Two theories of schizophrenia. Part I. International Journal of Psychoanalysis 54 ; 169-178.
London, N.J. (1973b) An essay on psychoanalytic theory : Two theories of schizophrenia. Part II. International Journal of Psychoanalysis 54 ; 179-193.
Modell, A.H. (1990) Other Times, Other Realities. Cambridge, Harvard University Press.
Ogden, T.H. (1980) On the nature of the schizophrenic conflict. Internatioal Journal of Psychoanalysis 61 ; 513-533.
小此木啓吾（1990）治療構造論序説．（岩崎徹也，他編）治療構造論．岩崎学術出版社．

小此木啓吾（1985）精神分析の成立ちと発展．弘文堂．
小此木啓吾（1985）現代精神分析の基礎理論．弘文堂．
Segal, H.(1973) Introduction to the Work of Melanie Klein. London, The Hogarth Press.（岩崎徹也訳（1977）メラニー・クライン入門．岩崎学術出版社）
シンポジウム討論（1988）特集　精神病理学の方法．臨床精神病理 9 ; 45-57.
Tausk, V. (1948) On the origine of the "Influencing Machine" in schizophrenia. In : Fliess, R. (Ed.) The Psychoanalytic Reader. New York, International Universities Press.
Winnicott, D.W. (1965) The Maturational Processes and the Facilitating Environment. London, The Hogarth Press. （牛島定信訳（1977）情緒発達の精神分析理論．岩崎学術出版社）

第6章　創造的対話
――森田療法と精神分析――

1　結論を先に

　国際的に見れば，現代的な意味での様々な精神療法はフロイト思想を幹として枝分かれしてきたといえるのだが，わが国の精神療法は森田正馬の思想を土壌として展開してきたと，私は考えている。少なくともわが国の精神分析の場合はそうである。といって私は，森田療法について系統的に学んだことはないので，これは先輩や友人から漏れ聴いた森田療法に関する「お話」によって構成されている「私的な」考えである。しかし，歴史が産み出す数多くの逸話は，不正確であっても，鋭く歴史的事実を表象していることもあるので，私の考えはまんざらでもないと思っている。Freud, S. も森田もその最大の貢献は自由連想法や森田療法という実践的な方法論を発明したことにあるといえる。

2　森田療法についてどのように語るか？

　精神分析家である私が，異なる体系を持つ精神療法について語るためには，どのように語るかという方法を明らかにしなくてはならない。さもなければ，それは外部からの没主体的な単なる批評になってしまうからである。批評がまったく無価値だというわけではないが，それでは面白くない。つまり私は，森田療法と対話をしようとしているのであるが，そのために，第一に私自身が精神療法をどのように捉えているか，第二に比較と対話の違いについて明確にしておきたいと思うのである。

　前者について私は別のところで次のように定義しているので引用する。「精神療法の対象は物ではない。心的現実や主観的現実が主題である。それらは，直接感覚器官で捉えることができない。見ることも触れることもできない。したがって，精神療法には有機体として物質とは異なる固有の（生命を持ち続け

る，すなわち生きているための）メカニズムがある」（狩野，2001）。この思考は，生命という有機体の振る舞いの根底にある原理を探求するために用いられているシステム論に準拠しているのだが，この視点からすると精神療法は，徹底的に不完全で，不確実で，オープンであり（Orange et al., 1997)，したがって臨床実践的な知恵の場だと捉えられる。そして，この実践の場の本質的特徴は言葉を使用するということであるが，その意味するところは次のようなことである。すなわち，精神療法ではアナロジーやメタファーを用いて想像する作業は不可欠であるが，無数に浮かぶメタファーやアナロジーをそのままにしておくならば，それらはゴミ箱の屑のようなものである。あるいは，思いつき的なアナロジーやメタファーにもとづいた陳腐な言説は，たんなる破壊か教育の名の下における自由な思考の圧殺にしかならないであろう。そうならないために，精神分析は，それらを精神分析の諸概念（たとえば防衛機制，転移－逆転移，欲動，対象関係，自己，ポジションなど）によって集め，思考することによってそれらは相互に関連しあう一つの機能的なまとまりのある全体，つまりシステム，系列，を構成する。同じように，森田療法はそれらを森田療法の諸概念に集めることによって一つのシステムを構成する。このような精神療法観からすると，二つの精神療法システムは，絶対普遍の治療ではなく，どっちが良くてどっちが悪いといったものでもなく，それぞれが独自の価値を持つという意味でローカルな存在だといえる。

　対話は，単なる比較とは違う。これについて，Winnicott, D.W.（1971）がうまく表現している。「遊び」は，その構造とルールを研究できるのに対し，「遊ぶこと」はオープンな関係性のプロセスだという。森田療法と精神分析を，かつてEkstein, R.（1952）が精神分析と来談者中心療法を比較したように，構造とルールという側面で比較することは可能であり，対話の一段階としての価値を有するが，精神療法を生きたオープンシステムとして捉える立場からすると，ローカルな精神分析からの知識とローカルな森田療法からの知識との対話をさせなければならない。この意味での対話はストーリーの形をとるものだから，これから私は両者の対話のストーリーを語ることになる。もしこの対話に成功するならば，そこにインターローカルという協働の場が生まれ，なにかそれまで気づかなかったような新しい知識を獲得できるかもしれないのである（杉万，2007）。少なくとも，精神分析の立場から私は，精神分析以外の知を知ることによって，自分の内部における対過程を促進し，知的なトーテム崇拝（Bollas,

1999) を破壊し，何かが生み出されることを期待しているのである。この試みは，普遍妥当性を求めるのではなく，すでに知っている前提を問い続け，新しいモードへの気づきを促すような動きなのである。

3 対話の始まり：森田療法から精神分析へ

【逸話1】古澤平作の息子さんである頼雄先生から聞いた話である。平作は，かの有名な丸井－森田論争の最中，自分の学会発表に対して，治療方法や治療過程の不備を森田から批判され大変ショックを受けた。これを契機に平作は恩師である丸井の提唱する精神分析に疑問を持ち，Freud, S. の著作を徹底的に読み込み，精神分析の本質は自由連想法という実践的な方法論にあることを見出し，ついには恩師（そして母校である東北大学医学部精神病学教室）と決別し悲壮な決意でウイーンに旅立ったのである（ウイーン滞在，1931年〜1933年）。

おそらく，当時の大学状況において，恩師である丸井という知的トーテムを破壊することは大変な苦痛と勇気を必要としたであろう。しかし，この出来事は，本来の意味での精神分析における実践的方法論（とくに治療場面の設定と自由連想法），訓練システムを日本に生み出すという新しい流れを創造した。これは，戦後米国精神医学の刺激とともに多くの精神分析家（土居・小此木・西園・前田ら）を輩出し，治療構造論，甘え理論やアジャセコンプレックスなどの早期母子関係の理論化を生み出したのである。

【逸話2】最近，保崎秀夫先生が，慶應義塾大学精神神経科の歴史を掘り起こし，初代教授下田光造（1921年〜1925年）が，「い号病棟16号室」に森田療法患者を入院させ，森田療法をおこなっていた，ことを見出した（九州大学精神科教室百年記念会での講演，「九州大学精神科―百年の航跡」，2006）。その後，下田は九州大学教授に赴任し，森田療法の価値を広めた。

下田の貢献は，わが国に精神療法の土壌を作ったことではないだろうか。戦後，九大と慶大から精神分析家が輩出した由縁が分かる。

4 対話の準備
——Freud, S. と森田に共通した精神療法的態度——

森田療法を学んでいない私にとって，対話をするためにはまず森田の著作

(1960) を読むという準備が必要である。そうする中で，私はこの二人の精神療法に臨む態度が非常に類似していることに驚きを感じた。それらは，すぐれて私的な考えであり，すでに先達の研究者が明らかにしていることかもしれないが，非常に印象的だったので以下に述べることをお許しいただきたい。

　第一は，観察した臨床的事実を，神経生物学（脳）や社会学（環境）に単純に還元することを拒否し，徹底的に心理学的次元で考え抜く態度である。人が人の精神状態を「意味のあるこころ」として理解するという意味で，心の中に心を持つという姿勢に徹底しているのである。第二は，精神療法の実践を重視し，哲学や宗教とは一線を引くという姿勢を維持していることである。根岸症例において森田は，患者に対し実際家になることを説き「山吹（観賞用に栽培され，実がならない）のような哲人にしたくない」という〈「森田療法と精神分析的精神療法」（北西，他，2007, p.187)〉。Jones, E. によれば Freud, S. は，Putnam, J. の哲学的精神分析論について，「パットナムの哲学を聞いていると，テーブルの中央の飾りの置物を思い出す。誰も皆それを誉めるが誰一人としてそれに触る者はいない」（「フロイトの生涯」(1964, p.285)）と評した。第三は，二人とも治療関係に依存しない精神療法を構想していたということである。これについては別の論文で考察したが（狩野，2000），Freud, S. も森田も行動療法家も，そもそもは治療関係に依存しない精神療法を唱えたという私の着想はある学会の場における北西との対話から生まれたのである。Freud, S. にとって，近代的精神療法を確立するためにはシャーマニズム，催眠，暗示といった依存的でエロティックな関係を武器とするやり方とは一線を引くことが必要であり，外科医モデル（下坂（2007）によると，Freud, S. は高名な外科医であった Billroth, T. のごとき治療を理想としたのではないかという）を掲げたのである。転移はあくまでも幻想の中での移し変えを意味していた。しかし，ここで逆説がおきた。治療関係に依存しない精神分析の開発に成功したとたんに，治療関係の技法的解明が進み，精神分析が大きく展開したのである（たとえば，Ferenczi, S. による転移の新しい理解）。いっぽう，森田療法における治療関係の理論化は，現代にまで持ち越されたといえよう。第四に，精神分析は人間の健康について「自由」を治療目標に掲げた最初の治療であるが，同時に森田療法も「事実本位」「あるがまま」を治療目標に掲げている。今でもしばしば誤解されているが，Freud, S. は無意識内容を見出すのが精神分析の仕事だとしたのではない。彼は，無意識を意識から巧妙かつ組織的に身をかわす心的活動

の一つの形ととらえ，その意味での防衛パターンに対する気づきを重視した。森田は，「とらわれ」の理解により意識的に身をかわす「はからい」という心的活動に注目しているのである。第五は，両者とも現実原則を重視し，万能的態度に陥らず，そして理想化に脅えない共感的態度をとる。たとえば以下に引用するヴォルフマンのフロイト観は説得力がある。「彼はとても真剣な目をしていて，心の底まで見抜いてしまうんです。見かけはとても感じが良くて，私は彼に好感を持ちました。それはまさに転移でした。彼には人を引きつける力があって，アウラのようなものが放射されていて，その力はとても心地よく肯定的でした」〈「W氏との対話」（Obholzer, 2001, p.30)〉。森田もまた同様である。根岸症例〈「森田療法と精神分析的精神療法」（北西，他，2007, p.189)〉で，彼は，淋しくてならないと訴える患者へ「君は神を信じるとのことであったが……君が神を信じ，余を信ずるというは偽である。もし神も余も，君の思うとおりにならなかった時は，直ちにこれを排斥するであろう」という。これは依存的甘えを解釈しているともとれるし，万能感の直面化とも理解できるが，それ以上に森田は，慈愛に満ちた，理想化を向けられながらもそれに脅えず，あるいは患者に仕返しをせず，自説をゆるがせにしない一貫した魅力的な態度をとっているのである。

　このようなFreud, S.と森田に共通する要素を理解したうえで，対話の次の段階に進むことにする。

5　対話の新しいモードに向けて
　　　──準備段階としての比較研究の始まり──

　【逸話3】私がメニンガークリニックから戻り，精神分析的入院治療について話しているとき（1984年頃），小此木啓吾先生は，私が説明した6週間の力動的短期入院治療に関心を持ち，「そういえば，森田療法は東洋思想云々といわれるが，当時としては優れて西欧的な近代合理主義的思考にもとづいた入院治療なのだよ」と感想を述べた。私は，文化の違いを超えた精神療法があると考えているので，なるほど森田は力動的入院治療の世界のパイオニアだと，驚きを持って（無知への後悔と），納得したのである。

　この頃から森田療法と精神分析の協働に向かうような動きが始まった。
1979年　精神分析セミナーの発足（超大学的な訓練組織の出現，森田療法を

学んだ精神科医が参加した）
1984 年　第2回森田療法学会，シンポジウム「精神療法とは何か」で土居健郎・小此木啓吾が発表（精神分析から森田療法への刺激）
1985 年　森田療法と精神分析的精神療法の比較研究の研究会発足（北西憲二・皆川邦直ら）この研究会発足に当たり，近藤喬一から小此木啓吾への働きかけがあり，両先生の協力が陰の力となり，研究会が発足した。いわば，先輩から次世代への贈り物である。
1987・1988 年　橋本和幸の精神分析研究誌での発表（「精神分析的精神療法と森田療法の治療構造及び治療過程をめぐって」第1報（橋本，1987），第2報（橋本，1988））。ここで初めて二つの精神療法が，構造とルールという視点から比較検討された。

　橋本の研究は，入院森田療法と外来設定における精神分析的精神療法とを比較し，両者に共通する機能として現実検討機能と受容機能を抽出したという意味で画期的であったが，基本構造が異なる治療を比較しているという点で一定の限界があった。入院森田療法と力動的入院治療とを比較するならば，両者が重視していることが驚くほど類似していることに気づくであろう。詳細は，本大会当日発表したので，ここでは紙数の都合上省略するが，一つだけ挙げれば，力動的入院治療では，転移－逆転移の解釈を治療促進因子とは考えないということである。それを患者理解の素材として用いるが，各スタッフは，入院という小社会において治療目標達成に努力する患者の自己の責任性を重視し，対象関係の成熟を目指すのである。したがって，活動療法（森田で言えば作業である）はじめ患者の日常活動を重視するのである。力動的入院治療は1960年代に集団力動論，対象関係論，役割理論，システム理論などを吸収する過程で，入院治療自体が一次的な治療的意味を持つという考えに大きく変貌したのである。

　こうしてみると，二つの入院治療は両者とも構造設定そのものを大変重視しているという共通点があり，その意味で私は，「入院森田療法は巧妙に考え抜かれた短期力動的入院治療」であって，それが1919年に生まれたという事実は国際的に見ても画期的であった，と捉えている。

6　対話の展開——比較研究から新生へ——

　これまでの比較研究は，前述したように私個人にとっては森田療法の位置づ

けが大きく変化したという結果を生み出したが，上述した比較研究に参加したそれぞれの人々やその周辺に何を生み出したのだろうか？

第一に，外的新生としては，森田療法と精神分析的精神療法の両者の訓練を受けた精神療法家の出現，森田療法セミナーの設立（「慈恵の森田」を超え，開かれた訓練組織へ），「森田療法と精神分析的精神療法」（北西・皆川・三宅・長山・豊原・橋本著）の出版（2007年）が挙げられる。

第二に，内的な新生については，「森田療法と精神分析的精神療法」を読むことによって明らかになるであろう。以下に，同書から興味深い対話のエピソードを抜粋してみる。それは豊原の場合に鮮烈に表現されている。「毎回研究会で討論を進めていくと，自分自身が否定されているかのような気持ちに襲われた……自分の治療が否定されているかのように感じていたのである。「何かが，おかしい！」と，もやもやした感じが続いたが，しばらくは，何が起こっているのかが分からなかった」（p.331）（それからどうなったの？ という興味がわく。まさに物語が語られているのである）。ついで彼は，精神分析自体が持っている，それを新たに発展させる力を洞察することによって，「明るさ」を取り戻した，という。すなわち，彼はある種の破局体験を経て，精神分析の持つ自己組織化の装置を知ることができたのである。

では他の人はどうであろうか。この研究プロジェクトの二人のリーダーを取り上げてみる。北西は「入院森田療法の構造に言葉を与え……外来森田療法が発展していった。治療者の「照らし返し機能」を含む森田的治療関係の意義を認識するようになった」といい，皆川は「「とらわれ」「はからい」「不問」「事実本位」「気分本位」……によって私は強迫症状の無意識の意味を解釈投与しなくなった。また……連想内容に左右されるのではなく，事実本位に意味ある連想とゴミとしてのそれを識別することの大切さを教えてくれた」と書いている。二人とも，それぞれが拠ってたつ精神療法理解の進化が起きているのである。

7 おわりにかえて
――再び精神分析から森田療法への問いかけ――

これまで私は，森田療法と精神分析の対話が実り多いものであったことを明らかにした。このような対話は，今後も継続されることが期待される。そこで私は再び現代精神分析の立場から森田療法へ問いかけてみたい。現代精神分析

の特徴は相互性・間主観性の重視といえるが，それに基づいた特徴的な具体的アプローチを羅列的になるが挙げてみよう。
1) セッション中の瞬時のミクロな動きを捉える。
2) 意識的思考も扱う：意識的思考が自己探索的で変化をもたらす内省か堂々巡りの反芻かを理解できる。意識的思考が，気持ちを増幅させること（悪いことを考えると余計事態が悪化する）があるので，それへの気づきを喚起する。意識的気持ちに焦点を当てると，それとは矛盾する情緒に気づくことを助けることがある。意識的対処形式を吟味することで，患者の能力に気づく（ユーモアなど）。
3) 自由連想と解釈は潜在的連想ネットワークを描き出し変化させる。
4) 外部からの視座（outside in）を使う。
5) 観察された無意識的パターン（非言語的コミュニケーションなど）をその意味を言及しないで，観察したままを言語的に伝える方法は，患者にとって治療者の心の中に「自分を見出す」という患者の能力を促進する。
6) 治療者は患者の古い対象であることと新しい対象であることの中間地帯に留まる必要性（ある程度は古い対象に似ていなければならないが，そのものだと治療は終わらない）。
7) 暗黙の関係を知ること（implicit relational knowing）：現実的関係に焦点を当て，瞬間の出会いのモーメントがおきると，潜在的手続き記憶が修正される。
8) 治療者の実際的情緒的態度が内在化され，患者の超自我が緩和される。
9) 治療者の内省的態度を内在化することにより，患者には自分で自分を分析する態度がうまれる（想像を用いて対話するようになる）。

このようなアプローチの根底には，基本的な人間観の変化が関係している。すなわち，人間の成熟＝自立から間主観的関係を作ることへという思考のパラダイムの変化である。人は世界に働きかけ，反応を期待する，応答してもらうことで，自分が周囲に与える影響を感じ，それによって自分自身の世界を形成する。このような相互応答的な場あるいは間主観的な場と過程（居場所）で，自分の健康を保持し，自分の成熟や内的な自己機能を発展させ，現実を認識する。自分なりのものの見方を検証し，現実検討能力や自己価値感，アイデンティティを発展させ，同時に関係する他者と共に成長し続ける。

これは精神療法の各学派を超えた共通の精神療法的基盤と私は考えているの

だが，森田療法家の皆さんはどうであろうか。たとえば，こうした視点は，森田療法において治療終結後自助グループが自然発生的に形成されてきたという事実，つまり森田療法における終結とは何かという問題に関して，新たな意味を生み出すのに役立つのではないかと思うのである。

文　献

Bollas, C. (1999) The Mystery of Things. London, Intercontinental Literary Agency. (館直彦・横井公一監訳 (2004) 精神分析という体験——事物のミステリー．岩崎学術出版社)

Ekstein, R. (1952) Structural aspects of psychotherapy. Psychoanalytic Review ; 222-229.

橋本和幸 (1987) 精神分析的精神療法と森田療法の治療構造及び治療過程を巡って——強迫神経症の治療経験から．精神分析研究 31 ; 137-146.

橋本和幸 (1988) 精神分析的精神療法と森田療法の治療構造及び治療過程を巡って（第2報）——強迫観念症者に対する森田療法の経験から．精神分析研究 32 ; 135-143.

Jones, E. (1961) The Life and Work of Sigmund Freud. New York, Basic Books. (竹友安彦・藤井治彦訳 (1964) フロイトの生涯．紀伊國屋書店)

狩野力八郎 (2000) 精神分析の二重性．精神分析研究 44 ; 66-70.

狩野力八郎 (2001) 生命現象と物語——心理療法とシステム論．精神療法 27 ; 38-44.

北西憲二・皆川邦直・三宅由子，他 (2007) 森田療法と精神分析的精神療法．誠信書房．

九州大学精神科教室開講百周年事業実行委員会編 (2006) 九州大学精神科——百年の航跡．

森田正馬 (1960) 神経質の本態と療法——精神生活の開眼．白揚社．

Obholzer, K. (1980) Gesprache Mit Dem Wolfsmann-Eine Psychoanalyse und Folgen. Humberg, Rowolhlt Verlag GmbH. (馬場謙一・高砂美樹訳 (2001) W氏との対話——フロイトの一患者の生涯．みすず書房)

Orange, D.M., Atwood, G.E. Stolorow, R.D (1997) Working Intersubjectively-Contextualism in Psychoanalytic Practice. New Jersey, The Analytic Press. (丸田俊彦・丸田郁子訳 (1999) 間主観的な治療の進め方——サイコセラピーとコンテクスト理論．岩崎学術出版社)

下坂幸三 (2007)．(中村伸一・黒田章史編) フロイト再読．金剛出版．

杉万俊夫 (2007) 人間科学——当事者と研究者の協同的実践．家族療法研究 24 ; 203-207.

Winnicott, D.W. (1971) Playing and Reality. London, Tavistock. (橋本雅雄訳 (1979) 遊ぶことと現実．岩崎学術出版社)

第Ⅱ部
治療構造と倫理

第1章　治療構造をどのように作るか

はじめに

　治療構造をどのように作るか，あるいは治療を具体的にどのように設定するか，ということは，精神分析的精神療法を行う上で必須の仕事だということは皆さんよく知っていると思う。ところが，この作業ほど一筋縄でいかないものはない。精神分析に強い関心と興味をもちながら，精神分析臨床から撤退した人たちには，この最初の難関で挫折したかたが大変多いということを私は知っている。こういう事情と，精神分析は時間がかかる，時間がかかる割には治療効果が実証されていないという否定的見解が混合して，精神分析批判が起きていることも知っている。

　そうはいっても，この最初の難関を乗り越えるために，治療者として特別の才能を備えていなければならないと考えているわけではなく，私が強調したいのは，そこで経験するであろう治療者の傷つきとその重要な意味を理解するためにスーパービジョンが必須だ，ということである。この講義で，何を一番皆さんに伝えたいかときかれれば，このことである。どうかスーパーバイザーをもってください。ということは，すなわち，**精神分析的精神療法は，それを始める前に，すでに何らかのかたちでスーパーバイザーをもっているべきだ**ということである。これが，**精神分析的精神療法を学ぶもっとも大切なコツ**である。どんな患者を選ぶか，どのような構造設定をするか，**精神療法を行うことが自分の周囲にどのような影響を与えるか**，をスーパーバイザーとともに考えるわけである。すでに，一人で始めてしまった症例の，しかも適当とはいえない患者選択と設定で開始してしまった症例のスーパービジョンほど難しいものはないのである。

　本稿では，治療構造をどのように作るか，という課題に関して，第一に治療構造の意味を知ること，第二に何を構造化するかを知ること，第三に自分の日

常生活を構造化すること，第四に職種による構造化の仕方の違い，そして最後にいくつかの留意点について説明する。

1. 治療構造の意味を知ること
1) 治療構造のもつ一般的な意味

まずもって，治療者は，精神分析的精神療法を実践するとき，治療構造の設定をすることが肝心だという信念をもたねばならない。そしてその意味を考えてみると，実はすべての治療は意図的であれ非意図的であれ何らかの程度に構造化されており，治療構造はすべての治療に共通する問題なのだということがすぐに分かるであろう。それらは以下のようなことであるが，すでに筆者が別のところで(狩野, 2007)詳しく解説しているのでここでは要約するにとどめる。

第一に，関係性の質を明確化し，量を調節することによって治療的役割関係をつくることに役立つ。

第二は，治療者（たち）と患者（たち）は，構造化された場を共有するという意味で共有現実をもつことになる。

第三に，治療関係を，現実的意味と空想的意味という文脈から理解できるようになり，ひるがえってそのような状況は転移を生成することになる。それらの認識は，患者の現実検討能力や空想のあり方の理解を深化させる。

第四に，患者の現実検討を促し，現実の歪曲・逸脱に対する気づきを促進する。

第五に，治療が何らかの程度に構造化されているということは，患者に一貫した治療環境を提供することになる。すなわち患者は対象恒常性を体験するのである。

第六に，こうした治療環境を適切に用いることによって，自我の欠陥を改善するのに役立つ。

第七に，同じように，自傷・自殺・他害から患者を守り，鎮静・保証・安心を与えることを可能にする。

第八に，構造設定や治療関係への患者の反応を知ることは，患者理解すなわち診断機能に役立つ。

これら治療構造のもつ一般的な意味を知った上で（もっともこうした認識の仕方自体が精神分析的なのであるが），つぎに精神分析的精神療法に特有な意味を述べることにしたい。

2) 治療構造論は心を捉える方法である

「プロティノスはネオプラトニズムといわれるように，心が身体を介してこの世に下りてくるという。『イデア（天上）から魂が地上に現象として現れ受肉する』。この哲学はキリスト教における神秘主義に大きな影響を与えたといわれている。……ベルグソンの『物質と記憶』で，心は脳を介して初めてこの世と交流可能になるという。これもまた一種の受肉（incarnation）といえるかもしれない。そして，私は，個々人の心の中にある無意識の心を想定するよりも，むしろ心が形あるものになる，その物の側の物的条件に注目している。つまり，ここでいう治療関係における物的条件とは，配置設定，構造と呼ぶべきものである。……私は次第に無意識という実体を個の心の中に想定するより，むしろ心の物依存性，構造依存性として理解する方が具体的，実践的と考えるようになった。……精神療法の真髄は"傾聴"にあるというが，傾聴とは，宇宙にさまよって着陸点を見失った心にこの世的な言葉を与える営みではないか。傾聴者との交流の構造的条件が与えられてはじめて，病者の心はこの世界の言葉になる。このような治療者と患者という２人の心と心の交流を可能にする特有な物的条件（設定，ルール，役割関係など）を提示したことが，Freud, S. の最大の業績の一つである」（小此木，1966）。

1966年，小此木啓吾によるこの文章は，わが国の文化に精神分析という輸入文化を浸透させるために書かれたものである。本題からそれるかもしれないが，一言追加する。この実践的かつ学問的努力によって，わが国の精神分析は国際的水準を視野におくことができたばかりでなく，精神分析的営為のさまざまな意味が明確化され，すぐれて今日的な精神分析が生成されたといってよいのである。

ここで明確化されている精神分析的精神療法とは，

第一に，こころとこころの交流によって

第二に，傾聴することによってこころのもの依存性，構造依存性に即してこころを理解する方法のことである。少し説明を加えると，「いまここで」患者は，たとえば自由に連想することというルールについて，あるいは時間通りに終わるという設定について，何を（それらは過去の出来事かもしれない，分析場面外の出来事かもしれない，将来のことかもしれない），どのように（不安に満ちて，希望をもってなど）体験しているかを理解する。すなわち，どういう動機で今ここにいるか，を考えよということである。

第三に，以上のような方法は，心に現世の言葉を与える営みであると表現することもできる。ゆえに，治療者の理解は，相互主体的構築物であるということも可能である。
　第四に，特有の物的条件こそ，これらの実践を安全にとりおこなわしめ，遊ぶことの場を可能にするものである。
　要約すると「分析的精神療法ペア」は，こうした物的条件によって，一つのペアとして結合している一つの有機体ないしは生きている組織であって，個人の水準を超えた上位組織であるといえる。

3) 精神分析的精神療法は現実原則を維持し幻想を理解する方法である

　再度，小此木の文章を引用する（小此木，2003）。「人間はどういう時と所で，どういう姿で生まれてくるか，またどういう時と所，どういうかたちで死ぬか，この二つのことを，自分で選ぶことはできない。そもそもわれわれ人間は，常にいまこうして，この時と所に，この場で出会っている。ここでもし時と所をそのように決めないでいたければ，それは全能感の世界（未生怨）であり，幻想の世界であって，現実ではない。人間の心は常にこの時と所を超えたものを求めるが，どうしてもその制約を逃れることはできない」「無意識には時と所がないと Freud, S. は言いましたが，**治療関係の基本的な現実というのは……時と所を選んで治療者と患者が二人の出会いを決めたその場にあります**」すなわち「**時と所に限定された自分**について，望ましいと受け止めたり，反対にどうして自分はこのような時と所に生まれたかといった自分の意識を超えた自己の根源的な成り立ちやあり方を常に見つめるのが治療構造論的思想である」
　説明の必要がないほど明確な文章であり，次に述べる不安の理解へとつながるのである。

4) 不安の理解

　Freud, S.（1911）は，現実原則とは人間が生き延びるための自然の摂理であることを強調した。とすると，精神分析的な心と心の相互交流を可能にするのは「特有の物的条件」と現実原則に裏うちされた分析家の能動的，主体的営み，すなわち現実性であり，その営みの過程で生きている心的現実を捉えることができるといえる。いいかえると，われわれは物的条件を繰り返し認識しつつ同時に否定するという主体的動き，「ゆれ」，によってはじめてその過程に万能的

ではない現実性が付与されることになる。これが書斎で精神分析的精神療法はできないゆえんである。

これは，不安を体験するということである。「不安信号」と「それを喚起する危険な状況」(Freud, 1926) を体験するということである。Bion, W.R. は，不安には形も色も臭いもない，音もない，身体医は視る，聞く，触れる，嗅ぐが，精神分析家は，「直観する (intuition)」と述べた。彼によれば，こうした力動的文脈としての精神分析における生の感覚，もっとも特徴的な情緒はつぎの三つであり，筆者は分析家も被分析者もともに体験する普遍的な感覚だと考えている (Gabbard, 2010)。

・欲望の断念にともなう剝奪感
・他の誰にも代ってもらうことのできない作業に伴う孤立感
・身体的情緒的欲求の満足に関して見捨てられていると患者が感じているときに生じる孤独感

2. 何をどのように構造化するかを知る
──スーパービジョンをもつこと

これは，どの教科書でも講義でも詳しく説明するところではあるが，講義や読書という手段では得がたいもっとも難しい作業である。知識は得られても実践困難なのである。具体的かつ必須の方法は定期的なスーパービジョンをもつことをおいてない。したがって，ここでは，主要な項目を羅列し，留意点を述べるにとどめようと思う。

1) 設　定
・部屋：座席配置　週1回カウチも可能（刺激的でない内装，静穏な雰囲気）。
・頻度：日本精神分析学会は最低週1回と決めている（週2回を経験するとより良い。その場合，月・火などのように曜日を近接させたほうがよい）。
・時間：45分から50分。
・料金：健康保険，健康保険＋予約料，自費など。
・贈り物：お中元，お歳暮などの日本文化的習慣への対応。
・身体接触の禁止。
・自己開示の制限（Gabbard, G.O. (2010) の助言は参考になろう。個人的質問をされたとき「私生活を治療に持ち込まないようにしている，これはあ

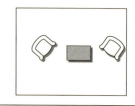

図1　座席配置　　　　　　　　　図2　座席配置

なたのための治療で，大事なことはどうすればあなたのために私がお手伝いできるかです」)。
- confidentiality と privacy を守ること。
- 二重関係の禁止。
- カウチ使用の場合治療者はカウチの真後ろか，あるいは斜め後ろにすわる（**図1**参照）。
- 対面法の場合，真正面から互いの視線が交差しないように，すこし椅子をずらして座る（**図2**参照）。

2) 留意すべきこと

- これらの構造設定の実践において，初心者は，少々強迫的な方が良い。
- 週1回以下の頻度の要求には安易に応じないこと（「安かろう悪かろう」は当てはまらない）。
- 困ること，迷うこと，失敗することは必ず起きると考えてよい。
- それらについて，みずからオープンに振り返り，スーパービジョンで相談するのが良い
- 上述したようにこの作業が実はもっとも難しいので，何らかのスーパービジョンをもつことは必須である。
- そうすることで自分の話したことだけでなく自分の行為化したこと（enactment）の意味を理解することができる。
- 臨床場面で，どうすべきか困った時は，まずは「常識的で人間らしく」を念頭に振舞えばよいのである。

3) 特殊な相互関係

- この特殊な対話形式をどのように説明するかという問題がある（フロイト的に、何であれ思いついたことを話してください、というか、話してみたいと思うことから自由に始めてください、というか。治療者は聞き役ですというか、もっと具体的に説明するか。これらは、精神分析家によって微妙に異なるものであって、しかも分析家の基本姿勢をよくあらわす説明である）。
- 被分析者からの質問への対応：マニュアルはない。患者が知る権利をもつこともあるし、知らなくてよいこともある。どうしてそう思うのですか？ という返事は常に適切とは限らない。つまるところ、質問の意味、そのときの態度などから、何をコミュニケートしているかを把握していない反応はいずれも共感不全と体験されよう。
- 共感的に傾聴し、ともに考える努力をする雰囲気を発展させる（連想の内容以上に、なぜここにいるかという動機、今ここで何をどのように体験しているか、を考えることは必須である）。
- 匿名性（治療者の私的生活を持ち込むことが患者の治療の役に立つか、を考えてみよう）。
- 非判断的態度（良い悪い、というような判断は、熟慮する機能よりすばやく機能し始めるし、しばしば熟慮する機能を阻害するのである）。
- 禁欲原則（どのような理論的立場に立つにせよ欲動を満足させるよりも、互いにまず考えよ、という姿勢が、豊かな連想の生成の第一歩である）。
- 中立的態度（小此木啓吾は分別ある態度といい、Gabbard, G.O. は節度ある態度という）。
- 相互関係を理解し無意識過程を解釈する。
- セッション中に書かないで傾聴に専念し、自分の内なる声をも聞くことである。記しておきたいことはセッション終了後即座にメモする。ただし夢はメモしておかないと事後的に思い出しにくいのでメモする。また、アセスメント中の歴史的事実（年月など）をメモする。プロセスノートと公式記録（診療録など）は別にする配慮をしておく。

4) 設定の諸要素は精神分析的探究や研究の対象でもある

誰もがこの現実的な条件に言及する。時には批判的検討や精神分析的探究、

概念的精緻化の素材として言及される。これなくしては精神分析ではないという考えは普遍的である。ゆえに、この設定の一貫性を維持しつつ、疑問を投げかけ、考察するというのは望ましい態度であろう。

3. 自分の日常生活を構造化する

　精神分析的精神療法セッションを構造化するということは、治療者の日常生活にも少なからぬ影響を与えることを自覚しておくことが望ましい。
　たとえば、精神分析的精神療法を行うことは、毎週1回50分その時間には他の予定を入れないことを意味する。その時間と場所は、日常生活でもっともプライオリティの高い設定になる。他の臨床業務との葛藤だけでなく、冠婚葬祭などを含む私的生活の様々な行事や仕事と葛藤的になる。その結果、「付き合いの悪い人」といわれるかもしれないし、精神分析的精神療法のセッションを多くもてばもつほどこの傾向は強くなることを覚悟しておかねばならない。プロ野球選手は試合のため親の葬儀にもいけないことは社会的に認められている。ではわれわれはどうであろうか？　世間はそれほど寛容ではないのが実感である。

4. 職種による構造化の仕方の違い

　我々の臨床活動は、様々な法律、組織のルール、さらには常識といわれる社会の基本的なルールなどにもとづく職業的役割関係によって規定されている。したがって、精神分析的精神療法の構造設定にさいしてもこの事実を無視してはならないし、精神科医の場合と臨床心理士の場合では構造化の仕方は少々異なってくるので、職種による構造化の違いについて説明したい。
　まず精神科医の場合である。医師は概して所与の構造設定あるいは組織的に決めた設定に従順であり、自らの臨床時間の個人的かつ主体的な構造設定を回避する傾向をもつ。その結果、医師は毎週1回45分から50分を継続する精神分析的精神療法のための時間を確保することに困難を感じるようである。
　しかし筆者は、医師は、勤務時間中、ルールに反することなく自由に裁量できる時間はあるはずであると考えているので、この問題について、まずなぜ医師は主体的な構造設定を回避するかについて考えてみたい。
　1）どの患者にも平等でないことへの罪悪感が関与している。いわば平等幻想にとらわれているのである。どの患者に対してもそれぞれの患者に役立つよ

うなユニークな治療をするのが当然だし，精神科にも様々な治療方法があることを思い起こせば，この平等主義がひどく非現実的で非創造的であるかお分かりいただけるかと思う。

　2)しかし精神分析的精神療法設定の提供は，ある施設のある患者にとっては，「素晴らしくよい特別な家」を提供されたと感じるかもしれないし，それだけにアンビバレントになり「居心地良くない」「なぜ自分が特別扱いされるのか」「恐ろしい」などと感じるかもしれない。あるいは，自分一人だけ特別上等な食事を提供されていると感じるかもしれない。

　3)　一人一人の医師はそれぞれの同一性によってユニークであることへの罪悪感のために能動的に構造設定することを回避するかもしれない。勝手なことをしてはいけない，他の医師から我儘だとみられるのではないか，自分の好みで治療しているのではないか，など批難や中傷を恐れる。自分の主体的関心や専門性と組織の結束との間の葛藤を意識することがまずは大切だろう。

　この問題に対する対処方法として，筆者や専門家仲間の経験則を次にあげる。もちろん，これだけではないし一人一人が積極的に工夫することこそ重要なのは言うまでもない。

　第一に，日ごろよく働き，他のスタッフから信頼を得ること。
　第二に，自分の臨床活動を他のスタッフにオープンに伝え，協力を得ること，理解者・共感者を増やすこと。
　第三に，病棟主治医は担当患者の個人精神分析的精神療法はしないこと（詳細は，拙著の中で，「A-Tスプリット」を論じた部分を参照していただきたい（狩野，2009))。

　つぎに臨床心理士の場合はどうであろうか。筆者は，精神科医なのでいま一つ臨床心理士の心境を捉えきっていないかもしれないが，長年ともに働いてきた者として次のようなことを考えている。

　臨床心理士は，50分枠で患者と面接するというのは自明なほどに普遍化しているので45分ないし50分枠は比較的取りやすい。しかし，医療機関において，患者の選択は医師の裁量に任されるため，精神分析を理解しない精神科医の場合，「話を聞いてやってほしい」式で難しい患者をオーダーする，あるいは頻度を2週に1回にしたり時間を30分にしたりする，といった具合に構造設定に臨床心理士が主体的に参加できないこともある。また医師がプロセスノート

表 1　分析的境界

境界横断	境界侵犯
良性で有益な枠の破壊	枠の搾取的破壊
通常単発的に起きる	通常反復的
たいていの場合，些細で小さなもの	重大でしばしば破壊的（たとえば性的不品行）
治療の中で話し合いができる	治療者は概して治療の中で話し合わないようにする
最終的に患者を傷つけることにならない	典型的には患者および（または）治療を傷つける

境界横断と境界侵犯（精神力動的精神療法, Gabbard, G.O. 著, 池田暁史訳, 狩野力八郎監訳, 岩崎学術出版社, 2012）

を見せるように（あるいは診療録に患者の話の内容を詳細に書くように）要求することもある。こうした場合の対処法は，簡単ではない。特に診療所の場合あるいは病院でも院長などの権威ある人が無理解な場合は大変難しい。医師教育の余地があればそういうことをする。もしそういう余地がない場合，臨床心理士は収入確保のための場と精神分析的精神療法の訓練のための自分の場とをすみわけするといったことを考える，あるいはそういう施設をやめるといった選択肢があってもよいのではないだろうか。

　最近，事例のコンサルテーションをしていると，患者が2週に1回を要求する場合が少なくないようである。その場合，よくその訳を聞くとあまり合理的でないことが多い。配慮と信念をもって週1回を主張すると，患者が納得することもある。また，常にそういう姿勢でいると，治療者自身の態度の中に「週1回」が板についてくるので説得力が出てくるということもある。どうしても，互いの条件が合わなければ他の専門家や施設に紹介してもいいのである。

5. 留意すべきこと

　さて，治療の構造を設定することには固有の問題がついて回る。これらをよく理解しておかなければせっかくの治療的武器も人を傷つけることになってしまうのである。

　1）それは人権の制限を意味する。たとえば，重大な決定は避けることといった要請は人権を制約している。また，confidentialityを説明するとき，治

療者がそれを守らない場合はどのようなときかなど，条件を具体的に説明する必要がある。
2) それは患者だけでなく治療者も守らねばならない。
3) 構造化への反応を観察する。
4) それは，ときには処罰の意味をもちうることを理解しておく。
5) 構造化について治療者が体験する不合理な思考や情緒（たとえば攻撃的願望の満足，罪悪感など）の意味を内省する。
6) 構造化をめぐる主観的体験を共感的に理解する。
7) 構造化の枠を破壊する場合，記述的表現であるが，良性で有益な（たとえば投影同一視のような）境界横断と搾取的に破壊する悪性の境界侵犯とを区別しうる。これについての詳細は Gabbard, G.O. の最近の著作（2010）を参照して欲しい（**表1**参照）。

おわりに

精神分析的精神療法（あるいは精神分析的心理療法）を実践する場合，セッションを構造化することは必須の作業である。そしてそれは1回で終わりというものではなく，常に再構造化し続ける作業である。本稿では，この作業について基本的なことを述べた。そして冒頭に強調したように，構造化の感覚を身につけるためにはスーパービジョンを体験することが必須であることを改めて強調して結びとしたい。

文　献

Freud, S. (1911) Formulierungen über die zwei Prinziepien des psychischen Geschehens. GW 8, SE XII．（井村恒郎訳（1970）精神現象の二原則に関する定式．フロイト著作集6．人文書院．）（高田珠樹訳（2009）心的生起の二原理に関する定式．フロイト全集11．岩波書店）

Freud, S. (1926) Hemmung, Symptom und Angst. GW 14, SE XX．（井村恒郎訳（1970）制止，症状，不安．フロイト著作集6．人文書院）（大宮勘一郎・加藤敏訳（2010）制止，症状，不安．フロイト全集19．岩波書店）

Gabbard, G.O. (2010) Long-Term Psychodynamic Psychotherapy : A Basic Text, Second Edition. Washington DC and London, American Psychiatric Publishing.（狩野力八郎監訳，池田暁史訳（2012）精神力動的精神療法　基本テキスト．岩崎学術出版社）

Grinberg, L., Sor, D., & de Bianchedi, E.T.（1977）Introduction to the Work of Bion. New York, Jason Aronson.（高橋哲郎訳（1982）ビオン入門．岩崎学術出版社）

狩野力八郎（2004）第 5 章の付録：構造化すること（structuring）．（狩野力八郎・高野晶・山岡昌之編著）日常診療でみる人格障害——分類・診断・治療とその対応．三輪書店．

狩野力八郎（2009）方法としての治療構造論——精神分析的心理療法の実践．金剛出版．

小此木啓吾(1966)心の物的条件．精神分析ノート 2——生きている人間関係．日本教文社．

小此木啓吾編著（2003）精神分析のすすめ——わが国におけるその成り立ちと展望．創元社．

なお上記以外に，治療構造に関するもっとも基本的なテキストとして次の 2 冊を挙げておく．この 2 冊は出版後相当な年数を経ているがいまも基礎的なテキストとしての価値があるので紹介しようと考えたからである．

・「精神分析セミナーⅠ　精神療法の基礎」（小此木啓吾，他編集，岩崎学術出版社．1981）
・「治療構造論　小此木啓吾教授還暦記念」（岩崎徹也，他編集，岩崎学術出版社．1990）

第2章　構造化すること（structuring）

はじめに

　人と人との出会いは，たとえ偶然の出会いであっても，そこにはいつ頃に，どこで，どんな状況で出会ったというふうになんらかの構造が存在しているものである。まして，医療における出会いの場合は，その目的，場所，出会い方などは，偶然の場合に比べると多くの点ではるかに明確に構造化されているし，治療者が意図的に構造設定をすることも多い。

　ここでは，まず構造化することとは，治療者の意図と関わりなくあらかじめ与えられている構造（例えば医療に関する法律，病院の建物など）とは違い，その治療方法に即して心理的－物理的な意味において治療環境を設定するという治療者側の主体的な営為であり，治療を通して持続的に行われる治療作業であるととらえておきたい。つまり，構造化することの中には再構造化することも含まれている。もちろん，医療制度，法律，病院の共通ルール，病院の建物などは，社会的レベルにおける構造化することの結果である。ソ連のゴルバチョフ氏が唱えたペレストロイカは，リストラクチャリング（restructuring），すなわち再構造化することであるし，最近わが国でよく使われるリストラはあたかも人員削減の代名詞のようになっているが，本来の意味は再構造化することである。

　このように構造化することは，個人レベルでも社会的レベルでも考察することができるが，ここでは治療者の技法としての構造化に焦点を当てて説明したい。定義上，構造化することはどんな治療でも行われるものであるが，手術や薬物療法ほどにその実体が明確でない医療スタッフと患者の関係，精神療法，精神科－心療内科入院治療においては，それらの治療的意味を考えたり，効果を判定するうえで，ことのほか重要な考え方である。

　以下に，構造化することの目的，何をどの程度，どのように構造化するかに

ついて説明し，最後に構造化する場合の留意点について述べることとする。

構造化することの目的――治療的意味――

　構造化することは治療作業であるから，当然，治療者は明確な意図に基づいた目的を持って構造化することになる。しかし，構造化することには必然的に互いの意図しない期待が含まれ，コミュニケーションにおいても比喩的-象徴的意味を持つということが，むしろ構造化することの治療的意味を膨らませている。

(1) 治療者と患者との関係性の質を明確にし，関係性の量を調整する。つまり治療的役割関係をつくる。

　例えば，医師・患者関係と看護師・患者関係とを比較すると，患者が報告する内容や患者の態度に違いが出てくる。同じ医師・患者関係でも，出会う場所・目的・頻度・時間を変えると接触の量や質が変わってくる。ベッドサイドでの問診ではあまり個人的なことは話さないが，別室で診察すると個人的なことを言いやすくなる。目的が限定されていれば，話の内容も限られてくるが，目的が限定されていないと，いろいろな話が行き交うことになる。頻度が多くなったり，時間が長くなると，親密さの度合いは高まるであろう。つまり，役割，目的，頻度，時間，場所などを調整することによって，関係のあり方や心理的距離を調整することができるのである。本書[編注]の座談会の中でも言及されているが，役割があるゆえに治療者は役割を誠実に遂行することによって，患者に呑み込まれることなく共感的な態度を維持できるのである。

(2) 共有現実を持つことができる。

　なんらかの理由で受診した患者と，それを担当した治療者は，目的の達成に向けて行動するという現実を共有する。それは夢物語ではなく，それまで互いに知らなかった二人が共有する確かな現実である。

編注）狩野力八郎・高野晶・山岡昌之（2004）日常診療でみる人格障害――分類・診断・治療とその対応．三輪書店．

(3) 役割関係やコミュニケーションの現実的意味と空想的意味の違いへの気づきや現実検討を促すことができる。

　人間には象徴機能があるから，例えば治療状況は患者を包み込み，癒すような母親的な機能を持つといったように，さまざまな象徴的意味を持つことになる。しかも，患者は治療者に合理的期待だけでなく不合理な期待や考えを持つ。とりわけ医療状況では，患者が刀折れ矢尽き無力感に打ちひしがれて受診してくるところから，合理的な期待を超えた期待や不安が顕在化しやすい。したがって，治療者は，治療関係の現実的側面と空想的側面をある程度は識別しなければならない。その際，構造化され共有された事柄は，識別の準拠枠として利用できる。例えば，1週間の検査入院という構造設定で入院した場合，医学的にみて合理的理由なく患者が「もっと入院していたい」と要求するなら，それはなんらかの不合理な理由に動機づけられていると考えられるので，その要求を断わることは合理的判断といえる。しかし，期間が限定されていない検査入院で同じことが起きたとき，治療者はその判断に迷うであろう。

(4) 自分の行動あるいは衝動性や逸脱行為への気づきを促進し，患者はそれらを治療者と共有し，行動化によって衝動を放出するのではなく，体験を言語で表現する能力を高めることができる。

　ここには，体験をすぐに行動に移すよりも，まずは考え，言葉で表現することのほうが人格的成熟度が高いという考え方がある。例えば，入院患者で，診察の時間を毎日何時から何分と決めておき，患者にも了解をとっておいたとしよう。もし，患者がその時間になると決まって何も言わずいなくなるとか，あれこれ訴えて診察時間を引き延ばそうとしたとすると，これは逸脱行為だとして明確化し，その背景にある考えや感情に気づくように働きかけることができる。人格障害ではこのような逸脱行動が特徴でもある。したがって，時間のスケジュール，スタッフの役割，治療の目的，計画，経過などを患者との間で明確にしておくことによって，患者が自分の逸脱行動に対して理解しやすくするわけである。もしこうした構造が曖昧だと，治療者は逸脱行動を逸脱として取り上げることができないし，たとえ取り上げても，それは治療者の恣意的な理解の仕方だと患者は受け止めてしまうであろう。

(5) 時間的にも空間的にも治療者がほぼ一貫した構造を患者に提供するならば，それは患者が対象や自己についての一貫した感覚を身につけ，他者の行動や内面への関心と理解を高め，安定した対人関係を形成するのに役立つ。

　例えば，この時間，この場所ならば必ずその人に会えるということがわかっていると，その人への信頼性は増すであろう。主治医がいつ来てくれるかわからない状況では，患者の不安は増強され，不適切な行動を助長するであろう。病院のルールが患者に明示されている場合と，曖昧にしか伝えられていない場合では，信頼性の度合いは異なるであろう。入院の際の看護師によるオリエンテーションは，こうした構造化することの最初の作業といえる。構造化するという具体的な作業なしに一貫した治療態度を維持しようとしても，患者には適切に伝わらないし，結局は治療者の単なる思い込みでしかないと誤解される危険がある。この作業は，治療同盟とか作業同盟という治療者側と患者との合理的な関係を築くために役に立つのである。

　人格障害，特に境界例の病理は不安定な対人関係として現れるということを考えると，一貫した構造の提供は本質的な治療手段だともいえる。

(6) 物事を構成する能力の欠陥を治すこと，つまり自我機能の改善や発達に役立つ。

　人は葛藤や不安が強くなると一時的に物事を構成する力が低下する，つまり退行する。特に人格障害では，このような退行が起こりやすい。受診の前後，入院直後は，彼らにとってどうしても構造設定が明確に身についていないので退行しやすくなる。同じ患者でも，例えば精神科病棟に入院すると対応に難渋するほど退行する人が，外科手術を目的に外科病棟に入院すると，ほとんど問題行動を起こさないという経験は珍しくない。

(7) 自傷・自殺・他害などの危険から患者を守り，鎮静・保証・安心感を与える。

　パニックに陥っている患者や脅えている患者に，いま治療者がどんな目的で，どのような場所で，何をしようとしているかを明確に説明するだけで，患者は安心する。物理的抑制や保護室の使用にもこうした目的が含まれている。

(8) 診断能力を高めることができる。

　構造化することは，それによって設定された役割の遂行を通して，患者をより現実的出来事に方向づけるので，治療に関するより多くの要素について，よ

り明確に構造化すればするほど患者の退行は防止され，逆の場合は退行促進的になる。この理解を応用すれば，患者がどんな状況で，どの程度退行しやすいか，あるいは退行からの回復能力という柔軟性はどの程度かを診断できる。例えば，面接に際して，「はい」，「いいえ」で答えられるような構造化された面接と，オープンな質問を主とする面接に対する患者の反応の違いによって自我機能を診断できる。人格障害の中でも境界例の場合，前者に対しては適切に応じても，後者に対しては混乱や不適切な情緒反応で応じることがある。

治療において何を構造化するか

　患者に関する時間・空間・物や人との関係・日常活動・日常活動の地理的空間的範囲のすべてを構造化することができる。治療の目的や患者の病態を考えながら，一人一人のケースでどんなことを構造化する必要があるかを考えなければならない。通常，次のようなことが構造化されるであろう。

(1) 患者の治療に直接関わることについて
　解決すべき問題，治療目標，治療計画，経過予測，経過判断などに関していろいろな程度に構造化することができる。例えば，問題指向型診療録（POMR方式）は，これらの事柄について明確に構造化しているものだといえる。あるいは，手術のための入院の場合も慣習的に構造が明確になっている。しかし，それ以外の場合は，治療者がかなり意図的に構造化を行う必要がある。これらが明確になっているほど，患者は現実的態度を維持しやすくなるので，不安定な患者，訴えの多い患者など対応に苦慮することが予測されるような場合は，とりわけ意図的に構造化をしなければならない。

(2) 患者の時間の使用に関して
　入院期間，診察時間，アポイントメントなど時間をスケジュール化すること，それぞれの時間を何のために用いるかを明らかにすることである。特に人格障害の場合，これらを明示しないことで起きるトラブルが多い。彼らは，概して，何か明確にやることが決まっているときには合理的に機能するが，何もすることがない時間に不安が強くなる傾向がある。したがって，入院の場合，その期間，1日および週間スケジュール，診察時間・頻度，およびそれぞれの目的な

どをできるだけ明確に伝えるのが退行防止に役立つ。外来では，何を目的に何分間診察するという計画をあらかじめ伝え，了解を得ておくという配慮が退行防止に役立つであろう。この際，目的は実行可能な範囲にとどめるべきである。

(3) 患者が関与しているいろいろな関係（家族，第三者，物などとの関係）について，同時にその患者について治療者（スタッフ）が行っているいろいろな関係（会話，治療的活動など）について

　家族や友人の面会，医師（や看護師）と家族の面談，病棟内の物の使い方（入浴，ごみ処理，テレビなど）などをどのように構造化するか，医師による回診，看護師の定期的関わり，検査の設定など，ここに含まれる事柄は大変多い。患者は，これらの事柄に関して，役割関係の中で，それぞれのスタッフや自分の治療・病院全体について感じ，考え，判断しているのである。したがって，これらをどのように構造化するかは患者の体験そのものをも規定することになる。例えば，医師がいま，これからこういう診察をするということを丁寧に伝えたり，看護師が今度は何分後に来ますと伝えるのは，単に「丁寧だ」とか「親切だ」という以上の意味を持つのである。

(4) 患者が参加することが期待される日常活動について

　以上のような狭い意味での治療関係や治療活動以外に，患者はそれぞれの日常活動を持っている。必要な場合はそれらについて構造化することができる。糖尿病における食事の摂り方についての指導，入院の場合の絶対安静などが典型的なものである。あるいは人格障害の場合，自傷行為をしないという約束や，自分を傷つけたいという考えが浮かんだら看護師に必ず相談し，その気持ちを伝えるという約束は大変役に立つ。つまり，入院の場合，自由時間の使い方について，どのようにするのが望ましいかといったことを明確に伝えるか，まったく患者の判断に委ねるかといったことは治療上の判断なのである。先に述べたように，人格障害の場合，自由時間に不安定になる場合が多いので，自由時間をどのように過ごすかを相談するのはよい方法である。

(5) 患者が行動している，あるいは行動すると考えられる地理的・空間的広さについて

　入院の場合，外出・外泊などである。外出や外泊は，入院生活を送っている患者にとって，主観的にはいろいろな意味や目的を持つ。単に息抜きやリフレッ

シュが目的の場合もあろうし，個人的な用をたすためという目的もある。あるいは，もっと積極的なリハビリテーションの目的もあるかもしれない。治療者は，これらについて，日時だけでなく，目的を構造化するかどうか，構造化するとしたらどのような目的かを考えることを治療の一つとして用いることができる。人格障害の場合，しばしば無断外出や外泊の延長などが起きる。そうした行動は，当該入院の目的達成を遅らせ，邪魔しようという隠された意図によって動機づけられていることがある。したがって，治療者は，これらに関してもその目的，期間を明確にするとともに，患者が外出や外泊において何を体験したのかを明確に把握する努力をすべきである。

治療においてどの程度構造化するか

　どんな目的で何を構造化するかということに加えて，目的に応じて構造化の強さを調整することができる。次に，構造化の強さの程度を四段階に分けて説明する。

1．狭義の構造化

　これは最も弱い構造化であるが，最も頻繁に用いられている。その定義は，「治療において患者に，いま，何がなされ，どんなことが考えられているかということに関して，患者と治療者とが明確に理解しているという感覚のレベルにおける」構造化である。例えば，治療目標・手段・計画などが患者と治療者に言葉や文字によって明確化されているということである。この意味で構造化するということは，インフォームド・コンセントの過程における治療者側の仕事だということもできる。

　これは，治療のどの要素がどの程度明確化されているか，あるいはそれは理にかなったものであるかどうかによっていろいろな程度がある。例えば，言葉で伝えるよりも文書で伝えるほうが明確化の程度は高い。あるいは，治療者の側では明確化されているが，患者には明確に伝達されていない程度もあるし，患者と治療者が十分合意に達した治療計画という程度もある。

　先に述べたように，この構造化は人格障害患者に対して必須の技法だと考えたほうがよい。彼らは，表面はさておいて内面では不安に圧倒されているので，この技法は彼らの不安を軽減し，合理的な判断・行動を促すのに役立つ。彼ら

が不適切な行動をとるのは，この構造化が曖昧な場合である。大事なことは，この構造化を行うため（例えば説明のため）には一定の時間を必要とするということである。多忙のあまり，治療者が労を惜しんだ場合にトラブルが発生しやすいのである。人格障害患者は，とりわけこのようなことに敏感である。治療者は，問題が起きたとき，その解決のためにもっと大きな労力を必要とするということを忘れてはならないのである。

2. 制限の設定

　狭義の構造化に，条件をつけた構造化である。つまり，患者のある行為に同意できるか否かといったその行為についての意見，あるいはどのスタッフが患者とどのように関わるか（または，関わらないか）ということに関する意見である。例えば，「術後，あなたはこれこれの行動をしてはいけない」，「この入院期間中，外出することには同意できない」などや，もう少し強く「もしあなたがそうするなら，治療はうまくできない」などである。

　つまり，何らかの病気のため治療を受けるということには，狭義の構造化や制限の設定という事態が必ず含まれるものである。ましてや入院治療において，患者はこれらの構造化によって設定されている環境で生活しているということ，そしてその心理的意味を治療者は意識することが大切なのである。

3. 結果についての約束を伴う制限の設定

　「制限の設定」をさらに強くしたものである。「もし，あなたがそうするなら私はこうする」という約束である。例えば，患者が不適切な行動をとったとき，「（病院のルールあるいは治療計画の遂行に関わる構造化や制限の設定に照らして）あなたはそうした行動をとってはいけません」という注意にとどまらず，「今度あなたが同じような行動をとったら，適切な治療の遂行は不可能なので治療は中止します」とか，入院の場合，「今度そのような行動をとったら，手術は中止します，自由外出は禁止します，あるいは転院（転科）していただきます」などという条件をつけるやり方である。

　この技法は，不適切な行動をとる傾向を持つ人格障害，特に境界例の治療で強調されているが，その目的はすでに述べたところである。しかし，このレベルの構造化を行う場合，治療者（スタッフ）もまた約束を守らなければならないので，十分計画的に行う必要があるということに留意しておかなくてはなら

ない。治療者が患者の不適切な行動や要求に感情的に反応して，その場しのぎの構造化をしてはならないということである。そのような構造化は，患者にしてみると単なる処罰としか受け止められないという危険がある。

4. 行動のコントロール

　最も強い構造化で，強制的に患者の不適切な行動をすべて，あるいはある特定の行動をさせないようにすることである。言い方を変えると，ある特定の行動を強制することでもある。例えば，一般病棟や精神科病棟で行われている意識障害患者の興奮が激しいときに行う四肢の抑制，精神科病棟での保護室使用などがそうである。境界例患者や重い神経性食思不振症などでも，著しい退行状態のとき，こうした構造化を行うことがある。

構造化することに際しての留意点

　これまで述べてきたように「構造化すること」の一つ一つは，一般病棟でも日常的に行われていることである。しかし，それらは病棟のルール，ルーチンワーク，習慣だからという理由で行われていることが多く，治療技法という視点からではないように思われる。それゆえ，もし患者が「共有されている構造設定」を破ったとき，スタッフはその行動を，治療的脈絡で理解せずに，単に「ルール違反」か「約束違反」としかとらえないのである。

　構造化を治療技法として用いるということは，構造化の目的や意味，その強さの程度，構造化する物事について吟味しながら計画的に構造化を使い分けることが大切なのである。以下にいくつかの留意点を挙げる。

(1) 構造化は患者の人権を制限する。構造化は，なんらかの程度で患者の自由や人権を制限することになる。したがって，治療者は，制限なしに治療目標を達成できるか，当該患者は制限なしに自分を維持できるか，あるいは自分や他者に害はないか，といったことについて明確な判断をし，かつそれらを記述しておかなければならない。

(2) 構造化は，一度設定されると治療者（スタッフ）の行動をも規定する。ゆえに治療者は絶えず構造化の意味について考え，治療者が守れないような構造化は設定しないことが大切である。例えば「今度これこれの約束を守らなければ治療を中断する」という構造化をした後，実際に患者

がそれを守らなかったにもかかわらず治療を中断しなければ，かえって治療者は信頼を失うかもしれない。朝令暮改式の構造化が，治療過程を混乱させる契機や要因となることは珍しくない。

(3) 構造化に対する患者の反応を吟味する。何かについて構造化したなら，それについて患者はどのように感じ，考えているのか，そしてそれにどのように反応するかを，治療者は常に観察し評価すべきである。例えば，ある構造化に受身的に服従するかもしれない，よい患者を演じるかもしれない，表面的には従順だがスタッフに隠れて違反しているかもしれない，あるいは怒りや不満で反応するかもしれない。人格障害の場合は，表面の反応と裏の反応，言葉による反応と行動による反応が正反対であることが多い。

(4) 構造化は保護と同時にしばしば処罰の意味を持つ。この機能は，構造化の強さが増すほどその傾向は強くなる。すでに述べたように，処罰は構造化することの本来的目的ではないし，治療者の意図でもないが，患者の主観的体験では，治療者は処罰する恐ろしい存在であり，自分は処罰されたと感じることがあるのである。とりわけ，患者の行動の制限が事後になると，患者はそれを本来の意味として理解するだけでなく，処罰や復讐と感じるであろう。

(5) 同じように，構造化に対して治療者側もさまざまな体験をしているものである。約束を伴う制限に対して，治療者は心の奥でひそかに自分の攻撃的願望を満足させているかもしれないし，酷いことをしているという罪悪感を抱いているかもしれない，あるいは素晴らしいことをしたと自己満足を感じているかもしれない。このように，治療者もまた人間であるかぎり，構造化の本来の意図を歪曲したような感情や考えを持つものであるということを理解しておく必要がある。つまり，そのような感情や考えを持ってはいけないと考えるのではなく，それらについて率直に内省することが合理的な態度を維持するために役に立つのである。

(6) したがって，まず第一に治療者（スタッフ）は，それぞれの構造化について，それを維持しつつも患者がどのように体験しているか患者に質問し，患者の主観的体験について共感的に理解する。このことが，患者を圧倒している不安，不満，怒り，寂しさといった感情や治療目的にそぐわない過大な期待や考えを減少させ，治療同盟を強固にし，ひいては

主体的で合理的な考えに基づいた行動へと患者を促すのである。これが，本書の座談会でも取り上げられている治療者の毅然とした態度の実際であるし，まさに治療的仕事だといえるのである。第二に，治療者（スタッフ）は，ある患者についての構造化の目的・内容・程度，それらへの患者の反応，スタッフの反応を，スタッフミーティングでオープンに共有すべきである。治療者は，誰でも，一人で患者の治療に関わる情報を抱え込まないことである。例えば，制限を加えたとき，ある看護師は保護と感じても，別の看護師は処罰していると感じ罪悪感を持ち，一人で悩んでいるかもしれないのである。その際，他のスタッフに自分の気持ちが理解されていることがわかると，そのスタッフの悩みが減り機能が高まるだけでなく，チーム全体の士気が高まるのである。

第3章　入院治療とはなにか
――投影同一視の認識と治療の構造化――

1　はじめに

　多くの精神科医が，患者やその家族と入院について話し合っている時，「入院してどんな治療をするんですか？」と質問され，答えに窮するといった経験を持っているのではないだろうか。そして，これは内科や外科の医師であれば決して経験しないような精神科治療に特有な問題である。ところで，ほぼ理想的な治療経過をたどって退院に至った患者は，なにか特定の解釈,特定のスタッフ，特定の関係，特定の治療技法のおかげでよくなったというよりも，入院という全体的な構造と過程のなかで自分がいつとはなしになんとなくしかし心の奥底まで染みわたるような自分が成長したという充足感をもつものである。同じことはスタッフの側にもいえる。自分一人が孤軍奮闘して，あるいは特別な治療技法によって患者の治療に成功したということを誇るよりも，その患者の治療に直接，間接にかかわる全スタッフの一員として共同作業を完成させたということに関する充足感を皆で共有できるということが大切なのである。つまり，入院治療において重要なことは，以上のような体験をスタッフと患者がもちうるような環境を設定するということである。本論で筆者は，そのような治療環境を設定するために必要な概念と原則について検討したいと思う。

2　近年の動向

　精神分析を応用した病院精神医学の流れについては岩崎(1976, 1978)，Kernberg, O.F. (1984)らの優れた展望があるので，ここで繰り返すことは避けることにする。ただ，精神分析的病院精神医学の最近の動向といくつかの概念についてはあとで述べることとも関連してくるので，簡単に触れておきたい。そもそも精神分析的入院治療は，個人精神分析を支え維持するための補助

的手段として開始されたのであるが，その後の発展のなかで現在では入院治療そのものが診断的にも治療的にも一義的な意味をもつと考えられるようになった。その結果，いろいろな形態の個人精神療法があるように入院治療も多様化してきたのである。これまで入院治療というと患者の病態がなんであれ同じような治療環境で同じような治療をしてきたが，そのことが患者から一人の人間としてのユニークさを奪い取り，精神病院における非主体的な"精神障害者"をつくりだした大きな要因の一つだと考えられる。さらに，それは「入院してどんな治療をするんですか？」という質問とその意味にわれわれ精神科医が適切に対応できない理由の一つではなかったかと思う。このような過去のあり方とは異なり，現在おもに米国では"特定の患者群に対する特定の入院治療"（Kernberg, 1984）を提供するという認識が一般化している（わが国でもなお不十分ではあるが，こうした動向が芽生えつつあることをここで指摘しておきたい）。たとえば，筆者なりに多様化してきた入院治療の形態を考えると，だいたい次のように分類できるかと思われる。

(1) 入院期間によって：長期入院病棟，中期入院病棟，短期入院病棟，部分入院病棟
(2) 病院・病棟運営の理念によって：伝統的医学モデルを用いた病棟，治療共同体モデルを用いた病棟
(3) 病態によって：homogeneous な病棟（境界例病棟，摂食障害病棟，アルコール依存症病棟，分裂病病棟など），heterogeneous な病棟
(4) 年齢によって：思春期病棟，老年期病棟など
(5) 治療環境における治療過程の機能によって：保護（containment），支持（support），構造（structure），参加（involvement），妥当性（validation），〈以上 Gunderson, J. (1985)〉，抱えること（holding）〈Levine, I. と Wilson, A. (1985)〉

このような観点からみた特定の病態とそれに適応する病棟についての具体的な例をいくつか挙げてみると，重いパーソナリティ障害には治療共同体モデルを用いた，構造を重視する，長期入院病棟がよいかもしれないし，同じパーソナリティ障害でも外来での精神療法が可能な患者が一時的に混乱したり治療が行き詰まったりした場合には，治療共同体モデルでより構造化された短期入院病棟が適応になろう。分裂病の場合には，入院の目的や病態のタイプによっても異なるが，参加を重視し，修正を加えた治療共同体モデルの長期入院病棟が

標準になるかもしれない。しかし，分裂病にはむしろ医学モデルを用いた短期入院病棟とその後に続く部分入院のほうがより効果的だという研究報告もある（Herz, 1980）。

以上，入院治療が診断的にも治療的にも一義的な意味をもつようになり，その形態が多様化してきたことについて述べたが，この動向は同時につぎに述べるような二つの問題をふくんでいる。第一に，それは入院治療それ自体がリサーチの対象になりうることを意味している。つまり，入院治療の技法と効果，どの病態にどんな形態の入院治療が適応となるか，などについてのより詳細な研究とその結果のフィードバックが可能になったといえる。第二に，入院治療においてスタッフの患者に対する情緒反応を治療のために利用できるようにすることや，権威的ではないオープンな雰囲気と機能的な病棟構造をつくることが大事なのであるが，その際精神科医はそれらを可能にするような病棟運営に関する諸概念を身につけること，そして精神分析の知識に加えて精神薬理学，社会心理的治療，集団過程の診断的かつ治療的利用の方法を学ぶことなどが必要になってきた（Kernberg, 1984）ということである。すなわち，ほかの治療理論や技法と同様に，病棟精神科医も「入院治療に関する専門知識」が必要な時代になってきたと考えられる。

3 病棟運営に関する概念

では，治療促進的な病棟運営に必要な概念とはどのようなものであろうか。入院治療に関する文献を振り返ってみると，次の五つの考え方にまとめられるかと思う。

第一は，患者の意識的，無意識的な動機やその意味を考えるということである。すなわち，患者は病院のなかで無意識的な葛藤を外在化させ，不適応な行動パターンを反復再現する。いっぽう，病院はそのような行動を許容し，その過去における成因を探り，解釈によって患者にそれらを理解させようとする。その意味で病院場面は患者の古いパターンが投影され，検討されるようなスクリーンあるいは鏡だという考えである。

第二は，スタッフの意識的，無意識的な葛藤が，患者との関係やスタッフ同士の関係において，あるいは一対一や集団場面で賦活される，という考えである。

第三は，病院場面における対人関係の現象は，患者の葛藤によってスタッフの側に現れることもあるし，スタッフの葛藤によって患者の側に現れることもある。すなわち，このような対人関係はスタッフと患者との意識的かつ無意識的な感情の相互交流によって成り立っているという考えである。
　第四は，したがって病院場面における対人関係や患者の葛藤およびその解決に影響を与える主要な要素は病院組織のあり方，治療理念や治療計画，責任や権限の位置，リーダーシップや役割分担およびそれらがどの程度明確になり共有されているか，といったことである。そして，その際個人レベルと集団レベルでおきる複雑な現象を理解し，記述し，治療に活かすためには，病院構造の諸サブシステムのあり方，サブシステム間の関係，それらが病院全体におよぼす影響，病院構造とそれを取り巻く諸社会システムとの関係の認識といったシステム論的思考が必要だという考えである。
　第五は，自己を観察し理解する能力，たとえば自分の行動を評価したり社会における自分の位置を理解できるような能力（あるいは事態認識の能力）を促進することが，患者の心理的社会的な成長にとって必要だという考えである。同時に，このような能力はスタッフにとっても必要だという考えである。この意味で，スタッフは逆転移を理解する能力を身につけるために自らも努力し成長しなければならないのである。
　以上の五つの考え方は，どのような形態であれ，入院治療を理解するために必要なものであろう。ところで，筆者はこれらに共通する鍵概念として重要なのは，投影同一視と構造化ではないかと考えている。そして，この二つの概念と全体としての病院（あるいは病棟）という視点は密接に関連しているので，以下にこれらの問題について検討する。

4　入院場面における投影同一視とその現象

　入院治療の開始は，患者が家族から離れ，新しい状況に入るということである。すなわち患者は対象喪失をめぐる心理と同じ体験をし，その態度は過去の重要な人物との対象関係やそれをめぐる感情，不安，恐怖，防衛を反映しているといえる。さらに，病院と患者の関係は著しく不平等である。病院は患者にくらべ圧倒的に強い立場にある。それに対し，自分の力で自分の問題を解決できなかった患者は，自分が無力で病院の助けを必要としていることに脅えても

第3章　入院治療とはなにか——投影同一視の認識と治療の構造化——　　141

いる。病院は万能的で自分のすべてを支配しており，自分は弱く孤独で疎外されていると感じている。それゆえに，一方患者は入院に際し誰か自分を助けてくれる人を必死に探し求めている。それは，医師や看護婦かもしれないし，ほかの患者かもしれない。いずれにしても，この状況は分裂を起こしやすく，したがって対人関係において投影同一視が優勢になりやすい。

　すなわち，患者は自己の良い側面（治ろうとする意思，成長への願望など）を内的にもっと自己の悪い側面に破壊されてしまうために，自分から切り離して「誰かに」押し込もうとして「誰かを」探すわけである。病院のスタッフは人を助けることが仕事だし，ほかの患者もしばしば自分を内的に救うために他者を助けたいという欲求をもっていることから，投影同一視の対象となる「誰か」を探し出すのはひどく簡単であり，それほど時間も必要としない。

　以上，なぜ入院場面で投影同一視が優勢になり対人関係を支配するにいたるかという理由を説明してきたが，ではなぜ投影同一視の認識が大切なのかということについてつぎに述べなければならない。それは，たんに患者の無意識的葛藤や防衛といった病理の理解や診断に役立つだけではなく，前項でもふれたように，個人としての患者にとって，さらには環境の中で関わり合うスタッフと患者の双方にとって，自己を観察し理解する積極的な能力を促進させるという治療目標に関係してくるからである。すなわち，このような能力はいちどは自分から分裂排除された自分を成長させようとする自己の良い諸側面をスタッフが受け取り，咀嚼し緩和し，次に患者がそれらを徐々に再取り入れするという過程（Ogden, 1981）をとおして達成されると考えられる。もちろん，自己の悪い側面が切り離された場合にも同じことがいえるわけである。そうしてみると，この投影同一視－再取り入れの過程こそまさに入院治療過程といえるのではないだろうか。

　そこで，まず投影同一視に基づく行動をどのように把握するかが大切なのであるが，これが実は大変難しい。なぜならば，それはスタッフがまだ当の患者について十分理解していない入院直後から（時には入院直前から）始まっているし，対人関係のどの場面でもおこりうるからである。さらに，事態を複雑にしているのは投影同一視において問題がどこからきているかをみきわめるのが困難だということである。つまり，一人の患者が投影同一視の投影する側でもあるし受け手でもある，またスタッフが投影同一視の根源であることもあるからである。ところが，このように一対一の関係だけからみると大変複雑で把握

しづらい現象である投影同一視も，視点を変えてみるならば，つまり病院や病棟の社会的構造という視点からみると理解しやすいように思われる。というのは，投影同一視は必ず現実の対象を必要とするし，それゆえにそれは病院や病棟の社会−心理的な脈絡によって現象化されてくるからである。そこで筆者はどの病院や病棟にも共通する社会−心理学用語によって投影同一視現象を理解し記述できるのではないかと考える。すなわち，(1) 治療目標を巡る葛藤，(2) 患者になることをめぐる葛藤，(3) 症状をめぐる葛藤という三つの葛藤のなかに投影同一視による行動がよく現れると考えている。

(1) 治療目標をめぐる葛藤

　患者は誇大的で非現実的な目標をもって入院してくる。その反面，自分は治療に値しない，治らないとも感じている。このような患者の無意識的葛藤にスタッフは容易に巻き込まれてしまう。つまり，実際の治療計画とそれに基づく治療目標には可能性と同時に限界があるわけだから，患者の誇大的目標を完全に満たすことはできない。すると患者は，スタッフは自分を満足させてくれない，スタッフにはそれだけの能力がない，無関心だと考え怒りをもつ。さらに治療が良い結果を出せないでいると患者のこうした反応はエスカレートし，スタッフも欲求不満をもち自分の中の怒り（患者から押し込まれたもの）の処理に苦慮する。

　〈症例〉二十代の自己愛障害の男性が「ささいなことで唐突に人にはげしい怒りをもち，その人をまったく嫌いになる，そして翌日になると怒りは消えてしまうがそのようなことがしばしば起こるため人間関係がうまくいかない」という訴えで入院した。入院当日から彼は，若い女性の主治医に対し露骨な性的言葉をつかっていやがらせをしたり，悪口雑言を吐いたり，チーム・ミーティングでも傍若無人な振る舞いをした。そのあげく，スタッフの注意に対して彼は，「病棟やスタッフは自分の悩みを知って引き受けたのだから，治療者はこのぐらいの言動に耐えられるはずだ」と主張し，まったく反省の色をみせなかった。結局，彼の言動は，若い主治医の忍耐を越えるものであり，ほかのスタッフも主治医に同調した。病棟リーダーは，その病棟では適切な治療目標に基づいた治療契約を結ぶことができないと考え，そのことを彼に説明し退院とした。

　彼は，誇大的な治療目標をもち病棟やスタッフがそれを満たしてくれるに違

いないと考え，人と協力したり自分の行動に責任をもつという自己の良い側面を切り離し病棟やスタッフに押し付けている。さらに，その背後では自己の悪い側面をスタッフに投影し，彼らを怒らせ，治療に失敗させることで自分の攻撃性を満足させている。このようにして，スタッフは支配され彼の万能的空想はスタッフ－患者関係の中で実現している。もちろん，彼の言動は一方で救いを求める絶望的な努力の表現とみなすことができるし，彼をさらに病棟で抱えていくことができたかもしれない。しかし，もっと大切なことは，その時点における病棟の抱える能力がどのくらいかという病棟リーダーの現実的な判断であり，それを患者に明確にしかも穏やかに伝えることである。病棟の抱える能力をこえてスタッフが自己犠牲的に患者を維持しようとすると，結局は患者の退行を助長するからである。実際，この患者は病棟リーダーの説明に納得し，外来での個人精神療法を希望した。つまり，短い時間ではあったが入院経験をとおして彼の誇大的目標は多少現実的なものに近づいたのである。その後，社会適応はまだ不十分であるものの，自己の弱さを認識し精神療法医と協力して問題を解決しようとする態度が育ってきている。

(2) 患者になることをめぐる葛藤

患者は患者になることをめぐって葛藤を経験する (Holzman & Schlesinger, 1972)。精神科ではほかの科における治療と異なり，患者の積極的な治療参加が必要である。治療同盟を作り，スタッフと積極的に協力し，ほかの患者の問題を理解し彼らを援助し，自分の問題を理解し悩みを解決する手段を同定し，それらを内在化する。このプロセスが大切なのである。しかし，患者があまりに良い患者になりきると退行的なホメオスターシスが出来上がってしまう。すなわち，それは自分の良い側面をスタッフに投影し，理想化し服従することを意味する。同時に，このようなトラブルを起こさない手のかからない患者の態度はスタッフにとっても心地よくしばしば望ましいものに映るため，患者のために役立ちたいという願望は満足される。ところが，ここでスタッフにとって満足されるのは成熟した職業人としての願望だけでなくその背後にあるより未熟な無意識的願望でもある。すなわち良いスタッフであることによって患者に対して恩義を感じさせ，患者からの感謝を引き出すことによって患者を支配したいという願望が満足されるのである。したがって，このような偽の良い関係は患者とスタッフとの「無意識的密約」だということもできる。

一方，患者が患者にならないということは治療をうけつけないということであり，治療目標も設定できない。これは見方によれば，患者がより自立的だともいえる。とはいえやはり治療拒否的であり，右に述べた自己愛障害の患者の場合のようにスタッフのなかに強い欲求不満を引き起こす。

入院治療の過程で前者から後者への極端なシフトは重症パーソナリティ障害や摂食障害の治療でしばしばみられる現象である。

〈症例〉家族のなかで激しい情緒的混乱をおこしたために入院した二十代の摂食障害の女性患者は，最初のうち治療計画やスタッフの指示に従う「大変良い患者」であった。しかしその様子をみていた母親は娘を失う不安から急に娘に同情的になった。このことをきっかけに，それまでのスタッフと患者の関係は著しく悪化した。すなわち，患者は治療計画に従わなくなり，母親に治療についての不満をいい，母親はそれに同情しスタッフに隠れて患者に食事を与えたりするようになったのである。

(3) 症状をめぐる葛藤

症状は主治医やスタッフとコミュニケートする言語であり，入院チケットでもある。すなわち，患者がスタッフの関心を求めるために用いる正当な手段である。スタッフも職業上そのように受け止める。しかし，すでに繰り返し述べてきたように入院治療では患者の人と積極的に関係する健康な部分を必要とする。ここに，葛藤を引き起こす下地がある。もし，スタッフが患者の健康な側面のみを強調すると，患者は病気や苦しみを無視されたと考え，スタッフに怒りを向け，自分が敗北者であることを証明するために病的行動をとることでスタッフの関心を引こうとする。逆に，症状のみを強調すると患者は自分の健康部分を切り離しスタッフに投影し，自分は「病人」となり前述した偽の良い関係におちいり，患者は症状を話したがらなくなる。

〈症例〉力動的な入院治療を理念とする病棟で研修を始めたある研修医が青年期のヒステリー患者の主治医となった。この研修医は病棟の考えに従いもっぱら患者の対人関係に目を向け，患者の治療に対する積極的な姿勢を好ましいと考えていた。しかし，患者のヒステリー症状は減少するどころか，日増しに増えていったため研修医はすっかり自身を失ってしまった。スタッフミーティ

ングでこの問題が取り上げられ,もっと症状に目を向け,いつどのような状況で患者がどんな気持ちの時に症状が現れるのかということについて患者と充分に話し合うべきだというアドバイスがなされた。その結果,研修医と患者の間でしだいに患者は自分の寂しい気持ちや自信を失った出来事について言語化するようになり,症状も少なくなっていった。

このように,患者が症状にしがみつくという病棟でよくみられる現象の背後には,投影同一視が働いているのである。

5 投影同一視の扱い方と構造化

個人精神療法において投影同一視に対して治療者は投影されたものを十分消化し緩和してから解釈すべきだと考えられている。すなわち,holding, containing, empathy という治療者の態度である。では入院治療ではどうであろうか。もちろん,多くの著者が投影同一視に基づく逆転移を認識することの重要性を強調している。しかし,Ogden, T.H. (1981) も指摘しているように入院治療において各スタッフは能動的であり,しばしば患者に対し即座に実際的な対応をしなければならないという理由から投影同一視について十分咀嚼し統合する時間なしに行動化しやすいのである。また,Lerner, S. (1979) はスタッフの「あまりに熱心に治そうとする態度」そのものが反治療的になりうる,と述べている。この理由については前項ですでに述べておいた。Levine, I. と Wilson, A. (1985) はスタッフと患者との過剰な関係 (over-involvement) についてそれが治療促進的な場合と反治療的な場合があることを論じ,スタッフが患者の投影同一視の受け手になり患者の代弁者となるのは悪い例だという。

以上の見解やその他の研究者の意見を参考にしつつ筆者の経験から,投影同一視についての対応策はつぎの三点にまとめられるかと思う。

(1) 病院や病棟の治療理念の明確化と治療の構造化

治療理念やそれに基づく情報の解釈の方法が曖昧だと,たとえばあるスタッフが一人の患者に過剰に親切だったりあるいは嫌った時,それをスタッフの性格のせいにして責めたり行動化だとみて彼の内面を解釈したりしがちである。つまり,個人にも病棟にも病的混乱が起き,逆転移を有効に使えない。このような際,病棟リーダーはすぐに逆転移による行動化だと決めつけないことが大

切である (Novotony, 1981)。治療の構造化やそれに関する主治医の役割について筆者は別のところで詳しく述べている (狩野, 1984, 1986, 1989) のでそれらを参照してもらうこととして, ここでは簡単に触れておく。つまり, スタッフの役割を明確にしたり治療を構造化するということはスタッフと患者の関係を明確化するということである。これらが病棟の中でスタッフと患者に明示されていると, スタッフの病院社会における役割遂行上おきる前項で述べたような過剰な関係や過小な関係 (投影同一視現象) をチェックでき, そしてそれをいつどの場面で扱うか余裕をもって検討できる。すなわち, 投影同一視は集団や一対一の現実的役割関係の中で扱うべきである。なぜなら, 第一に前述したようにそれは病棟を構成する人々のどこから起きているのか分からないし, 一対一の対人関係における転移として解釈すると患者の防衛をアンカバーしたり, 未消化なものを返されて患者はそれを統合できなかったりして, かえって情緒的混乱を助長してしまうからである。第二に, これも前項で指摘したように, たとえば治療目標や治療計画, それに沿って患者がいかに努力しているかあるいはいないかという現実的な話をすること自体, 実は投影同一視を現実レベルで患者が受け容れやすく統合しやすい形で扱っていることになるからである。

(2) スーパーヴァイザーの役割

かつて筆者は精神分析学会で入院治療におけるスーパーヴァイザーの役割を検討したが (狩野, 1986), さきに述べた Levine, I. と Wilson, A. (1985) は入院場面でみられる投影同一視を治療に有効に利用するためにスーパーヴァイザーの役割は決定的であると主張している。すなわち, スーパーヴァイザーは, ①患者を助けるというよりも病棟全体を活性化することを考え, ②病棟で起きている対人関係や集団のもつれ現象を明確に取り上げ, もつれをほどき, ③転移や逆転移をスーパーヴァイジーにあまりに早く指摘せず, ④スーパーヴァイジーに投影されたものの受け手になり自分一人で再構成しつつ, ⑤万能的な解釈技術を教えず, ⑥病棟全体が現実的な考えを維持し, 個々の役割を遂行できるように働きかける。ここで, 大切なのはスーパーヴァイザーがあまりに早くスーパーヴァイジーの逆転移を明確化すると, スーパーヴァイジーがかえって行動化してしまう (これはほかのスタッフに対してもいえる) という認識と, スーパーヴァイザーはたえず病棟全体の動きを把握している必要があるということであろう。

(3) スタッフの学習の場

では転移や逆転移，投影同一視といった知識についてスタッフはどのように学んだらよいのだろうか。それは治療場面とは別の「学習の場」においてである（Novotony, 1981）。したがって，病院なり病棟の管理者はそのような学習の場を設定することが，治療上も教育上も必要なのである。

〈症例〉 大学病院では初夏の頃，新入医局員が入り，主治医交代の季節である。青年期境界例のA子の主治医も交代した。彼女は新主治医に「自分のことを分かってくれるか」という不安と，「話をよく聞いてくれてうれしい」ということから期待ももった。しかし，まもなく彼女はリストカットをした。彼女は自分の行動について「B子がC子に悪口をいわれかわいそうなので，C子に注意しようとしたがうまくいえず，B子に悪いと思いまた自分に腹が立ちリストカットした（注：B子もC子も同世代の入院患者でやはり主治医が交代していた）」と説明した（すでにお分かりのように，A子の行動の背景には投影同一視が働いているようにみえるが，このような病棟の状況をみるとそれが誰に発しているかは特定できないのである）。主治医はスーパーヴァイザーの助言もあり，A子に彼女の行動は不適切なやり方ではあるが人と接触をもち人を助けようとする積極的な気持ちが現れている，と伝えた。これを契機に治療同盟は促進した。そして患者の積極的な良い側面を明確化したスーパーヴァイザーの助言も適切である。しかし，もっとほかの方法はなかったであろうか。もし，この病棟が治療共同体でいうコミュニティ・ミーティングをもっていたらその場で，主治医の大幅交代によっておこるスタッフや患者たちの対象喪失にまつわる寂しさや怒りを表現し互いに共有できたであろうし，病棟の全員にとってそのような感情を行動化することなく適切に処理する手段を学ぶ良い機会になったと思われる。

6 おわりに

本論で筆者は入院治療において投影同一視を認識することと治療環境を設定することの意義や技法について考察した。これは，所与の構造を認識し治療を構造化することと同義である。が，筆者は「治療構造」という用語の使用をできるだけ控えつつ，別の言葉でそれを表現しようと試みている。あえてそのよ

うなスタイルを採ったのは，ともすると「治療構造」の一言で互いに分かり合ってしまいがちになるという事態，つまり理論上の曖昧と教条に陥るのを避けるためであり，「治療構造」という用語を用いないことによってむしろ「治療構造論」を明確化できると考えたからである。実際，振り返ってみると筆者は治療構造論について小此木啓吾先生からその書かれたものを通して以上にスーパーヴィジョンにおける普通の言葉を通して多くを学ばせていただいたように思う。そして，この体験こそ筆者が個人精神分析に加えて入院治療に関心をもつことになった動機でもある。ここに，小此木先生に深く感謝いたします。また岩崎徹也先生の治療的態度は筆者に入院治療という集団場面において主治医はどうあるべきかをたえず示してくれるものでした。岩崎先生に深謝いたします。メニンガー病院における筆者の留学体験は本論をまとめる基礎になっている。メニンガー財団の諸先生に感謝する次第です。

参考文献

Gunderson, J. (1985) Defining the therapeutic processes in psychiatric milieus. Psychiatry 41 ; 327-335.

Herz, M. (1980) Partial hospitalization, brief hospitalization, and aftercare. In : Kaplan, H. et al. (Eds.) Comprehensive Textbook of Psychiatry 3rd ed. Vol. 3 ; 2368-2381.

Holzman, P. & Schlesinger, H. (1972) On becoming a psychiatric patient. Bull of Menninger Clinic 36 ; 383-406.

岩崎徹也 (1976) 精神分析的病院精神医学　第Ⅰ部　基礎的な発展．精神分析研究 20 ; 171-187.

岩崎徹也 (1976) 精神分析的病院精神医学　第Ⅱ部　その後の発展．精神分析研究 22 ; 41-57.

狩野力八郎 (1984) 入院精神科治療への一般システム理論の応用．精神分析研究 28 ; 203-206. (第30回日本精神分析学会大会発表)

狩野力八郎 (1986) 精神療法教育の一過程としての入院治療スーパービジョンについて．精神分析研究 30 ; 171-174. (第32回日本精神分析学会大会発表)

狩野力八郎 (1989) 境界人格障害と自己愛人格障害．(成田善弘編) 精神療法の実際．新興医学出版社．

Kernberg, O.F. (1984) Severe Personality Disorders. New Heven, Yale Univercity Press.

Lerner, S. (1979) The excessive need to treat : a countertherapeutic force in psychiatric hospital treatment. Bull of Menninger Clinic 43 ; 463-471.

Levine, I. & Wilson, A. (1985) Dynamic interpersonal processes and the inpatient holding environment. Psychiatry 48 ; 341-357.

Novotony, P. (1973) The Pseudopsychoanalytic Hospital. Bull of Menninger Clinic 37 ; 193-210.

Ogden, T.H. (1981) Projective identification in psychiatric hospital treatment. Bull of Menninger Clinic 45 ; 317-333.

第4章　精神分析的に倫理を考える[注]

　人間の幸福は，自由の中に存在するのではなく，義務の甘受の中に存在するのだという事実を明らかにしてくれたことを感謝する。
　——André Gide（Saint-Exupéry, 1931）

1. はじめに

　最近まで，会長講演のテーマを決めることができずに思い悩んでいました。精神分析を志して以来，私が取り組んできたのは精神分析療法あるいは入院治療・集団療法や家族治療といった場面における出来事をシステム論によって解明し，そこから得られた知見や技法をそれぞれの臨床場面で応用していくといったことであります。一言でいえば治療構造論的研究といってよいと思います。だから，それらについての何事かをお話しすればよいようなものなのですが，何か抵抗がありまとまらなかったのです。すでに発表したことをお話しするとなると，どうしても教科書的になってしまうのではないかと思うからであります。そんなとき，たまたま，André Gide の言葉を眼にしたとき，会長講演という会員の皆さんに何かを伝えうるまたとない機会に私のいいたいことは何なのか，形がみえてきたのです。
　この言葉は，Saint-Exupéry, A. の「夜間飛行」に触発された André Gide がその序文の中で述べているものです。義務を少しでも怠れば死の危険に直面する飛行機乗りが，その義務を遂行する過程で，そして遂行し終えたときに体験する満足感と充実感こそが人生の幸福だということを，この言葉は述べています。
　私が，まず連想したのは倫理という言葉でした。たしかに，会長としての

注）　この論文は，当日（2015年10月23日）発表した中で記録として残すことが相応しくない事例を削除しさらに当日時間の都合上割愛した部分を追加したものである。

任期中，私が取り組まなければならなかった最大の課題は「倫理」に関する，非常に複雑な問題でした。精神分析家として，倫理を遵守し，義務を遂行し，一つの治療を終結に導いたときの充実感は何物にも代えがたいものがあります。それは，Gide のように人間の幸福と呼んでもいいかもしれません。しかし精神分析についていえばそれだけでは済まないでしょう。治療を終え，その経過を振り返ると，あるいは，治療経過中もですが，むしろひやひやしたり，よくもここまでこれたものだと思い，ぞっとするといった体験をすることが多いのではないでしょうか。一つの治療経過には，一歩間違えば，精神分析家としての生命をたたれるような出来事がいくつもあります。一般医療の世界では incident と accident とか，「ヒアリハット」という言葉があります。そして，病院の安全管理室には膨大な数の incidents がレポートされています。

　そうであるにもかかわらず，多くの治療者は，多くの場合，学派の如何を問わず，無事に仕事を成し遂げています。これは，不思議な現象であります。治療者が，きちんと治療を実践しているからだ，というのはいささか格好が良すぎます。倫理を守っているからだというのも形式的に過ぎましょう。私は，このミラクルとでもいうべき現象には，精神分析の本質的な何かが関係しているように思います。

　それは，たんに学会が倫理綱領を作るとか，個々の会員がそれを遵守するといった社会的次元の問題だけではありません。それだけでは，精神分析過程という，すぐれて力動的な，動いている出来事を説明したことになりません。倫理綱領という外的枠組みは static なものとして，私たちが作り上げたものでありながら，私たちを規制します。それは私たちに対しあるときは保護的に，別のときは破壊的に作用します。このように，倫理についての感覚は，個人のパーソナリティーや治療関係の脈絡で変遷し揺れ動くような動的なものです。あるいは，私たちは，こうした治療関係の中で，たえず倫理に関する考えを生み出しているといっていいかもしれません。

　この意味で，倫理について精神分析の脈絡でどのように考えるかという作業には，すぐれて臨床的なテーマが含まれていると思います。さて，倫理について精神分析的にアプローチするために，様々な概念が必要ですが，なかでも「境界」という概念は，それなしにはこの問題にアプローチできないような必須のものと考えられます。

　一つの例を挙げてみます。

近年，精神分析の世界では，「関わること」とか「関係性」とか「つながり」という言葉が流行しています。私は，対象関係論を重視していますから，それらの意義はもちろん尊重しているのですが，あるスーパービジョンで，若い男性患者をもつ女性治療者が「患者とつながった感じがしない」「もっとつながりをもちたい」というように，「つながる」という言葉を繰り返したとき，私は「恥ずかしさ」をともなう複雑な気持ちになりました。もちろんこの治療者は，患者との誠意に基づいた人間味のある関係のことを言っていたのですが，「つながり」という言葉がもつ象徴的な意味，とくに性的な意味は意識になかったわけです。抑制，抑圧されていたといってよいかもしれません。しかし，それだけに，私は，恥ずかしさを感じたのであり，現実的な倫理違反への道を想像し，複雑な気持ちになったのです。さらに付け加えれば，私たちの精神分析の関心は，文字通り関わることにではなく，「関わること」と「関わらないこと」との間隔や，あるいは創造を導きうるという意味において関係の喪失や破壊に向けられているということが，この若い治療者には理解しがたかったのかもしれません。

　私たちは，治療において，性的な関係と非性的な関係の区別すなわち境界について考えています。象徴と象徴されるものとの境界についても考えています。あるいは，抑圧という種類の内的境界についても考えています。

　自己と対象との関係という概念は，自己と対象との境界という概念があってはじめて成り立つと考えられます。同時に，自己と対象との境界は，自己と対象との関係があって成り立つものです。つまり，関係と境界は相補的な概念といってよいと思います。

　結論を先取りしますと，このように境界についてたえず考え続けるということは，精神分析家なら誰もが実践しているような当たり前のことでしょうが，それだけに精神分析の本質であり，同時に，倫理違反に対する一種の自動的な安全装置になっているのではないかと思うわけです。繰り返しになりますが，境界という概念は，精神分析に普遍的な概念的武器であると同時に，境界についての感性は，精神分析を実践するためにもっとも必要な治療者の基本的態度といってよいと考えられます。

　これから先，私は，倫理との関連で，精神分析における境界という概念の有様について考え，最後に治療機序と倫理の関係について述べたいと思います。

2. 精神分析と法律

　さて，倫理について精神分析的に考えようとしますと，自然の成り行きとして精神分析的考え方と法律的考え方との違いはどのようなものかということに関心が向きます。精神分析と法律は，社会的にも学問的にもまったく異なった分野ですし，一見なんの関係もなさそうにみえるのですが，「考え方」という文脈で比較しますと，この二つの分野には，きわめて類似したところがあることが分かります。すなわち，両者とも，人間関係の出来事について言葉を使用して論理的に思考するということ（Bollas & Sundelson, 1995），罪悪をテーマにしているということ，そして境界をテーマにしていること，という三つの点で類似しているのです。ちなみに，人間関係の出来事をこれほどに論理的に思考するこの二つの分野がノーベル賞に縁が無いというのもじつに象徴的ではあります。

　違いとしてはつぎのようなことが挙げられます。第一に，精神分析は，思考を情緒と切り離さないのに対し法律は思考と情緒を切り離しています。つまり，精神分析では，感じること——考えること——話すことを一つのセットとしてとらえるのです。たとえば，罪悪をもたらした行動そのものを対象にするのではなく，罪悪感という主観的感情——それにともなう思考——その思考の言葉化について考えるわけです。

　第二に，精神分析は無意識という概念を用いて一見不連続な思考と思考，思考と情緒，情緒や思考と行動，といった諸要素の連続性を考えます。そのさい各要素間の境界はしばしば拡張したり収縮したり，乗り越えられたり，破壊されたりします。そのような動きに対し，精神分析は非判断的態度を維持します。それに対し，法律は，意識レベルを取り扱い，記述的な立場から，明確な境界をもって不連続性すなわち法律違反か否かを明確に切り分けます。

　倫理を守るということについていうならば，私たち精神分析の臨床家は，法律家と異なり，記述的に白か黒かを切り分けるだけでなく，自分たちが維持しようとしている分析的構造や設定をも私たちの思考の俎上にのせるという力動的な視点を維持しているということがいえます。

　最近，精神分析と法律との関係は複雑になっています。患者の権利を認めるということは現代の社会的趨勢です。患者の知る権利や自己決定権の尊重などです。そちらは，精神分析における informed consent, confidentiality や

privacy の維持といった分野において，従来の精神分析の基本的な態度の修正を迫るような圧力になっています。たとえば，分析家の患者理解をどの程度まで患者に伝えるのか，診療録の開示に関していえばプロセスノートは開示すべきかどうか，あるいは，患者の社会的存在，たとえば，社会参加に障害をもつ患者に対する精神分析において，患者の社会的現実をどのように精神分析技法の中に反映するか，精神分析的境界設定をどこまで維持することが適切なのか，という問題があります。

　これらの問題は大切ですが，これ以上は本筋から外れますので，ここでは問題を提案するにとどめておくことにします。

3. 治療構造論と倫理

　小此木はおりにふれ，治療者が治療構造を守ることは，患者のいろいろな行動化や患者との接触から，治療者自身の身を守ることを可能にすると強調していましたが，それは次のような認識に裏打ちされています。

　「人間はどういう時と所で，どういう姿で生まれてくるか，また，どういう時と所で，どういう形で死ぬか，この二つのことを，自分で選ぶことはできない。そもそもわれわれ人間は，常にいまこうして，この時と所に，この場で出会っている。ここでもし時と所をそのように決めないでいたければ，それは全能感の世界であり，幻想の世界であって，現実ではない。人間の心は常にこの時と所の制約を越えたものを求めるが，どうしてもその制約を逃れることはできない」（小此木，1990）。「無意識には時と所がないとフロイトは言いましたが，治療関係の基本的な現実というのは……時と所を選んで治療者と患者が三人の出会いを決めたその場にあります」（小此木，2003）。そして，彼は，時と所に限定された自分について，望ましいと受け止めたり反対にどうして自分はこのような時と所に生まれたかといった自分の意識を超えた自己の根源的な成り立ちやあり方をつねに見つめるのが治療構造論の思想だと述べています。

　彼はここで現実原則や自我境界のことを言っているのです。Freud, S. は「精神現象の二原則に関する定式」（1911）の中で，現実原則の介入を発達の重要な意義のある一歩前進だといい，さらに注釈で「快感原則の奴隷になって外界を無視するような体制は，少しのあいだでも生命を保つことができない」と述べています。現実原則は，人間が生き延びていくための自然の原理だというわ

けです。エディプス葛藤において父親同一化によって内在化された結果できあがる超自我とは明確に異なっています。すなわち，**治療構造を維持するということは，現実原則の維持という根源的な意義をもつことになります**。

この意味について，この後さらに論を進めるつもりですが，その前に，小此木は，主体が治療構造を維持するということによって快感原則や自己愛が確保されるという事態にも言及していることを押さえておきたいと思います。すなわち，彼は，この時と所に限定された身体をもつ自分というものを望ましいものとして肯定する健康な自己愛の存在を強調しているのです。

これらの考えは，精神分析の臨床において治療構造や倫理を守るとは，「受身的に守る」のではなく，分析的設定を維持し続ける分析家の主観的，能動的，主体的営みを意味していると考えられます。

最近，Epstein, R.（1994）は，精神分析的枠組みを論じる中で，この分析的枠組みは，分析家の自我境界の延長であり，分析的境界はあるときは柔軟で，別のときはしっかり閉ざされているものであって，それは分析過程しだいである，と主張しています。

そこで，治療構造によって区切られる分析的境界は何かということを明確にしなければなりません。私たちは，小此木の「内的治療構造」と「外的治療構造」という概念化をよく知っていますので，ここでは最近 Gabbard, G.（1995）が，同じような視点から，分析的境界について明確化していますので，それを紹介します。

分析的境界（analytic boundaries）は二つのセットから成り立っていると考えます。

第一は，設定であり，部屋，カウチ，頻度，料金システム，治療契約，confidentialityと privacy を守る，身体的接触をしないといったことです。第二は，特殊な相互関係であり，それは，自由連想，匿名性，非判断的であること，禁欲原則，中立的態度，相互関係を理解し無意識課程を解釈することから成り立っています。この後の考察では，この定義を用いていきたいと思います。

しかし，この定義は記述的であることに注意しておく必要があります。そうならざるを得ないのですが，そこにとどまらずに私は分析的境界という思考がどのように生み出されているのかという力動的考察に進みたいと思います。ここで一つ気になることがあります。先ほど紹介した，小此木の言葉に関してですが，「時と所の制約を超えたものを求める人間の心」とか「どうしても制約

を逃れることができない存在」などです。そして，彼はなぜあれほどに健康な自己愛の存在を強調しなければならなかったのかという疑問もあります。私は，この語りのトーンは，人間のといいますか小此木のといいますか，非常に深い寂しさを伝えているように思います。治療構造を維持することとか，その前提の下に彼が主張する「医師としての分別」を守るという行為には，つねに，人間の根源的な寂しさや，確かなものは何もないという空白についての彼の深い洞察が含みこまれている，と私は思います。

では，彼の洞察とはどのようなものであったろうか？ この疑問は，即座にFreud, S. の論文「否定」(1925) を思い起こさせてくれます。この論文で「いいえ」という否定は，抑圧されているものを認識する方法であり（「夢の中に登場した人物は母ではありません」といういい方は，「それは本当は母であるが認める気にはなれない」といっているようなものである），それは意識系に存在している機能であり現実検討と関連していること，さらに破壊欲動に属していることが明確化されています。この議論を進める中で，Freud, S. は，現実検討と現実自我に関して非常に重要な考察をしています。

第一に，現実検討の問題は，知覚されたものが自我の中に取り入れられるか否か（良いものはすべて取り入れ，悪いものは排除する）といった快感原則を超えて，表象として自我の中に存在しているあるものが現実の中にも再発見できるか否かだといいます。

第二に，表象は，いろいろな知覚に由来し，再生によって不在のものを内的に呼び起こすことである。

第三に，現実検討の目的は，表象されているものに対応する対象を，現実知覚の中に見出すのではなく，それを再発見しそれがまだ存在していることを確認するということである。

第四に，現実検討は，内と外の区別だけでなく，表象における知覚の再生による歪曲を見極める機能がある。

第五に，現実検討が機能するための条件は，かつて満足をもたらした対象がなくなっていることである。すなわち，表象が生成され現実検討が機能するのは，対象の不在や喪失が重要な契機になっている。

第六に結合の代用としての肯定はエロスに属し，排除の継承である否定は破壊欲動に属している。この論文を検討した Ricoeur, P. (1965) は，現実検討における否定性の特質を明らかにしながら，遊びにおける消滅と再出現（Freud,

1920), 美的創造の否認と超克 (Freud, 1911), 知覚判断の喪失と再発見 (Freud, 1925) との間に共通する操作があることを指摘しました。さらに, 死の欲動が代替によって否認を派生させ, 結局は破壊そのものとは関係なく, 遊びの象徴化, 美的創造, 現実検討と関係してくるという, いわば死の本能が否認の作業に向けて開かれているということを明らかにしました。

　このようにみてきた上であらためて倫理について考えてみますと,「医師としての分別」を守るとか分析的境界を設定するという精神分析家の行為は, 現実原則の系列にあり, 現実検討や否認などの意識系の機能と深く関連していることが分かります。そこにおいて倫理に関する現実的ルールは, それそのものであると同時に表象でもあり, つねにそれと再認されながら否認されることになります。そこで生まれる間隙あるいは揺れが現実検討を可能にし, 精神分析作業に現実性を付与します。そうなってはじめて精神分析は, 万能的世界の喪失に対する洞察とその再発見, 遊ぶこと, 創造することといった基本的機能を自らのものとすることができるのだと思います。先に挙げた, 治療構造の維持とは現実原則の維持であるという考え方の意味は, まさにこのようなものなのであります。このように分析的境界という設定によって成立している分析的治療構造こそ, Freud, S. の最大の発見ではないかと思います。そして, 世界の動向に先駆けてこのことを明らかにしたのが小此木の治療構造論の最大の貢献だといってよいでしょう。

　さて, これまでの議論から, この分析的治療構造には, さまざまな二重性, 逆説, 間隙, 揺れが仕組まれていることが分かります。この仕掛けこそが, 治療者と患者の力動的関係を引き起こす動因と考えられます。これらについて, 多くの研究者がそれぞれの立場から述べていますが, 以前の私の試み (狩野, 2000) をもとに整理しますと, 次のようになります:1) 時間契約のような時間的拘束と無時間性, 2) 自由に連想できないことを知りながら自由連想を指示すること, 3) 平等な関係と不平等な関係, 4) 自由性と禁欲原則, 5) 中立性をめぐる逆説, 6) 対象恒常性と不安定性, 7) 連続性と不連続性, 8) 退行と進展という逆方向の動きを促すこと, 9) 一人で連想せよというある種の剥奪状況を設定しつつ, 親密さが共存すること, 10) 二人でいながら一人でいること (Winnicott, 1965), 11) 交流することとしないこと (Winnicott, 1965), 12) 目標を設定することとしないこと, 13) 訓練を受けた専門家としての分析家と日常生活者としての分析家の共存 (Modell, 1990) などです。

このような逆説的仕掛けが仕組まれているということはある意味では非常に危険な状況です。にもかかわらず，**こうした精神分析的状況は，分析的境界によって安全に提供される**という認識はとても重要に思えます。

4. 分析的境界をめぐる困難性

さて，精神分析の実践という視点からすると，分析的境界を明確に設定し維持することには大変な困難を伴います。Gutheil, T. と Gabbard, G.（1993）は，その理由として次の二つを挙げています。

第一は，この分野の偉い人たちが，後の世代に複雑なメッセージを与えたということです。Freud, S. は，外科医のような客観的態度を強調しましたが，しかし，実際には必ずしも禁欲原則や匿名性を守ってはいませんでした。最近のIPA誌（Sandler, 2004）に Sandler, A. による調査結果が掲載されていますが Winnicott, D.W. は，Kahn, M. との関係で境界違反をしています。以下は，Gabbard 論文（1993, 1995）からの抜粋ですが，Klein, M. は，Scott, C. を分析中，彼女の休日に黒い森[編注]にいこうと誘い，その期間，自分の泊まっているホテルの自分のベットに彼を横臥させて分析を行いました。Mahler, M. は彼女の分析家であった Aichhorn, A. と性的関係をもちました。Fromm-Reichmann, F. は，分析患者と性的関係をもち結婚しましたし，Horney, K. は自分の男性分析患者と性的関係をもったといわれています。

大変刺激的な話ですが，これらの出来事をゴシップとして好奇心をあおるのは建設的ではないでしょう。また，彼らの書いていることと実際に行っていることの矛盾をあげつらうのは単純に過ぎるし，かえってこの問題がもつ複雑さを見過ごしたり隠蔽に手を貸してしまうことになります。たとえば，「くさいものに蓋をする」結果の事態として，Gabbard, G. と Peltz, M.（2001）は境界違反を明確化せず隠蔽するような教育訓練組織の研修生もまた境界違反を犯すことが多いという，「境界違反の世代間伝達」を挙げ注意を喚起しています。先輩がやっているから自分がやっても良いのだという考えのもつ力には侮れないものがあります。

いずれにしても，こうしたことは，現代ではもはや許されないことでありま

編注）狩野が黒い森と訳している英語名 Black Forest は，ドイツ南西部に位置する，フランスと隣接した山岳地帯シュヴァルツヴァルト（Schwarzwald）のことである。

すが，精神分析は高度に私的な文脈において行われている治療だという事実を考えると，これは大変困難な問題だといえます。

　第二は，治療技法が，精神分析プロパーよりも表出的ではない治療において変化しているということが挙げられます。表出的精神療法と支持的精神療法を連続体という考えから見ると，ある人は，解釈にあまり頼らずに，直面化，明確化，助言，賞賛，保証などの代替的介入を用います。同じように，支持的精神療法では，転移願望を部分的に満足させますが，精神分析や高度の表出的精神療法ではそれは控えています。あるいは，患者の自我構造や対象関係の評価に基づく病態レベルという考えによって，治療的境界の考え方や技法を修正するやり方をとると，治療的境界をめぐって混乱が生じるでしょう。

　そこで，この困難さはどこに由来するかということを検討する必要があります。私は，それは精神分析の方法論に由来していると考えています。たとえば，われわれは患者の内側で起きていることと分析家の内側で起きていることを区別しようとしています。あるいは，万能感にもとづく言葉や振る舞いと，現実感によるそれらとを区別しようとします。いったいどうやってそれが可能なのでしょうか。これは，臨床上も，教育研修においても難しい問題です。もしこの区別，すなわち境界を明確に定義しようとすれば，記述的方法に頼らざるを得なくなります。しかし，そうなると，（「治療構造論と倫理」のところで考察したような精神分析に本質的である）曖昧さや遊びのスペースが失われてしまうでしょう。

　こうした問題を考えるためには，症例を用いて討論するのが適切なアプローチだと思います。しかし，今日ここで，こういう講演で，私が実例を挙げて話すことは，皆さんの興味や好奇心を喚起するでしょうが，それ以上に，何が境界違反で何が違反ではないかということについて断定するという記述的姿勢に陥ることを免れません。私の講演の意図は，危険性を喚起することではありませんし，何が犯罪で何が犯罪でないか，誰が犯罪者で誰がそうでないかを断定することでもないし，皆さんの中に，自分は大丈夫か？　といった空想を搔き立てることでもありません。この問題には絶対的に正しい答えはないのですが，しかしなお私たちは，つねに答えを出し続ける努力をしなければならないし，矛盾や融合をそのままにしておかないで，明確化し考え続ける必要があるということが私の言いたいことなのです。その意味で，境界という概念のもつ様々な側面について考えることが役に立つと思います。

5. 境界の諸側面
1）透過性と非透過性
　第一は，自我境界の透過性と非透過性という考え方です。よく知られているように，自我境界という言葉は，Tausk, V. が「分裂病者における影響機械の起源について」(1919) という論文ではじめて用いました。彼は「子どもの最初のうそ」が，自他の境界設定という自我機能を子どもが獲得した最初の徴候であることを見出しました。また，Federn, P. は1928年の論文「ナルシシズムにおける主体としての自我と対象」で，自我境界の複雑な構成を最初に考えた人です。彼は，二重の自我境界，つまり内的自我境界と外的自我境界を明らかにし，自我境界そのものにリビドーが備給されており，自我境界は可変性がある，拡張したり収縮したりする力動的構成であることを明らかにしました。統合失調症の臨床や潜伏性分裂病の評価において自我境界や自他の境界という概念はどうしても必要だったのです。その後，自我境界という考え方は，von Bertalanfy L. の一般システム論（1968）によって支持されました。すなわち，有機体が生きているための条件として外界との交流がある（適度な透過性がある）開放的な境界の存在が強調されたのです。こうした考えに基づいて，Landis, B.（1970）は，自我境界の透過性と非透過性は一つの連続体の両極であり，透過性と非透過性は，自我の開放性あるいは閉鎖性の程度を全般的に表す集約的概念だと考えました。
　たとえば，対人関係において非透過的な境界をもつ人は，人と冷たく距離をおく場合もあるし相手の個別性を尊重して距離をおく場合もあるでしょう。透過的な境界をもつ人は，人と温かい関係をもつ場合もあるし，人を操作する場合もあるでしょう。しかも，日常生活において私たちの境界は，透過的になったり非透過的になったり，リズミックな交代をしているともいえます。
　こうした考えから，過剰に透過的な境界と過剰に非透過的な境界の中間概念として半透過的な境界という概念が生まれてきます。おそらく，精神分析における治療者の程よい距離感を生み出すのはこの半透過的な境界だといってよいでしょう。

2）境界と自由連想
　第二は，自由連想と境界の関係です。夢や幻想を連想することができず，事

実的な話に終始する人は，内的境界が固いといえます。こういう患者の場合，Kris, A.O.（1982）が言うように自由な連想が生起することを促すことが治療作業となります。反対に，内的境界がひどくゆるい人は，一見多彩な連想をしますが，それは漏れ出すようなやり方でなされているのであって，自由な連想をすることよりも境界形成が治療の指標になります。

　かつて経験した思春期の男子患者は，私が家族面接と個人精神療法をかねていました。この家族の母親と患者以外の人々は彼の暴力によって家庭から追い出されてばらばらに生活することを余儀なくされていました。さて，彼は，最初私が二つの面接者を兼ねていることになんら疑問をもたず，あふれるようにしゃべり続けていました。日常生活で，彼は母親と離れることができず，夜も母親の布団にもぐりこんでいました。これについて，母親は，家族面接で彼はまったく性的な関心をもっていないので今のところ安心してみていますと述べていました。治療開始して半年位した頃，彼は，性について言及しながら，今ここで話していることが，家族面接で母親に伝わるのだろうか，という不安をはじめて口にしました。親面接も個人面接も区別できなかった彼は，二つの治療には境界があること，同時に親に対して秘密をもつという自他の境界を体験し始めたのです。この頃から彼は誰に言われることもなく，母親の布団にもぐりこむのを止めたのです。しかも，家族は，互いに有機的な関係を再開するようになり，ようやく一つの家族という構造を作り始めたのです。興味深いのは，この症例が，内的境界も外的境界も，そして家族メンバー間の適切な境界も，異なった治療のあいだの境界もほぼ同時に生まれてきたという事実を示していることです。

　Bion, W.R.（1977）が，意識と無意識，夢と覚醒，うちと外，過去と未来のあいだにある透過性をもつ接触障壁という心的装置の存在によって，人は思考することができ，象徴を使え，痛みを痛みとして体験できる，と述べましたが，同じ文脈で，Grotstein, J.S.（1986）は，夢の生成のためには無意識と意識の境界が必要だと強調しています。

　さて，これらの問題は，分析家にも当てはまります。分析家が，患者の連想を無意識で聞くことができるか，そして患者に共感できるか，といった問題を理解する試みにおいて，境界，内的境界と外的境界，及びそれらの相互作用は役に立つ概念だと考えられます。

　言葉の使用に関する，2002年の本学会シンポジウム（狩野，2003）で，私は，

分析的関係における相互浸透性について述べました。たとえば，患者が，母親に無視されたという幼児期体験を話すのを聞くとき，治療者の心の中では二つの作業が同時に進行しています。一時的同一化によって患者の身になりその苦痛をわがことのように聞きながら，意図することなくそれをわがこととして自分自身が母親に受けた冷たい仕打ちに関する出来事を想起するのです。つまり患者の話を，わがことのように聞きながら，わがこととして聞くという作業が同時進行的に協働してなされているのです。相互浸透性とはこのような事態をさしています。

境界という概念を用いると，この事態は次のように説明できます。Kohut, H.（1984）は，対人関係境界が薄い分析家は混乱しやすく，対人関係境界が厚い分析家は伝達してくるものに壁を作ると表現していますが，分析家にとってある程度の柔軟で開放的な外的境界は必要であり，一方内的境界は安定している必要がある，ということです。

3) 自他の区別・自他の境界

さて，第三の自他の区別と境界についてですが，この論文でもすでに論じてきましたが，これは精神分析の大きなテーマなので多くの人が論じています。たとえば Jacobson, E.（1964）は，自己表象と対象表象との境界を重視しましたし，生まれながらに赤ん坊は，自己と対象との境界をもっているという Klein, M の臨床観察は，乳幼児発達についての最も重要な貢献といえます。

多くの分析家が同意しているように，一次的対象との，安定した予測可能なリズムのある関係が対象関係の成長を促すわけですが，同時にそこには境界が形成されています。もし境界がないならば，自他の融合状態になってしまいます。自由なコミュニケーションのためには，境界が必要だという逆説があるわけです。Winnicott, D.W.（1971）の可能性空間や移行空間という概念化はこのような観察から生まれたものだと思います。

こうしてみますと，境界は，単なる直線でイメージされるものではなく，時間と空間をもった自他のコミュニケーションが起きる場であると同時に，自他の関係がそうした場を作り出すといえます。この意味で，Ogden, T.H.（1994）の三つの体験様式それぞれにおける境界論は興味深いものがあります。とくに，自閉－隣接ポジションにおける境界について，たえず接触を維持しようと動き続けること，つまりそのたえざる動きそのものが境界を成していて，もし動き

を止めると境界は失われ，主体は奈落の底に転落するような恐怖に襲われると彼は述べています。この種の境界について，私は別の論文（狩野，1997）でシステム論を援用して論じたことがあります。つまり，力動的境界は，記述的境界と異なり，空間的に描けるようなものではなく，もっぱら感覚的かつ原始的であり，すぐれてオートポエティックな動きの産物であるということを明確化しました。

4）言葉の使用と境界

　第四の問題は，言葉の使用と境界についてです。実践的には，患者の呼び方，介入の際の言葉遣い，冗談の使用，比喩の用い方などが関連します。いろいろな工夫があるでしょうが，たとえどんなにくだけた話し方をしたにしても，願望をむき出しにした言葉の使用を控えるということには異論がないと思います。言葉は文化ですから，私たちの精神分析には精神分析的文化というものがあります。私は，**このような文化に支えられた職業的特質を「精神分析的品性」**といいたいのです。臨床における私たちの言葉遣いには品性が必要なのです。では，これはどのような考えに裏打ちされているのかについて，次に述べたいと思います。

　患者にとっても分析家にとっても言葉の使用のみでは情緒は伝えきれません。Ogden, T.H.（1997）がいうように，話された言葉には，そこに無意識が含みこまれているとしても，です。言葉で伝えるということは，ある体験を言葉によって一つの形あるものとして表現することですから，表現されるものと表現されないものとを区切ることになります。このような意味で境界概念を導入することによっていくつかのことが明確になります。

　第一に，身体の動きが重要になるわけです。精神分析における治療者の行動 enactment を取り上げた 2004 年の本学会シンポジウムのテーマは，このような思考から生まれてきたと私は理解しています。第二は，正確な解釈と不正確な解釈，共感と共感不全，決定論・予測性・無謬性と非決定論・予測不能性・可謬性といった対立図式についてです。このどちらも絶対視するのは，物それ自体の世界に陥るような治療関係の現実を否認する態度です。むしろ，私はそれらを弁証法的対話として捉えたいと思います。そこから，何がどのように生まれてくるのか，そのような不確定性に私たちがどれだけ持ちこたえられるかが，分析家にとっての課題なのだと思います。私たちの精神分析的品性を支え

ているのは，このような考え方なのだと思います。

5）分析家の役割と境界

　第五は，精神分析家の役割と境界に関することです。これに関して，禁欲原則についてどう考えるかという問題は，精神分析の歴史において常に議論を喚起してきました。リビドー要求をある程度受け入れるのか，絶対受け入れないのか，あるいは，リビドー要求に対する態度と成長の要求に対する態度は異なるのかといった議論です。

　たとえば, Greenson, R.（1967）は，禁欲原則は神経症的，幼児的願望の満足を避けるためのものであって，患者のすべての願望が満たされないような不毛の治療に導くものではないと主張しています。こうした議論の脈絡において, Winnicott, D.W.（1965）が，本能的満足と環境の提供の違いを明確化し, holding environment という概念を提案したことはターニングポイントだったといってよいと思います。Kohut, H.（1984）は，修正感情体験との違いを意識しながら，患者が子ども時代に得られなかったよい母親になるために，患者を積極的に慰めるべきではない，むしろ患者の慰められたい切望を解釈する，ことを勧めています。私は，「治療的退行と治療者の役割」という 1990 年の本学会のシンポジウム（狩野，1991）で，発達動機への支持と，リビドー要求を満足させないことを区別しました。皆川は，別の学会における私との討論（精神分析的精神医学会大会，2005）で，分析療法においてもっとも肝心なことは，患者の様々な要求についてリビドー要求を見分け，それを満足させないことであると述べています。

　さて，禁欲原則について，これで議論が決着したかに見えますが，なお疑問は残ります。たとえば，はたしてリビドー要求をまったく満足させないような治療はありうるだろうか，どんな治療でも，意図的ではないにせよ，なんらかの部分的なリビドー満足を与えているのではないか，ということです。

　つまり，これは今なおホットなテーマなのです。なかでも，とくに，患者の要求に対する分析家の反応や態度の重要性について焦点が当てられています。Sandler, J.（1976）の役割応答性に始まり，Jacobs, T.（1986）の逆転移性の enactment, Steiner, J.（1993）の分析家中心の解釈, Ogden, T.H.（1994, 1997）の，二人の参加者の相互浸透性をもった新しい創造である第三主体の概念化，など数え上げればきりがないほどです。この議論の背景には転移と逆転移の考え方

の変遷があるのは，いうまでもありません。

6) 中立性，自己開示と境界

　禁欲原則と関連してきますが，第六番目に中立性や自己開示に関わる議論が挙げられます。この問題も常に議論されてきましたし，本学会の研究誌でも幾度となく取り上げられています。小此木は，早くから「医師（精神療法家）としての分別」について概念化を行っています。中立性は，「医師（精神療法家）としての分別」を構成する一つの要素と位置づけられています。彼は，間主観的アプローチを掲げながらも，なお中立性の価値を認めています。とくに彼が強調しているのは，研修過程において中立的態度を身につけることの意義についてです。

　一方，丸田（2002）は，小此木の主張や「死んだ中立性と生きた中立性」という岡野の提案（日本精神分析学会機関誌第46巻第2号，2002）を尊重しつつも，中立性という用語にあまりにも多くの意味が含まれ，もともとの意味が失われかえって事態が曖昧になると批判を加え，中立性に代わる概念として，間主観性理論にもとづく持続的共感的検索スタンスという概念を用いるべきだと主張しています。

　この問題について考える際に，私たちは，分析療法には必ず分析家の存在があるということ，すなわち中立性について考えている分析家が存在しているということを見逃してはならないように思います。この事実は必然的に，最近のトピックスでもある自己開示をめぐる問題に結びつきます。この文脈について丸田（2002）は次のように明確化しています。「共感的（・内省的）探求スタンスは，治療者による意図的な自己開示は処方しない。しかし，治療者が，自分の心理的オーガナイゼーションを知らず知らずのうちに，絶え間なく患者に示し出していることを前提としている」

　自己開示は，境界を乗り越える動きであることは異論がないと思います。境界という概念は価値判断をともなわないからです。しかし長期にわたる，すぐれて私的な分析的関係を通して，患者は治療者の個人的な事柄について実に多くのことを知るという臨床経験を振り返れば，丸田の指摘にはうなずけるものがあります。たとえば，私の精神療法患者が治療5・6年目の頃，「私は，先生のことを先生の奥様よりよく知っていると思います」といったとき，私は妙に納得したものです。どのような連想に私がどのように反応するか，当然のこと

ですが二人のコミュニケーションを彼女はよく学んでいたのです。私は少し戸惑いましたが，これはむしろ治療的な達成の一つだろうと思ったのです。彼女は，私が考えるように考え，私は彼女が考えるように考えていたのです。

　そうした関係において，何をどこまで伝えるのかは実に難しい問題です。一方，患者は，分析家の個人的な事柄を知りたいという願望をもっていることを，私たちはよく知っています。それ以上に，今日では多くの患者は，分析家についての情報をもつ権利があると考えています。たとえば，前に言及した知る権利や自己決定権に基づき，治療を通じて分析家が自分についてどのように理解したかを患者は知る権利があるという考え方もあるわけです。

　このように自然に伝わることではなく，意図的に伝えるかどうかについて，具体的に挙げれば，自分の空想，夢，社会的関係，性的関係，経済問題，近親者の誕生や死，自分の結婚，病気などがあります。たとえば，法事でセッションを休むとき，その理由を伝えるのかどうかなどです。あきらかに伝える必要がないと考えられることもあれば迷う事柄もあります。

　このさい考えておくこととして，治療者の側にある何かを伝えたいニーズの問題があるということをGutheil, T. と Gabbard, G.(1993)は取り上げています。患者が，自分について分析家に理解して欲しいというニーズをもっているのと同じように分析家もまた，現実の自分を患者に理解されたいという願望をもっています。「自分は，いつもこんなに中立的ではない，冷静ではない，もっと人間的な温かさをもっているのだ，私の真意を分かって欲しい」などです。とりわけこの力は，終結期に強く働くようです。終結期には現実的関係に焦点を当てることになるので，治療者は現実の存在としての自分について語りたくなるのです。もちろん，この傾向は対象喪失をめぐる葛藤に動機づけられているわけですが，それゆえにこそ，治療者は，はたしてこれは自分自身の満たされないニーズと関係ないかどうか考えてみる必要があるといえます。

　続けて，彼らは「治療者は，なんらかの自己開示にとらわれているとき，そこで何が起きているのか十分にモニターする必要がある。そのさい，自分が普段とっている治療的態度と今そこで起きている事態，そして両者の境界，さらには自分がどのような動機で普段の態度と違う態度をとろうとしているかを考えるべきだ」と強調しています。一つの自己開示が，さらなる自己開示へとつながる可能性があることを私たちは知っておく必要があると思われます。

　精神分析では，患者の行動化について，判断的な態度をとるよりも，まずは

患者と共にそこで何が起きたのか考えようとします。しかし，このような態度について「そうか，精神分析ではなんでもありなんですね」と受け止め，何かを考えるよりもなんでもありという自由さにとらわれてしまう研修生を経験することがあります。このような傾向は境界違反への道であることを忘れてはならないでしょう。中立性と自己開示に関する精神分析的議論の前提には，すでに述べたような現実的ルールについて，揺れを経験しながら「考える」という姿勢があることを再度強調しておきたいと思います。

6. 治療機序と倫理

　最後に，治療機序と倫理について検討します。ここで再び小此木（1990）を引用します。彼は「患者の内的な幻想を現実の治療状況や治療関係から遊離したところでいくら内容的に解釈しても，それは転移の分析にならない。転移の解釈は作業同盟の関係が保たれている治療関係の中で，これらの治療構造に結びついた形での錯覚を錯覚として取り上げることが技法上の重要な原則である」と主張しています。ここで，精神分析における倫理は境界という概念を媒体にして技法論と関与してきます。

　すなわち，精神分析における倫理についての概念は，治療機序や技法論の変遷に対応して展開せざるを得ないのです。大略すると，精神分析的認識は，「子どもの環境に何が起きたか」（性的誘惑論――カタルシスと除反応）から「子どもの心に何が起きたか」（心的現実論――古典的モデル）へ，そして「二人の間に何が起きているのか」（二者関係システム論――現代的なモデル）へと展開しています。この展開は，非常に複雑な経過をたどっていますが，ここではそれらは割愛して，倫理との関係のみを述べるにとどめようと思います。

　まず，古典的モデルにおいては，転移と抵抗の解釈，無意識の意識化と洞察が重視されます。そのため，過去に近づき，そこで得られた過去の再構成が，反復強迫から患者を自由にするという意味で，現在すなわち分析的相互関係は，あくまで二次的な道具と考えられます。退行－転移－終結という過程を重視する長期的な展望が基本姿勢です。このモデルに対応した臨床的かつ倫理的な概念が，禁欲原則，中立性，医師としての分別と考えられます。

　第二に二者関係システムモデルにおいて，治療関係が，有機的に生きているシステムとして展開することが重視されます。そのために，「いまここ」の無

意識的意味を理解すること，転移の分析，分析家がつねに自分自身の内的状態をモニターすること，とくに逆転移と逆転移性の enactment の分析が必要となります。分析の対象は相互関係なのです。この意味で，古典的モデルとは違い，過去を知り理解することは，現在を理解するための手段といえます。そして，分析家の視点は，一つのセッションにおいてときにはめまぐるしく，ときには微妙に変転する瞬間瞬間にあてられます。したがって，倫理に関する一連の古典的概念だけでは，このモデルに対応しきれないのです。

この点について，Gabbard, G.（1995）の主張は傾聴に値します。前にも引用しましたが，彼は「分析状況の逆説は，二人の参加者が，心理的に二人を超える自由をもつために職業的境界が維持されねばならない，ということである。いいかえると，共感や投影同一視といった過程が，分析的二人によって作られる半透過性をもった膜を通過していったり来たりする」のであり「このような境界横断（boundary crossing）と境界違反（boundary violation）を区別することが重要である」と指摘しています。

私たちは，臨床上，境界を設定しながら境界を破壊しているし，それは無意識的空想の enactment と考えられるのですから，境界横断と境界違反の区別はすこぶる難しいのです。しかし，境界横断という概念を記述的にとらえるならば，私たちの治療における態度を判断するさいの有益な指標になります。この線に沿って考えるなら，境界設定をあまりに過剰に強固に守ろうとする態度もむしろ情緒交流を閉ざしてしまう意味で好ましくないといえます。境界違反か否か，と断定する教条的態度ではなく，たとえば藤山直樹が主張しているような「あれかこれかと揺らぐ」態度，あるいは北山修のいう「遊ぶこと」が，この倫理という問題に対しても必要な基本的態度だといえます。

7．結　語

以上のことをまとめますと，この講演で，私は，四つのことを述べました。

第一に，私は，おもに精神分析的思考における意識や現実のある側面について述べています。第二に境界という概念は倫理を考える上で，治療と倫理を橋渡しする Key 概念であることです。第三に，私たちは精神分析において，つねに境界という概念を使用していることを明確化しました。倫理違反か否か，を考える前に私たちはつねに境界について考えていますし，境界が新しい思考，

新しい対象関係を生み出す時間と空間を創出しているということを指摘しました。そして，このような分析態度がある意味で自動的な安全装置になっているということを述べました。第四に，倫理を記述的に考える視点と力動的に考える視点とを区別すること，倫理は現実として与えられたものという意味と私たちが私たちの力で患者と共に生み出している現実原則であるという意味の二つがあることを明確化しました。

最後に申し添えたいのですが，こうした視点から倫理を考えるならば，それは精神分析的探求の対象になるのですから，本学会において学会レベルで，共同組織全体の問題としてとらえていくことが重要であろうと，私は考えています。具体的にいえば，大会において症例を用いて境界横断に関して討論することもできるでしょう。あるいは，学会組織に，境界違反や境界横断に関する会員からの相談を受けつけるコンサルタント機能をもった組織を設置するということを考えてもよいかと思います。すくなくとも，私は，この問題を個人的レベルの問題に限局してしまうべきではないと考えています。本学会の今後の課題だと思います。

ご静聴ありがとうございました。

文　　献

Bion, W.R. (1977) Seven Servants. New York, Jason Aronson. (福本修訳 (1999, 2002) 精神分析の方法Ⅰ・Ⅱ——セブン・サーヴァンツ．法政大学出版局)

Bollas, C. & Sundelson, D. (1995) The New Informants : Betrayal of Confidentiality in Psychoanalysis and Psychotherapy. London, Karnac Books.

Epstein, R. (1994) Keeping Boundaries : Maintaining safety and integrity in the psychotherapeutic process. Washington DC, American Psychiatric Press.

Federn, P. (1928) The ego as subject and object in narcissism. Vienna Psychoanalytic Society. In : Weiss, E. (Ed.) (1953) Ego Psychology and the Psychoses. London, Maresfield Reprints.

Freud, S. (1910) Eine Kindheitserinnerung des Leonard da Vinci. GW Ⅷ. (高橋義孝訳 (1969) レオナルド・ダ・ヴィンチの幼年期のある思い出．フロイト著作集3巻．人文書院)

Freud, S. (1911) Formulierungen über die zwei Prinzipien des psychischen Geschehens. GW Ⅷ. (井村恒郎訳 (1970) 精神現象の二原則に関する定式．フロイト著作集6巻．人文書院)

Freud, S. (1920) Jenseits des Lustprinzips. GW ⅩⅢ. (小此木啓吾訳 (1970) 快感原則の彼岸．フロイト著作集6巻．人文書院)

Freud, S.(1925)Die Verneinung. GW ⅩⅣ.(高橋義孝訳(1969)否定. フロイト著作集3巻. 人文書院)
Gabbard, G. & Lester, E. (1995) Boundaries and Boundary Violations in Psychoanalysis. New York, Basic Books.
Gabbard, G. & Peltz, M (2001) Speaking in unspeakable : Institutional reactions to boundary violations by training analysis. COPE Study. Journal American Psychoanalytic Association 49 ; 659-673.
Greenson, R. (1967) The Technique and Practice of Psychoanalysis. New York, International Univercites Press.
Grotstein, J.S. (1986) The psychology of powerlessness : Disorders of self-regulation and interactional regulation as a newer paradigm for psychopathology. Psychoanalytic Inquiry 6 ; 93-118.
Gutheil, T. & Gabbard, G. (1993) The concept of boundaries in clinical practice : Theoretical and risk-management dimensions. American Journal Psychiatry 150 ; 188-196.
Jacobs, T. (1986) On countertranference enactments. Journal American Psychoanal. Assoc. 34 ; 289-307.
Jacobson, E. (1964) The Self and the Object World. New York, International Univercities Press. (伊藤洸訳 (1981) 自己と対象世界——アイデンティティの起源とその展開. 岩崎学術出版社)
狩野力八郎(1991)治療者の支持的役割——治療状況における退行の意味を認識すること. 精神分析研究 35 (1) ; 47-57.
狩野力八郎 (1997) 動機と創造——境界例の家族療法について. 家族療法研究 14 ; 179-184.
狩野力八郎 (2000) 精神分析の二重性. 精神分析研究 44 (1) ; 66-70.
狩野力八郎 (2003) 精神分析における言葉の使用についての覚書. 精神分析研究 47 (3) ; 307-316.
Kohut, H. (1984) How does analysis cure?. Chicago, Univercity Chicago Press.
Kris, A.O. (1982) Free Association : Method and Process. New Haeven, Yale Univercity Press. (神田橋條治・藤川尚宏訳 (1987) 自由連想——過程として 方法として. 岩崎学術出版社)
Landis, B. (1970) Ego Boundaries. New York, International Univercities Press. (馬場禮子・小出れい子訳 (1981) 自我境界. 岩崎学術出版社)
丸田俊彦 (2002) 間主観的感性——現代精神分析の最先端. 岩崎学術出版社.
Modell, A. (1990) Other Times, Other Reality. Cambridge, Harvard Univercity Press.
Ogden, T.H. (1994) Subjects of Analysis. New York, Jason Aronson. (和田秀樹訳 (1996) 「あいだ」の空間——分析の第三主体. 新評論)
Ogden, T.H. (1997) Reverie and Interpretation : Sensing Something Human. New Jersey, Jason Aronson.
小此木啓吾 (1990) 治療構造論序説. (岩崎徹也, 他編) 治療構造論. 岩崎学術出版社.

小此木啓吾（2003）精神分析のすすめ――わが国におけるその成り立ちと展望．創元社．
Ricoeur, P.(1965) De l'interprétation, essai sur Freud. Editions du Seuil.（久米博訳（2005）新装版フロイトを読む――解釈学試論．新曜社）
Saint-Exupéry, A.（1931）Vol de Nuit. Librairie Gallimard. Paris.（堀口大學訳（1956）夜間飛行．新潮社）
Sandler, A.（2004）Institutional resposnses to boundary violations, The case of Masud Khan. International Journal of Psychoanalysis 85 ; 27-44.
Sandler, J.（1976）Countertransference and role-responsiveness. International Revew of Psycho-Analysis 3 ; 43-47.
Steiner, J.（1993）Psychic Retreats : Pathological Organizations in Psychotic, Neurotic and Borderline Patients. London, Tavistock.（衣笠隆幸監訳（1997）こころの退避――精神病・神経症・境界例患者の病理的組織化．岩崎学術出版社）
Tausk, V.（1919）Über den Beeinflussungsapparat in der Schizophrenie. Int. Zeitschrift für Psychoanal, V. In : Fliess, R.（Ed.）（1950）The Psycho-Analytic Reader. London, The Hogarth Press.
von Bertalanffy, L.（1968）General Systems Theory. New York, George Braziller.（長野敬・太田邦昌訳（1973）一般システム理論――その基礎・発展・応用．みすず書房）
Winnicott, D.W.（1965）The Maturational Processes and the Facilitating Environment. London, Hogarth Press.（牛島定信訳（1977）情緒発達の精神分析理論．岩崎学術出版社）
Winnicott. D.W.（1971）Playing and Reality. London, Tavistock.（橋本雅雄訳（1979）遊ぶことと現実．岩崎学術出版社）

第5章
論文を書くことと倫理規定を守ることとのジレンマ

はじめに

われわれ精神分析の臨床家にとって，患者の privacy を尊重することと同時に confidentiality を維持することが必須の前提条件である。この前提こそが，患者がオープンに話し自由連想をすることを保証するものである。したがって，われわれは，治療者と患者の相互関係において実践される，患者の主体的で強制されない informed consent があってはじめて confidentiality を放棄することができるのだが，その場合でも治療場面外に出す情報はその特殊な目的のためのみになされるように限定的であり，それ以上の情報を漏らすことを防止しなければならない。

これが原則であるが，しかし，必ずしもそれは絶対的ではないことがある。その一つが本シンポジウムの主題である「精神分析的実践の報告」の場合である。問題の拡散を避けるために，私はこれを日本精神分析学会大会における報告と精神分析研究誌での発表にかかわる問題に限定したい。さらに私がシンポジストとして期待されているのは倫理委員長という立場からの発言だと理解しているのでそのような問題に焦点を当てて論じたい。

1. privacy, confidentiality, privilege

はじめに用語について明確化しておく。privacy は患者（あるいはその代理人）の権利である。confidentiality は健康に関する情報の管理者に対する倫理的・法的要請を特徴づける用語である。privilege（専権）はある個人をして法廷に情報を与えないことを可能にするという例外を示す法律用語である。すなわち，医師は患者の privacy を尊重し，confidentiality を維持する義務と責任をもっている。privilege についてもわが国の法廷で医師はそれを主張することは許

されるであろう。しかし，実際の法廷で医師のそうした主張が貫徹されうるかどうかは，個々の場合に裁判所なかんずく最終的には最高裁判所がどのように判断するかによると考えられる。こうした論理は，医師については法律上明文化されているが，精神分析を実践する臨床心理士やその他の職種の専門家にも援用されうると考えておくのが，広く現代の日本の人々に共有されている倫理感覚ではないかと筆者は考えている。

つぎに本テーマに関係する内外の規定とその解釈について述べる。ただし，それらの規定の上位に位置づけられる刑法の守秘義務規定や個人情報保護法はこうした議論の前提にあるものなので割愛する。

2. 本学会の規定

まず本学会の規定を見てみる（日本精神分析学会，2008）。本学会会則前文は，「本学会は，臨床経験科学としての精神分析の研究ならびに精神分析的な治療を行なう治療者および研究者の広く参加する学会であって，現場の臨床的実践をくみ上げ，これを精神分析的な治療，教育，その他の応用に役だたせることを基本精神とする」と述べ，第3条において「本会は，前文の精神にのっとり，会員相互の交流を図るとともに，精神分析学および精神分析的治療のわが国における発展に寄与することを目的とする」とし，そのために学術集会や機関誌の刊行を行うことを謳っている（第4条）。ついで，倫理規定のⅡ-6「症例研究に関する倫理」の項には「症例検討その他の研究発表を行なう会員は，当該患者，クライエント，またはコンサルティの利益と匿名性を守らなければならない。そのため当該患者またはクライエントを同定することのできるような資料を発表してはならない。それらの資料は割愛すべきである。しかし，資料を修飾したり歪曲してはならない。また発表に際しては，当該者から同意を得ることが望ましい」と書かれている。

この項目は，患者のprivacy保護については明確に述べられている。また，発表において同意を得てもよいし，得なくてもよいと解釈できる。しかし，資料の修飾と歪曲についてどのように解釈すべきかが問題である。これについて今のところ本学会による明確な解釈は示されていない。それゆえ，後述する米国精神医学会や国際精神分析学会の規定で用いられている用語と，日本の規定の用語との厳密な対比は難しい。たとえば，「割愛」はeraseに，歪曲

はfalsifyに対応しているといってよいであろうが，問題となっている修飾はdisguiseであろうか，難しいところである。

つぎに，本学会倫理規定は「症例研究に関する倫理」とは別にⅡ-7「実証研究に関する倫理」を定めていることに留意しておくべきである。すなわち，このことは，本学会が，人間科学である症例（事例）研究の場合と論理実証主義にもとづく実証研究の場合とでは，倫理に関する基本姿勢は同じであっても，その運用上における違いを認めていることを示している。しかし，ここでもまた，その違いはどのようなものかということになるといまだ明確な解釈はなされていないのである。

3. 米国精神分析学会の規定

APA[編注]（米国精神分析学会）の倫理規定に関するガイドラインにおいて本テーマに関連するところを紹介する（Dewald & Clark, 2001）。confidentialityに関する記述のうち6項は「分析家が，臨床検討会，専門家仲間との科学的あるいは教育的交流においてconfidentialityを守るべき臨床資料を用いるとき，その臨床資料は患者の同定を防ぐために十分に偽装（disguise）されねばならないか，あるいは患者のICをまず得ていなければならない。後者の場合，分析家はそのような発表の目的，患者の治療に起こりうる危険と利益，同意を維持したり撤回する患者の権利について話し合うべきである。未成年患者の場合，両親（あるいは保護者）と相談しなければならないが，同時に，年齢や発達段階に応じて，その問題について患者とも話し合うこともありうる」とある。さらに，科学的責任に関する記述は次のようになっている；1「分析家は，臨床資料を用いるに際して，患者の権利を尊重しその使用が患者のprivacyと尊厳にあたえるインパクトを最小にするためにあらゆる配慮をしなければならない。……」，2「分析家が臨床状況から得られた実際の観察に言及しないような捏造した（falsified）資料を学会で発表したりあるいは学術雑誌に発表することは非倫理的である。そのような臨床資料は患者の特定を防ぐために十分偽装（disguise）されねばならない」，3「分析家は患者の資料を偽装する際に，彼あるいは彼女の科学的結論の拠り所や意義について専門家仲間を欺くことのな

編注）　一般にAPAは米国精神医学会（American Psychiatric Association）を指す。米国精神分析学会の略称はAPsaAであるが，ここでは原文のままとする。

いように配慮しなければならない」

　APAは，患者のprivacy保護のため発表に際して，資料のdisguiseをすること，あるいはdisguiseに加えて同意を得ることを強調している。興味深いのは，falsifyとdisguiseとを区別したうえで，disguiseに一定の制約を設定していることである。つまり，前者は，でっち上げ，捏造，歪曲といった意味であるが，後者は本質を変えることではなく，もっぱら患者の特定を防ぐことを目的にした見かけとか表面的な外観の修正を意味している。上記の訳ではこれまでの訳し方に従って「偽装」としたが，disguiseと現代の日本語の偽装とではひどく意味するところが異なっているように思われる。

4. 国際精神分析学会の規定

　同じような基本的ラインで，IPA（国際精神分析学会）は論文発表に関して，「投稿者への注意」の中で以下のようなガイドラインを示している（Editorial Board of IPA, 2006）。長くなるが，こうした問題においては用いられている文言のひとことひとことが意義を持つので，「精神分析的実践の報告におけるdisguiseとconsent」に関連する部分を逐語的に引用する。これは，シンポジウムでの討論資料ともなることを考えてのことなのでお許しいただきたい。

　「論文を投稿する際，著者は……b）患者のprivacyを守るためになされうるさまざまな手段が考慮されたこと，そして選択された手段が特定されていること……を確証しなければならない。……一般的ルールとして，立証に用いる臨床データは，設定の詳細，セッションの頻度，その他の設定に関する事柄についての明確な情報があるような分析的セッションから得られるべきである。前述したように，編集者もまた，患者のprivacy（さらに他の関係する人のprivacy）が適切に守られていることに納得する必要がある。もっとも有益で魅力的な臨床データは，おそらく著者に実際のセッションにおけるやり取りの文脈から得られた何らかの情報を提供すること，そしていろいろな水準における情報を識別して提供することを求めるだろう。例えば，患者の言ったことやしたこと，分析家が感じたこと，分析家が何を感じたかという文脈において患者が言ったことやしたことを分析家がどのように理解したか，分析家が言ったことやしたこと，分析家が自分の言ったことやしたことをどのように理解したか，そのとき患者は何を言い何をしたか，それはどのように理解されたかな

どである。しかし，編集者はつねにこうしたやり方とは違うやり方を言語的に明示している著者の論文をよろこんで受け入れるであろう。

　患者について書くことは精神分析的知識の進展にとって本質的である。とはいえ，われわれの臨床経験を交流する必要性は，職業的要請と患者の privacy との葛藤のまっただなかにまともに分析家を落とし込む。このジレンマに対する完全な解決はない。そうではあるが，科学者としての規範と患者の匿名性のバランスをとるような以前から知られている手段がいくつかある。著者は，患者の外的生活に関する表面的な事柄の詳細を偽装することができる。そうすれば患者が誰かは読者に本質的には認識されえない。ある分析家は，偽装に加えて患者から書面での同意をとることもある。もし，一群の患者に関する臨床症候群について書くのであれば，何人かの患者の合成であるような症例資料を用いることも可能であろう。分析家が分析過程や理論・技法に焦点を当てたいのであれば，'プロセスアプローチ' が役に立つかもしれない。つまり，患者の生活史的な特徴を記述せずに，演劇の脚本のやり方で分析家と患者の対話を記述するのである。最後に，ある分析家は臨床体験を著者として同僚の形で記載したこともある。それはしばしば症例のコンサルタントやスーパーバーザーといった形であるが，こうすることで分析家も患者も誰かを隠すことができる。この最後の方法の変形として，幾人かの同僚による現在行われている研究グループからの臨床資料を発表するやり方がある。

　これらの手段は倫理的だと考えられているが，それ自体に固有の問題もある。confidentiality を維持する方法は，臨床的熟慮の上で著者によって選択されねばならないし，それゆえ個々の症例に応じて特別に作成されるべきである。分析家がそのような選択をするとき，いくつかのガイドラインを念頭に置くべきである。多くの臨床的サマリーは，主要な点を論じるのに必要な情報以上の分量を含んでいる。膨大な症例報告よりもむしろヴィネットで十分なことが多い。同意を得ずに分厚い偽装をすることを選択する場合，分析家はその分野に与える影響を十分に考慮すべきである。たとえば，偽装がある臨床単位についての誤った情報を与えないか，などである。主要な強調点が，患者の外的生活に関する詳細な事柄よりもむしろ内的願望，空想，葛藤にある場合は，偽装は最小限にとどめることができる。患者の同意が求められる場合（偽装に追加してであり，代用ではない），患者の同意を依頼することにまつわるインパクトは厳密に分析されねばならない。とくに，患者が話し合いや質問なしに即座に同意

する場合はそうである。終結の後に同意を求めることはいくらか利点がある。つまり，発表に関する分析家の協議事項を分析過程に持ち込まないからである。しかし，分析終了後何年かたっていても，そうしたリクエストの意味を考えるために一連のコンサルテーションが必要なこともある。さらに，患者が以前の患者という大きな群から選ばれる場合，偽装を貫徹するのはいっそう難しい。臨床資料が有名人や精神保健領域の人から得られる場合，同意が強く勧められる。同意を得る場合はいずれも，著者は患者が反対する論文の部分を修正する用意をしておくべきである。患者のprivacy保護に関する倫理的配慮は，発表したいという分析家の必要性や職業的進歩よりも優先されねばならない。書面での同意が言葉だけの同意よりも望ましい」。

さらに，IPAの基本的考えとして，IPAは，どのような手段をとるかは，個別の症例に応じて著者が考慮するべきこと，患者や家族が当該論文を読む可能性があることなどを考慮して判断されるべきことについて述べている。またIPAは患者のprivacy保護に関してどんな手段がとられたかを添付書類で説明すること，同意が得られているときは書面での同意が保存され必要なときは手に入ることを添付書類で示すことを求めている。

まとめと提案：おわりにかえて

以上，筆者は，倫理委員長としての立場から，用語を整理し，内外の規定について説明した。その中で述べてきた規定や解釈は時代の趨勢に伴い変遷している部分もあれば一貫している部分もある。しかしこれらの規定について討論するとき，コモンセンスとか良識といった素朴な意味での，これは良いこれは悪いといった感性やそうした物事について断定的になることなく考える能力をわれわれが持っているということが前提となる。そうしたテーマに関して，筆者は本学会で「精神分析的に倫理を考える」という論文を発表し（狩野，2006），境界という概念の重要性を明らかにした。今回はそれについては触れなかったが，そこで明確化した思考が筆者の今日の発表の基盤になっていることをご理解いただきたい。

精神分析は，関与する人の無意識を前提とする人間科学であり，普遍的絶対的真実があると考える論理実証主義と相容れないところもあるが，しかし，単純にそう割り切ってしまってよいものでもない。たとえば，精神分析は，物理

的あるいは外的治療構造の設定に関することなどのように論理実証主義の厳密な手法もまた必要としているのである。ここに臨床実践の発表に関する倫理的難しさがある。さらに，規定や法律といっても，有罪か無罪かを厳然と区別する刑法と白か黒かの中間がある民法とではその基本姿勢が異なるということを押さえておきたい。つまり，われわれの学会の規定は刑法的なのか民法的なのかを議論しなければならない。いずれにしてもこの問題に関しては，「考え続け討論する」ことが必要である。そして，論文発表や投稿に関して，本学会でも共有された解釈にもとづく一定のガイドラインを考案する必要があるということを提案しておきたい。

文　献

Dewald, P.A. & Clark. R.W. (Eds.) (2001) Ethics Case Book of The American Psychoanalytic Association. New York, The American Psychoanalytic Association.
Editorial Board of IPA (2006) Notes for contributors. International Journal of Psychoanalysis 87, Part 4.
狩野力八郎（2006）精神分析的に倫理を考える．精神分析研究 50（3）；191-203.
日本精神分析学会（2008）日本精神分析学会会則．日本精神分析学会倫理規定．日本精神分析学会会員名簿．（2008年版）

第6章　治療構造論，システム論そして精神分析

はじめに

　まず最初になぜこのテーマを選んだかについてお話しします。治療構造論は，小此木先生の精神分析の実践の中から構想された方法論であり，それは臨床精神医学を実践するための基礎となるような考え方，方法論にまで敷衍できるといってよいもので，長年にわたり私の臨床における基本的準拠枠でした。一方，システム論は，生きている存在というか有機体の特性とか振舞い方に関する基本的現象や原理について言及するような無数の学問の集合体のようなものです。これは精神分析の外の領域，たとえば生物学で生まれてきた考え方です。私は，治療構造論とシステム論は同一ではないのですが，あえていえばアナロジカルな関係にあると考えています。
　この二つの考え方は，私の中では相補うような基本的視点なのです。一方は精神分析の内側からの知，他方は精神分析の外からの知ですから，私の内部では，対話が起きるし，教条的思考へのとらわれを破壊し，何か新しいアイデアをうみだす契機にもなります。好奇心や関心を喚起されるので楽しさを持つことができます。少々古い話になりますが，1966年米国精神医学大会がメインテーマとして「一般システム理論と精神医学」を取り上げて以来，精神分析とともに一般システム理論が米国力動精神医学の柱であったことの影響もあります。それは当時よく使われた「全体としての家族」「全体としての集団」「全体としての病棟」「全体としてのパーソナリティ」「母子関係システム」などといった捉え方に表れています。
　という次第で，治療構造論的にそしてシステム論的に，精神分析を見るとどのような出来事が見えてくるか，といったことについてお話ししようと思っています。

1. システム論はどのように役立つのか

　私は，精神分析や精神医学の臨床をシステムとして捉えています。システムとして捉えるとどんなことが見えてくるのかということに関心があるわけです。しかし，これは格別新しいことではありません。とりたててシステム的視点といわなくてもよいほどに一般的です。ですから，私はシステム論的精神分析などと名づけるつもりはありません。精神分析の実践で得られる情報は，非常に複雑なので何をどのように整理したらよいかわからなくなるほどです。システム的視点は目の付け所，勘所について重要な示唆を与えてくれるといっていいかもしれません。たとえば，精神分析的入院治療という非常に複雑な状況で，何が治療的に役立つか，を一挙に明らかにしたのは von Bertalanffy, L. (1968) の一般システム理論です。入院治療が進展しているかどうかを評価する場合，病棟とか治療チームが primary task に向けて作動しているかどうか，チームの境界が適切な透過性を維持しているかどうか，がポイントだというわけです（狩野，1992）。

　私が，臨床医学の実践において常に思い描いている基本的な構想を**図1**に示しました（狩野，2007）。どんな治療もたった一人でやっているものはなく，広い意味ではすべてチーム医療だという考えをつねに意識している必要があると考えています。その上で，個々の患者さんについてどんな様式の治療をするかを構想するわけです。そして，精神分析や個人治療をやっている場合でも，治療の内側から環境（チーム）を見たり，環境側（チーム）に立って治療を見たり，します。このような視点の転換は治療経過や変化の過程に何が影響を与えているのか，理解する作業の助けになります。

　たとえば，チームがうまくいっていない時は，しばしば個人治療もうまくいっていないので，個人治療が進展しない直接理由を探求するだけでなく，チームがうまくいっていない現象を見つけることが治療作業になるわけです。経験的には，後者のほうが有益であることが多いように思います。すなわち，治療方法を選択するということと治療を構造化するというのは，物事の表現の違いであって，私とってはほとんど同じ意味だということです。

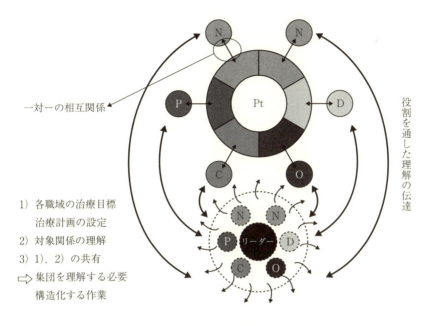

図1　チーム医療

2. 精神分析の複雑さ

精神分析過程で起きる出来事はとても複雑です。その複雑さを例示するために次に精神分析における治療機序と目標をあげてみます。いずれも，無価値というものはありません。人それぞれかもしれませんが，捨て去ってよいというものはないでしょう。これらは，皆さん周知のことなので，あえて説明する必要はありませんし，説明することが本論文の目的ではないので，列挙するに留めます。

1）前精神分析時代（誘惑説）
　1．カタルシスと除反応
　　　過去の外傷的出来事の記憶の想起

2）古典的モデル（幻想説）：治療的退行と自我の健康な側面との協力を強調
  2. 無意識的葛藤の意識化
  3. 防衛の洞察（転移性歪曲の現実検討）
  4. 退行・固着からの進展，徹底操作
  → "Wo Es war, so Ich werden. Where id was, there ego shall be." (Freud, 1933) から "Where it was, I shall be (becoming)." (丸田, 2002)「エスあるところ自我あらしめよ」から「それ（症状，病的行動など）のあったところに，私をいさせなさい（ならせなさい）」へ（Ogden, T.）
  5. 理論的には古典的だが現代につながる概念
     ARISE（Kris, 1952），再構成（Greenacre, 1975），Golden Triangle（Menninger, 1959），自由な連想（Kris, 1982），パラメーター（Eisller, 1953），修正感情体験（Alexander, 1954a, 1954b）

3）現代的モデル
  6. 対象関係の内在化
     containing を介し，投影より取り入れが優位になり，何が自分に属し，何が他者に属するかに気づく，関係性が改善する
  7. 適切な自己対象機能を使用する能力の改善
     共感，共感不全への気づき，自己対象機能の提供
  8. 治療的対話の中での意味の生成
     二者関係の中で一緒に意味を構成する
     今まであった無意識的意味の発見（discover）か双方が意味を創出する（create）ことか，あるいは言葉にならないでいた意味を言葉化する（articulate）のか（丸田, 2002；丸田・森, 2006；Orange et al., 1997）
  9. 事後作用（Modell, 1990）
     外傷的出来事に関する長期情緒記憶が書き換えられる，新しい意味が生まれる
  10. 第三者性（Ogden, 1994）と三角関係の生成（Britton, 1998）
     治療的二者を解釈する第三者が生まれる
  11. Mentalization 能力の成長（Bateman & Fonagy, 2004）
  12. 無意識的な連想のネットワークを変化させる
     感情と対象表象の無意識的結合，他者は特定の振舞いをするだろうとい

う無意識的願望，患者を支配する無意識的信念，情緒状態を調整する防衛様式，などを変化させる（古い対象関係の破壊が新しいネットワークを新生させる）

3. 治療構造論の展開
——操作構造論から治療構造論へ——

　文献を振り返ると小此木の治療構造論は，操作構造論から治療構造論へと展開しています．具体的には次に述べるように変遷しています．ただこの変遷はあくまで「操作構造論」をテーマにした研究論文において示された変遷であって，他の論文とくに統制分析を受けながら書いた一連の論文を読むと，対象関係論および間主観的アプローチを内包する現代的な治療構造論の構想はすでに彼の中にあったと見て間違いありません．しかし，当時これらの構想を理論化すると経験主義に基づく精神分析の実践から遊離し哲学的思弁に飛躍する危険を避けるために，慎重な態度を取っていたと思われます．

1. 操作構造論の段階

　この段階は，第一次操作反応（P. O. R.）の研究で始まります（小此木，1957）．そこで，彼は分析設定に対する患者の最初の反応から標示的反応要素を抽出し，10 のカテゴリーに分類しています．たとえば，細心反応要素とは「今考えていることでいいのですか？」「どんなことでもいいわけですか？」などといった反応です．この方法は，自由連想法という静的な構造に対して患者が力動的にどのように反応するかを見るわけですから投影法と同じ立場で研究できたといえます．その意味で，自由連想法における患者の最初の連想の分類という作業の結果は，まさに精神分析が開始せんとする今ここでの状況における患者の体験を探究する概念的かつ技法的武器として普遍性を持ち有益であったし，現在でも役に立つ知見が得られています．

　次の段階で，彼は P. O. R. に引き続く連想を第二次操作反応（S. O. R.）と定義し，その研究に向かいます（小此木，1958）．しかし，この研究では，精神分析の時間的，空間的なすべての力動過程を研究対象にしなければならないと自覚しつつも，その手法は P. O. R. と同じく記述的なパターン分類にとどまったため，P. O. R. 研究で抽出した 10 の要素以上に新しい知見は認められません．

おそらくそのためと考えられますが，彼は第三の段階から，分析設定全体の持つ意味の考察というように視点を変更します。たとえば，「逆転移と操作構造論」（小此木，1962）といったテーマなどです。

そもそも彼の「操作」という言葉の使用には，分析家はみずからが分析の操作主体であることを自覚すべきだという認識，つまり被分析者の内面だけでなく分析的二者関係をも重視すべきだという主張が含まれているのですが，この第三の段階においても分析的二者関係の考察はまだ背景にあるだけで明示的に論じられていません。この段階は，将来の治療構造論にいたる過渡的な研究として位置づけておきたいと思います。

2. 治療構造論へ（1960年代から）（小此木，1964）

この頃から彼は分析的設定を特有の条件設定で成立する二者関係という全体として捉え，その機能と構造を研究するようになります。これはすぐれてシステム論的捉え方ですが，同時に「操作」という言葉を用いなくなります。「操作」という言葉の持つ一般的な意味や響きを嫌ったためか，逆転移の概念的拡大深化などに見られるように操作主体の自覚という考え方は精神分析において普遍的になったため，あえて誤解を招きそうなこの言葉を使用しなくなったのか，判然としませんが，個人的コミュニケーションから私が感じたのはこの両方です。この頃から，分析家の読み取り機能における相互主体性を重視しています。当時彼は，intersubjectivity についてこのような訳語を用いているが，晩年もっとも強調した間主観的アプローチという態度に関する構想はすでにこの頃から持っていたと思われます。この流れから，精神分析のフロイト的態度とフェレンツィ的態度（小此木，1964），分析構造に内在する父親的機能と母親的機能，分析家と被分析家との共有現実など今目的ないわゆる治療構造論が明瞭なかたちを持って理論化されていきます（小此木，1990, 2003）。治療構造論は，たんなる治療設定に対する患者の反応に関する記述的研究から，真の力動理論へと飛躍進化をとげたわけです。

①治療構造論は心を捉える方法である——Freud, S. から小此木へ

私は，この認識の重要性についていろいろなところで述べていますが，本論に欠かすことのできないくだりなので再度取り上げます。この思想が精神分析研究誌で論じられていたなら，もっと議論を喚起し深化されたと思われますが，当時

の学会の状況などがあったのでしょうか，一般的な著作で論じられています．
　「プロティノスはネオプラトニズムといわれるように，心が身体を介してこの世に下りてくるという．『イデア（天上）から魂が地上に現象として現れ受肉する』．この哲学はキリスト教における神秘主義に大きな影響を与えたといわれている．……ベルグソンの『物質と記憶』で，心は脳を介して初めてこの世と交流可能になるという．これもまた一種の受肉（incarnation）といえるかもしれない．そして，私は，個々人の心の中にある無意識の心を想定するよりも，むしろ心が形あるものになる，その物の側の物的条件に注目している．つまり，ここでいう治療関係における物的条件とは，配置，設定，構造と呼ぶべきものである．……私は次第に無意識という実体を個の心の中に想定するより，むしろ心の物依存性，構造依存性として理解する方が具体的，実践的と考えるようになった．……精神療法の真髄は"傾聴"にあるというが，傾聴とは，宇宙にさまよって着陸点を見失った心にこの世的な言葉を与える営みではないか．傾聴者との交流の構造的条件が与えられてはじめて，病者の心はこの世界の言葉になる．このような治療者と患者という二人の心と心の交流を可能にする特有な物的条件（設定，ルール，役割関係など）を提示したことが，Freud, S. の最大の業績の一つである（小此木啓吾「心の物的条件」）」（小此木，1966）
　まず1960年代という時代に注目していただきたい．それは，精神分析が，Winnicott, D.W. や Bion, W.R. の理論によってようやく新しい時代に入りつつあったころであり，その意味で小此木は国際的な最新の動向に並んでいたということであります．さて治療構造論の明確化によると，精神分析とは，第一に，こころとこころの交流によって，第二に傾聴することによって（すなわち傾聴することとは，こころのもの依存性，構造依存性に即してこころを理解することであり，いまここで患者は何を——過去の出来事かも，分析場面外の出来事かも，将来のことかもしれない——どのように——不安に満ちて，希望を持って——体験しているかを理解する），こころに現世の言葉を与える営みである，ということになります．ゆえに治療者の理解は，相互主体的構築物であるといえます．この概念化において，これらを可能にする特有の物的条件によって成り立つことの強調は，もっとも小此木らしいところです．ここにいたって，分析的ペアの意味がいっそう明確になります．すなわち，**それは一連の物的条件によってひとつのペアとして結合しているひとつの組織**，だと解することができるわけです．小此木はこの意味での治療構造を外的治療構造と内的治療構造

に分けて考察しています（小此木，1964, 1990）。外的治療構造とは，部屋，カウチ，頻度，料金システム，治療契約，confidentialityとprivacyを守ること，身体的接触をしないことなどであり，内的治療構造は，自由連想，匿名性，非判断的，禁欲原則，中立的態度，相互関係を理解し無意識過程を解釈すること，などであります。これは最近Gabbard, G.が分析的境界は2つのセットすなわち設定と特殊な相互関係から成り立っている（Gabbard & Lester, 1995），と主張しているのと類似しています。設定が外的治療構造に，特殊な相互関係が内的治療構造に対応しています。かくのごとく，この問題は，分析家の誰もがかならず言及するほど，これなくしては精神分析ではないと考えているような現実的条件だといえます。

②**治療構造論は現実原則を維持し幻想を理解する方法である**

これも以前引用して論じたことではありますが，はずすことのできない言説なので引用します。

「人間はどういう時と所で，どういう姿で生まれてくるか，また，どういう時と所で，どういう形で死ぬか，この二つのことを，自分で選ぶことはできない。そもそもわれわれ人間は，常にいまこうして，この時と所に，この場で出会っている。ここでもし時と所をそのように決めないでいたければ，それは全能感の世界（これは部分的には未生怨のことを指している）であり，幻想の世界であって，現実ではない。人間の心は常にこの時と所を越えたものを求めるが，どうしてもその制約を逃れることはできない」（小此木，1990），「無意識には時と所がないとフロイトは言いましたが，**治療関係の基本的な現実というのは……時と所を選んで治療者と患者が二人の出会いを決めたその場にあります**」（小此木，2003）。小此木は，治療構造論的思想とは，このように**時と所に限定された自分**について，望ましいと受け止めたり，反対にどうして自分はこのような時と所に生まれたかといった自分の意識を超えた自己の根源的な成り立ちやあり方を常に見つめるところにあるといいます。

③**治療構造論は不安を理解する方法である**

現実原則は人間が生き延びるための自然の摂理です（Freud, 1911）。精神分析的な心と心の相互交流を可能にするのは「特有の物的条件」と現実原則に裏うちされた分析家の能動的，主体的営み，すなわち現実性であり，その営みの

過程で生きている心的現実を捉えることができます。その時，われわれは物的条件を再認しつつ否定するという主体的かつ内的な心の働きをすることによって，すなわち主観的には「ゆれ」を体験することによってはじめてその過程に万能的ではない現実性が付与されるということは別のところで論じました（狩野，2006）。これを言い換えれば，不安を体験するということです。Freud, S. (1926) の「制止，症状，不安」によれば「不安信号」と「それを喚起する危険な状況」を体験するということです。Freud, S. 以降，多くの研究者が，危険な状況と不安の種類について言及しているので，ここではこれ以上触れませんが，Bion, W.R. の言説だけを取り上げておきます。分析状況の「いまここで」体験するもっとも生な感覚について描写していると考えるからです。彼は，不安には形も色も臭いもない，音もない，身体医は視る，聞く，触れる，嗅ぐが，精神分析家は，「直観する」と述べ（Bion, 1977），さらにこうした力動的文脈としての精神分析の「いまここで」におけるもっとも特徴的な情緒として次の三つを挙げています（Grinberg et al., 1977）。

第一は，欲望の断念にともなう剥奪感

第二は，他の誰にも代わってもらうことのできない作業に伴う孤立感

第三は，身体的情緒的欲求の満足に関して見捨てられていると患者が感じている時に生じる孤独感

4. システム論からみた分析的ペアの特徴と問題点

これまで精神分析を治療構造論の視点から，小此木の構想に沿うかたちで考察してきました。これを，もう一度システム的視点から見てみます。まず最初に前述した「分析的ペアという一つの組織」（こういう表現がすでにシステム的なのですが）を考察してみます。

分析的ペアという組織の特徴あるいはその検討の過程で浮かんでくる疑問は以下のようなことであります。

第一に，それを構成する条件のどれをとっても曖昧さがある。にもかかわらず，一貫性があり，外部との境界が守られている。

第二に，それは個人のレベルを超えた一定の水準を維持している。その動きについて，ある程度見通しはつくものの，しかし，計算どおりにはいかない。

第三に，この分析的ペアの特徴はすべて患者の病理で説明がつくだろうか，

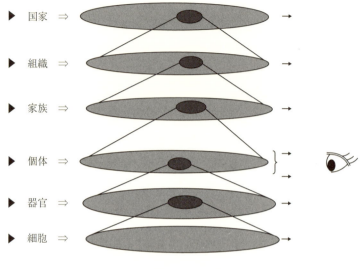

図2　一般システム理論

という疑問が起きる。ほとんどの分析家が分析的態度について沢山語っているが，それは，患者だけでなく，分析家の分析的態度が分析的関係の本質的要素とみなしている点では同じであるという事実を物語っている。

　第四に，治療過程における，変化はすべて分析家の技術・能力によるのだろうか，という疑問が生じる。

　第五に，精神分析において身体疾患の治療で症状や検査データによって明示されるような，変化や改善の指標ないし基準となるのはどんなことだろうか。そもそもそれらに相当するものがあるのだろうか。

5．一般システム理論の原理

　ここで簡潔に一般システム理論を紹介しておきます（**図2**を参照）（Bertalanffy, 1968）。

　第一の原理は，要素が複合体をなし，特定の水準を維持するようになると，そこには各構成要素にはない新しい属性が生じるということです。この出来事

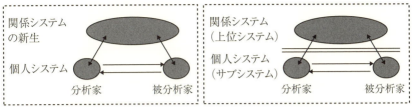

図3　分析二者関係　　　　図4　分析的二者関係

を新生とか創発（英語では emergent）とよんでいます。たとえば，HとOが結合してできる H_2O つまり水というシステムは，HにもOにもない新しい性質を持つということです。

　第二の原理は，環境と相互作用しながら自己を維持し続ける（生き続ける）メカニズムに関することです。それらは，サブシステムの相互作用の結果上位システムを構成する（階層性を持つ），開放システムであること，適度な透過性を持つ境界を維持している，といったことが挙げられます。すなわち，一つの組織の振舞いはすべてその構成要素に還元できないということです。換言するなら，生きている組織は線形－決定論的な機械モデルとは異なるということです。

6. 精神分析と対話

　こういう視点から分析的ペアを見ると，**図3**と**図4**に示したようになります（狩野, 2001）。すなわち，第一に，精神分析における二者相互関係は一つのシステムであるからして，分析家と被分析者とを別々に研究する方法とは決定的に違いますし，分析過程の出来事をすべて患者に還元することはできないのです。第二に，この二者関係において意識的・無意識的交流が絡み合っていることが，精神分析的対話といわれるものの本質的特徴であります。第三に，この過程において，変化とか改善とかいう結果は新たに生まれる（新生する）わけであって，分析家にも被分析家にも単独では認められなかったものが，二人の協働で作られたものといえます。これは，視点は異なっているが，先に引用した1966年の小此木の心の捉え方とまさにアナロジカルな関係にあります。これらは別の論者ならば間主観的アプローチというかもしれません。第四

に，この視点は非決定論的であり，決定論的な固着退行論とは水準の異なったシステムの力動だといえます。

以上の考察を一言でいえば，現代における精神分析の主要なテーマは，二者関係のメタ理論の探究にあるといえます（狩野，2003）。たとえば，Orange, D.M. ら（1997）の「精神分析は徹底的に，不完全で，不確定で，オープンである」，Modell, A.H. の「現在の瞬間において過去と現在（と未来）が絡み合っている」と見る記憶の進化論（Modell, 1990），はもちろんのこと，そもそもはこういう二者関係のメタ理論への動向を決定づけたのは Bion, W.R.（1977）の container-contained モデル，Winnicott, D.W.（1965, 1971）の「一つの単位としての母子ユニット」や「抱える環境」の捉え方であるといえます。

7. 分析的二者関係論

引き続き分析的二者関係を探究していくことにしたい。そのために，Greenacre, P. が 1975 年「再構成について」で論じている部分を素材にして，私見を述べてみます。というのも彼女の文章は，精神分析的二者体験を見事に表現していると思うからです。

「注意深く受容的な態度で患者の言葉に耳を傾けながら，鋭敏な分析家は次第に増えていく患者の生活の集積に慣れ親しむようになってくる。いわば彼は，患者とともに生きてきたのである。彼自身のおぼろげな，あるいは無意識に潜伏している記憶の印象さえ再び呼び戻すことによって，必然的に，ある反応共鳴が彼の心の中に確立されてくる。それらの印象はもはや明確に想起されたりしないし，決して明確に意識されたりしないかも知れないが，それらは彼の共感的理解の中においても本質的なものであり，それゆえ彼は自然に明確化的解釈に進んで，その解釈がしばしば再構成の諸要素に形を与えるのである」（一部筆者訳改定）

この文章は，精神分析過程において，全体的には，implicit から explicit な表象へと表象の書き換えがゆっくりと進行していると捉えることができるし（狩野，2009），システム論的に見れば，反応・共鳴・共感的理解は分析家と患者との分析的関係システムにおいて生起している協働的現象だと捉えられます。そしてこれは，分析家の一方的かつ絶対的な知識によるのではなく，彼女の言説と同じ出来事が，患者の側にも起きているに違いないのです。すなわち「患

者は，分析設定において分析家とともに生きてきた，そして分析的関係を構築してきた，その過程で患者にも反応・共鳴・共感的理解が生じている」に違いないと思うのです。一般的に，専門家（分析家）は，自分の好みの視座からあるいは好みの理論を用いて，上記の情報を関連付け，組織化し，かたちを作っているように見えます。

　ところで，このように見てくると**図4**の図式に疑問が生じてきます。図4では二者関係システムは階層構造上，上位のシステムです。するとここで意義を認めている反応・共鳴・共感的理解は，自分の中で起きているのか，あるいは二者関係という上位システムで起きているのか，と考えてみると，理念上は上位システムで起きていることになりますが，それでは主観的体験からするとどうにもしっくり来ないのです。精神分析の実践において，分析家は，静かに傾聴したり，患者個人に何が起きているかを思い描いたり，自分の空想に没入したり，自問自答したり，あるいは解釈を考えたりしています。つまり分析家の主観的自己は実に変転極まりないのです。つまり分析家はたえず位相を変えて考えたり感じたりしているのです。これを図示したのが**図5**です。この図式では，階層性を除き，視座の変換と位相の変化で経験する違いを強調し，相互浸透性を入れてみました。こうすると，たとえば Ogden, T.H. (1994) の第三主体を描けますし，さらに一般システム理論とは違う水準のシステム，すなわち免疫系のようにシステム（自分）がシステム（自分）を作り出す自己組織化過程を描くのに役立つと思います。

　このような自己組織化という生命現象について，河本（1995）は次のようにその特徴をまとめています。

1) 生成過程は偶発的で，将来の事態は予測できない（予測不能性）
2) 生成過程が始まるとシステム全体が一挙に変化する（相転移），小さな撹乱が大きな変化を引き起こしうる
3) この過程が始まると，反復進行して，システム全体に広がる
4) こうした動きは，あたかも支配者の指令に従っているかのように並行的に協調している（協働現象）
5) 突然に新しい秩序やもっと複雑性を持った高度な構造とパターンが新生する
6) 環境との相互作用をとおして自己の境界を変化させ，環境も変化させる

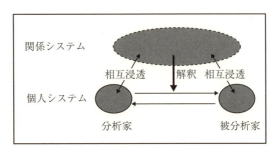

図5　分析的二者関係

7) 開放システムである
8) 揺らぎがある（ある方向にまとまりだすと逆方向の動きも起きる，揺らぎがないのは病理的）
9) この自己組織化には時間的要素がある。外から観察すると物語が作られる（物語の生成）

　精神分析がもし生きているとしたら自己組織化は起きるに違いないのです。いやもっとつきつめれば精神分析は，生命体として，オートポイエーティックな動きを示すと考えてよいと思います。ではどのような現象か，というとそれらはすでに少なからぬ研究者が言及しているのです。すなわち，分析過程で起きる唐突で予測不能の変化，精神分析二者関係システムはなんらかの契機で，大きな変化を起こし，新しいシステムを生産する，ことがあるということです。わが国では，村岡（2000, 2005, 2006）がターニングポイントの研究においてこうした変化について言及しています。彼女の論によれば，そうした変化の特徴は，第一に唐突で予測不能の変化であること，第二に一挙に変化すること（連想のネットワークのつながりが時間的空間的に拡大する），第三に新しい秩序の新生が起きることであります。Balint, M.（1968）の新規まき直し，Bion, W.R.（1977）の破局的変化，Stern, D.N. の出会いのモーメント（Stern et al., 1998；Stern, 1998），Ogden, T.H. の第三者性，丸田・森のアーティキュレーション（晩年小此木もこの考え方に強く惹かれていました）（丸田, 2002；丸田・森, 2006；小此木, 2003），Modell, A.H.（1990）の記憶の書き換えなどの研究なども，この流れに位置づけられます。付言するならば，本学会の大会や学会

誌で発表されている症例の過程は，いずれをとってみてもなんらかこうした変化の過程に触れていると思います。もちろんそこで用いられている概念は私が本論文で使用しているそれとは異なっているにしても，目の付け所というのはそれほど違ってはいないようです。このような文脈から精神分析を理解する時，Baranger, M.（1993）のつぎの言葉は精神分析の本質を示唆するものであります。「分析家は二つの矛盾した態度を必要とする。一つは自分の理論的知識，経験，図式にもとづいて傾聴し解釈する，もう一つは新しい予知しない意外なことに自らをオープンにする」

つまり精神分析とは「分析家と患者が，一定のルール，一定の場所と時間，一定の役割で，意識的・無意識的に相互交流を繰り返し，相互に浸透し，協働しながら自らをオーガナイズする有機体であって，こうしたプロセスそのものにおいて結果が新生する」というのが私の考えです。そして，精神分析的関係で起きている力動的出来事をありのまま丁寧に記載する仕事は，精神分析だけでなくシステム論それ自体の展開にも貢献するような方法であると思います。

おわりに

本論で私は治療構造論とシステム論の視点から精神分析について考察しました。そこでとくに精神分析は「生きている有機体」であり，そうである以上，さまざまなシステム論（有機体論）が発見している現象がそこでも見出せるに違いないという考えから考察を進めました。こうした考察をする際に，小此木啓吾が構想した治療構造論という方法，およびその方法によって明確にされた出来事に関する知識は大いに役立ちました。というよりも，私は治療構造論とシステム論とを同一視するのではなく，アナロジカルな関係にあるものとして，対話させながら私の精神分析体験について語ることを試みたわけです。

文　献

Alexander, F.G.（1954a）Some quantitative aspects of psychoanalytic technique. Journal of American Psycho-analytic Association 2 ; 685-701.

Alexander, F.G.（1954b）Psychoanalysis and psychotherapy. Journal of American Psychoanalytic Association 2 ; 722-733.

Balint, M.（1968）The Basic Fault : Therapeutic Aspects of Regression. London, Tavistock.（中井久夫訳（1978）治療論からみた退行――基底欠損の精神分析．金

剛出版）

Baranger, M. (1993) The mind of the analyst : From listening to interpretation. International Journal of Psycho-Analysis 74 ; 15-24.

Bateman, A. & Fonagy, P. (2004) Psychotherapy for Borderline Personality Disorder : Mentalization-based Treatment. London, Oxford University Press.（狩野力八郎・白波瀬丈一郎監訳（2008）メンタライゼーションと境界パーソナリティ障害——MBTが拓く精神分析的精神療法の新たな展開．岩崎学術出版社）

Bion, W.R. (1977) Seven Servants. New York, Jason Aronson.（福本修・平井正三訳（1999, 2002）精神分析の方法Ⅰ／Ⅱ——セブン・サーヴァンツ．法政大学出版局）

Britton, R. (1998) Belief and Imagination : Exploration in Psychoanalysis. London, The New Library of Psychoanalysis 31. （松木邦裕監訳，古賀靖彦訳（2002）信念と想像——精神分析のところの探求．金剛出版）

Eissler, K.R. (1953) The effect of the structure of the ego in psychoanalytic technique. Journal of American Psychoanalytic Association 1 ; 104-143.

Freud, S. (1911) Formulations on The Two Principles of Mental Functioning. SE XII.（井村恒郎訳（1970）精神現象の二原則に関する定式．フロイト著作集6．人文書院）

Freud, S. (1926) Inhibitions, Symptoms and Anxiety. SE X X . London, Hogarth Press.（井村恒郎訳（1970）制止，症状，不安．フロイト著作集6．人文書院）

Freud, S. (1933) New Introductory Lecturers on Psychoanalysis. SE XXII . London, Hogarth Press.（懸田克躬・高橋義孝訳（1971）精神分析入門（続）．フロイト著作集1．人文書院）

Gabbard, G. & Lester, E. (1995) Boundaries and Boundary Violations in Psychoanalysis. New York, Basic Books.

Greenacre, P. (1975) On Reconstruction. In : Japanese Anthology Collection. Journal of the American Psycho-analytic Association 1973-1982. In : Blum, H.P. (Ed.)(1984)（初出は1975年の同上ジャーナルである）（橋本元秀・皆川邦直訳（1984）再構成について．（日本精神分析協会編訳）精神分析学の新しい動向——米国精神分析論集1973-1982．岩崎学術出版社）

Grinberg, L., Sor, D., & Bianchedi, E.T. (1977) Introduction to the Work of Bion (translated from Spanish by Hahn, A.). New York, Jason Aronson.（高橋哲郎訳（1982）ビオン入門．岩崎学術出版社）

狩野力八郎（1992）個人からチームへ——専門化する入院治療とチーム医療．思春期青年期精神医学 2 ; 128-136．

狩野力八郎（2001）生命現象と物語——心理療法とシステム論．精神療法 27 ; 38-44．

狩野力八郎（2003）精神分析における言葉の使用についての覚書．精神分析研究 47 ; 307-316．

狩野力八郎（2006）精神分析的に倫理を考える．精神分析研究 50 ; 191-203．

狩野力八郎（2007）チームはどこにでもある——チーム医療・援助の生命力．集団精神療法 23 ; 89-98．

狩野力八郎（2009）患者とともに家族の歴史を生きる．精神療法 35 ; 43-50．

河本英夫（1995）オートポイエーシス——第三世代システム．青土社．
Kris, E. (1952) Psychoanalytic Explorations in Art. New York, International Universities Press.（馬場種子訳（1976）芸術の精神分析的研究．岩崎学術出版社）
Kris, A.O. (1982) Free Association : Method and Process. New Heaven, Yale University Press.（神田橋條治・藤川尚宏訳（1987）自由連想——過程として 方法として．岩崎学術出版社）
丸田俊彦（2002）間主観的感性——現代精神分析の最先端．岩崎学術出版社．
丸田俊彦・森さち子（2006）間主観性の軌跡——治療プロセス理論と症例のアーティキュレーション．岩崎学術出版社．
Menninger, K. (1959) Theory of Psychoanalytic Technique. New York, Basic Books.（小此木啓吾・岩崎徹也訳（1969）精神分析技法論．岩崎学術出版社）
Modell, A.H. (1990) Other Times, Other Reality. Cambridge, Harvard University Press.
村岡倫子（2000）精神療法における心的変化——ターニングポイントに何が起きるか．精神分析研究 44 ; 444-454.
村岡倫子（2005）精神療法における心的変化——ターニングポイントと治療契約．精神分析研究 49 ; 150-161.
村岡倫子（2006）精神療法における心的変化——ターニングポイントとしての終結期のとば口．精神分析研究 50 ; 47-57.
Ogden, T.H. (1986) The Matrix of the Mind : Object Relations and the Psychoanalytic Dialogue. New York, Jason Aronson.（狩野力八郎監訳，藤山直樹訳（1996）こころのマトリックス——対象関係論との対話．岩崎学術出版社）
Ogden, T.H. (1994) Subjects of Analysis. New York, Jason Aronson.（和田秀樹訳（1996）「あいだ」の空間——精神分析の第三主体．新評論）
小此木啓吾（1957）第一次操作反応研究の意義——その研究の立脚地について．精神分析研究 4 ; 1-16.
小此木啓吾（1958）自由連想法の研究（その五）——「第二次操作反応」S. O. R. の研究「第一報」．精神分析研究 5 ; 10-51.
小此木啓吾（1962）〈逆転移〉の操作構造論的研究——治療者の役割の葛藤性と自律性をめぐって．精神分析研究 9 ; 10-38.
小此木啓吾（1964）精神療法の基礎概念と方法．（三浦岱栄監修，小此木啓吾編集）精神療法の理論と実際．医学書院．
小此木啓吾（1966）精神分析ノート 2 生きている人間関係——あなたと私の精神分析．日本教文社．
小此木啓吾（1990）治療構造論序説．（岩崎徹也，他編）治療構造論．岩崎学術出版社．
小此木啓吾（2003）精神分析のすすめ——わが国におけるその成り立ちと展望．創元社．
Orange, D.M., Atwood, G.E., & Stolorow, R.D. (1997) Working Intersubjectivity : Contextualism in Psychoanalytic Practice. New Jersey, The Analytic Press.（丸田俊彦・丸田郁子訳（1999）間主観的な治療の進め方——サイコセラピーとコンテクスト理論．岩崎学術出版社）
Stern, D.N. et al. (The Process of Change Study Group) (1998) Non-Interpretive

mechanisms in psychoanalytic therapy : The 'something more' than interpretation. International Journal of Psycho-Analysis 79 ; 903-921.
Stern, D.N. (1998) The process of therapeutic change involving implicit knowledge : Some implications of developmental observations for adult psychotherapy. Infant Mental Health Journal 19 ; 300-308.
von Bertalanffy, L. (1968) General Systems Theory. New York, George Braziller.（長野敬・太田邦昌訳（1973）一般システム理論——その基礎・発展・応用．みすず書房）
Winnicott, D.W. (1965) The Maturational Processes and the Facilitating Environment. London, Hogarth Press.（牛島定信訳（1997）情緒発達の精神分析理論．岩崎学術出版社）
Winnicott, D.W. (1971) Playing and Reality. London, Tavistock.（橋本雅雄訳（1979）遊ぶことと現実．岩崎学術出版社）

第Ⅲ部
精神分析を読む
―― 本，人，そして組織 ――

第1章　書評『精神分析学の新しい動向』

米国精神分析学会　編著
日本精神分析協会　編著

　1970年代，米国精神医学界において生物学的精神医学が精神分析にとって代り主流になったといわれている。精神療法の分野でも，多種多様な精神療法が行われ，古典的精神分析療法はもっぱら教育分析のためにだけ実施され，実際的な治療法としての価値を失ってしまったとさえいわれている。
　このような"噂"は，米国内にもあるし，日本へは更に誇張された形で輸入されている。しかし，それは米国精神医学界が1950年代のように精神分析一辺倒ではなくなったという意味においては正しいが，正確に米国精神医学や研究の状況を反映しているとはいい難い。たしかに，地域精神医療運動や生物学的精神医学の隆盛あるいは短期力動精神療法・家族療法・集団療法などが盛んに行われるようになったこと，また精神分析内部においても英国のKlein学派や対象関係論，米国のKohut, H.の自己心理学の挑戦などを受け，1970年代の米国精神分析とくに伝統的な自我心理学は深刻なアイデンティティーの危機を経験したといえる。では，彼らはこうした内外からの挑戦に対し，その学問的活力を失うことなくどのようにして危機を克服し，アイデンティティーを再確立しようとしたのであろうか?，そしてその試みは成功し，1980年代後半に向けて何か新しい展望を切り開くことができたのだろうか?
　本書はこうした問いに答えるために，米国精神分析学会が1973年から1982年までの10年間に米国精神分析学会誌 Journal of the American Psychoanalytic Association に発表された論文のなかから21の論文を選び編集した論文集である。編者のBlum, H.P.はこの10年間の動向について序言のなかで次のように述べている。「1950年代および1960年代初期における精神分析の普及は，稀釈された理論と治療に精神分析という誤ったレッテルを貼る結果を招いた。無意識の精神内界の葛藤の徹底した分析より，むしろ修正感情体験に向うような，本ものの精神分析の代役を演じる学派や技法理論の動向があらわれたが，この動向のために，米国の精神分析医たちは，古典的な精神分析

技法とその連続的な発展を改めて研究しなおすことになった」

本書に収録されている論文と著者は次のようなものである。

1：教育分析の報告，非報告，評価（1973）（Calef, Victor & Weinshel, Edward M.）
2：非報告型の教育分析者，教育分析と研究所（1973, McLaughlin, James T.）
3：自己愛パーソナリティーの治療論（1974, Spruiell, Vann.）
4：再構成について（1975, Greenacre, Phyllis.）
5：幼児神経症の現況について（1975, Mahler, Margaret S.）
6：子どもの直接観察の見地からみた早期の女性性に関するFreudの見解（1976, Kleeman, James A.）
7：ある前思春期の少年にみられた倒錯の発達（1976, Scharfman, Melvin A.）
8：今日のクライン理論をめぐる精神分析的対話（1977, Furer, Manuel.）
9：欲動理論，対象関係，および心的構造の形成（1978, Loewald, Hans W.）
10：少年期の性別の逸脱．治療上の諸問題（1978, Stoller, Robert J.）
11：成熟の変差と生得—力動問題（1978, Weil, Annemarie P.）
12：解釈の起源（1979, Arlow, Jacob A.）
13：作業同盟，治療同盟と転移（1979, Brenner, Charles.）
14：精神分析技法の発展（1979, Kanzer, Mark.）
15：治療理論に関する今日の論争点（1979, Rangell, Leo.）
16："古典的精神分析"の概念（1979, Valenstein, Arthur F.）
17：秘密と同盟および家族の虚構：その精神分析的観察（1980, Jacobs, Theodore J.）
18：投影同一視についての覚え書き（1981, Meissner, William W.）
19：対象恒常性のなさとパラノイドの共謀（1981, Blum, Harold P.）
20：精神分析療法の状況と過程において，非解釈的要素が果たす役割についての覚書（1981, Stone, Leo.）
21：自己，自我，情動，欲動（1982, Kernberg, Otto F.）

技法論において，米国の精神分析家が取り組んだ問題は，つまるところ精神分析療法で変化や治癒をひきおこす要因はなにかということである。より具体的にいえば，言葉による解釈と分析医の中立性・沈黙・共感といった言葉にならない非解釈的要素の機能や役割・相互関係についての研究，転移分析が重要か再構成が重要かといった検討，分析過程において"知ること"と"感じるこ

と"とは両者とも重要な治癒機転であるが，ではこの両者をどのように統合したらよいかという問題，前エディプス期が強調されてきたなかでエディプス期の問題はもはや価値がなくなったのかどうかといった問題などである。

　前エディプス期やナルチシズム問題に関する研究の発展は，構造論の分野にも大きなインパクトを持ってきた。米国の多くの精神分析家は Freud, S. の三分立構造を改定しようとした Fairbairn, W.R.D. の理論に必ずしも賛同していないが，かといって Freud, S. の構造論にも満足していない。たとえば，Loewald, H.W. は，欲動・自我・対象関係といった変数が一定の準拠枠の中でどのように相互に影響しあっているかということを論じていて，大変興味深い。

　発達論に関して，Piaget, J. や Mahler, M.S. の理論が米国精神分析に大きな影響を与えたということはよく知られている。その成果の一つが，たとえばKleeman, J.A. の女性性に関する論文である。幼い少女の中にいつ，どのようにして性別同一性が出現し，その後どんなふうに発展していくかといった問題について Kleeman, J.A. は直接観察の結果を利用しつつ Freud に反論している。

　個々の論文について取り上げるのはこのくらいにしておく。ただ本書を読んでつくづく感じるのは，精神分析が解明しなければならない問題はまだまだ山程あるということである。非常に根源的なことでは，われわれが精神療法を行う際，当然のこととして依拠している考え，つまり"人が人に心的影響を与え得る"ということについて，それがどんな過程でどのようにしてかということはまだ解明され尽くしていないのである。本書の著者達がこうした一見当り前のことのようにみえる事態について問題を提起し，一つ一つ明確化し，再定義をしていくという学問的姿勢には強い共感をおぼえる。

　ところで，最近 Kernberg, O.F. は米国における 1980 年代の精神分析の課題として，1）早期乳幼児期についてのリサーチ，2）集団力動についての研究，3）女性心理についての研究，4）精神分析療法の修正と適応，5）解釈の定義といった五つの領域をあげている。まさに，これらの課題は，本書で討論されていることの発達線上に位置づけられているのである。今後の動向を理解するためにも本書を是非お勧めしたいと思う。

　ただ，本書に収録されているどの論文も，体系的なメタサイコロジーを共通の準拠枠としているために，メタサイコロジカルな用語やその定義に慣れていないと読みづらいかもしれない。あるいは，味もソッケもなくて面白くないと感じられるかもしれない。しかし，我慢して二読三読するうちにパズルを解く

ような面白さがでてくる。

さいごに，本書の翻訳は日本精神分析協会編訳となっており，協会に所属する多数の分析家と研修生によって訳出されている。そして同協会が本格的な活動を展開しようとする時に出版されており記念碑的意味をもつものである。訳に関しては，非常に限られた時間内に翻訳を仕上げなければならなかった事情をよく知っている評者としては，あまり厳しいことはいえぬが，ところどころ日本文が不明確なところがあるのは残念である。もちろん，だからといって，かなり難解なためにとっつきづらかった米国精神分析学会の諸論文に容易に近づけるようになったことの価値は下がるものではないということを強調しておきたいと思う。

第2章　書評『小児医学から精神分析へ』

D.W. ウィニコット　著
北山修　監訳

　Winnicott, D.W. を読むというのはなかなか大変な作業である。ましてや邦訳となるともっと大変である。例えば，抱えること（holding の訳語である）といった一見するとわかりやすい表現を鵜呑みにしてしまうと，彼の本質を見落としてしまうからである。一言でいうと読者は懐疑的にならなければならないのである。そして，彼の用いている独特なことばの成り立ちを理解しなげればならないのである。このあたりのことを，現代精神分析を代表する精神分析家である Ogden, T.H. は適切に表現している。「ウィニコットが……生成したメタファーと逆説の枠組みの中で……その極端に複雑なひとまとまりのアイデアを論じるために自分のことばを見つけることはあまりにも困難である。ウィニコットがそれを，偽りの単純さを帯びた，きわめて喚起的で暗喩的な物言いにまで圧縮しおおせてしまったからである」（こころのマトリックス，p.165）。

　本書は，Winnicott, D.W. の論文集，Through Paediatrics to Psycho-Ailalysis (London : Tavistock Publications Ltd. 1958) を訳出したものである。もともとの邦訳は 15 年前に二冊に分けて出版されていたが，今回再版にあたり一冊にまとめている。ここに収められている論文は，1936 ～ 1956 年に執筆されたもので，文献的価値の高い論文が多い。例えば「逆転移のなかの憎しみ」（1947年）とか「移行対象と移行現象」（1951年），「精神病と子どもの世話」（1952年）など数え上げればきりがない。このように論文を一つ一つ切り取って読んでも面白いのだが，この論文集を全体としてながめてみるとそれはまた別の価値があることがわかる。つまり，本書を読むと，Winnicott, D.W. が，Klein, M. から離れ，しかし彼女と Freud, A. の抗争の狭間にあって，彼らと対話しながらどのようにして自分なりの概念を生み出し発展させたかという，概念の成り立ちが見えてくるのである。

　それは次のようにもいえる。評者は，別のところで「ウィニコットは，二人で構成される治療関係を一つのシステムとみた最初の人である。二者関係シス

テムで起きる現象をすべて，それを構成するサブシステムに還元することはできない。それゆえ，この治療システムの構成のされ方を，彼は錯覚，可能性空間，移行空間，抱えること，といったそれまでの精神分析用語にはない新しい表現方法を用いて説明したのである」と述べたことがある。Winnicott, D.W. は，文献を引用することが少なく，しかも物事を日常的なことばで表現するので，しばしば精神分析体系から自由であると誤解されるが，むしろ彼は Freud, S. や多くの精神分析家たちと厳しい対話をすることによって，新しい次元の精神分析を展開した人といえよう。精神分析の真骨頂は対話と創造に価値を置くその考え方にあるとするならば，彼は徹底的に精神分析家であった。この創造的過程を本論文集はよく表しているのである。

　監訳者の北山修氏は，Winnicott, D.W. と対峙しながら，Winnicott, D.W. のそれではなく自分のことばを見つけようとしてきた精神分析家である。わが国で彼が創造した「訳語」が定着して久しいし，その学問的貢献は大きい。本書の巻末に「ウィニコットの言葉」として氏による用語リストが載っているが，実に簡潔明瞭であり氏でなければ書けないような味のあるものである。読者にとって大変参考になるだろう。また妙木氏の解題は，豊富な文献に裏づけられており，Winnicott, D.W. の人となりを理解するために役に立つ。

　さて，訳者は，かつて北山氏が主催していたウィニコット研究会のメンバーたちである。翻訳作業は，わが国の精神分析が高揚とした雰囲気の中にあった 1980 年代において，いろいろな立場のメンバーが寄り集まり互いに切磋琢磨しながら進行したとのことである。各メンバーはいずれも今や精神分析の多様な分野における指導者になっている。Winiccott, D.W. がその好例であるように，精神分析的文化を共有した集まりは，創造性を刺激し人を育てるようである。そのような読み方をすると，本訳書の別の味わいも出てくるのである。

第3章　書評『実践・精神分析的精神療法
　　　　　　　——個人療法そして集団療法』

相田信男　著

　これはかなり風変わりな書物である。本書は，18の論文と三つのエッセイ，一つの対談から構成されている。いずれをとっても教科書的体裁をとっていないが，しかし教育的刺激に満ちている。学術的形式で書かれていないが，知的好奇心を喚起する。すぐれて「精神療法的」なのである。どの論文も，著者である相田信男氏自身の「自由な連想」を続け自問自答を繰り返すという姿勢に裏づけられた臨床的営為のなかから紡ぎだされた精神療法的あるいは精神分析的知とでもいえる表現が，氏自身の独特な語りで結晶化されているからであろう。
　少し長くなるが一つ引用しよう。治療技法について論じているところである。「ゆっくり話すとか，患者の反応を待ちながら言葉をはさむといった格好で現象化する，治療者が心を開いてここにいる態度を，はたして技法や工夫と呼べるだろうかという疑問がある。最近の私は，それは技法とは違うと思っている。それは本来，治療者と呼ばれるようになった私たちの在り方のことではないだろうか。これを"治療技法"と呼んでしまうと，私は何か，とんでもない失敗に陥るような気がする」。このように記しながら著者はさらに自問自答する。「私たちは誰か優れた精神療法家に出会ったとする。その人の醸し出す，ゆったりとした，そこに発する雰囲気に包まれているとcomfortableだと感じられるような，そんな状況を今，追想してみる。その感じが拠って出てくる源をその精神療法家の"技法"だと理解するところには，技法ならば知的訓練によって，いつか私自身もそれを達成できるだろうという錯覚が介在する危険性があるのではないだろうか，と私は言いたかったようだ。そうした錯覚に気づかないでいると，いつか取り返しのつかない失敗を生むように思う」（本書第11章：「ぼくたちの失敗」考，p.148）。
　いうまでもなく，ここで著者は精神療法的態度に言及している。いまやどの教科書も声高に主張しているほどに常識になっている精神療法技法論における

治療者の「態度」の重要性について，この「常識」を常識とすることを許さない著者の自己分析の鋭さに，思わず我とわが身を振り返ってしまうのである。

本書のもう一つの特徴は，本書が1975年から2005年までの30年という長きにわたって書き記された論文やエッセイからなる論文集であるにもかかわらず，一つの揺ぎない臨床理念に貫かれているということである。著者は，1971年に精神科医になって以降，一時期の大学勤務を除いて，その大部分の臨床を精神病院で実践している。現在は，精神科病院院長である。同時に，彼は，国際精神分析協会正会員であり日本精神分析協会の訓練分析家である。日本精神分析学会認定精神療法医，認定スーパーバイザーでもある。また日本集団精神療法学会認定グループサイコセラピスト・認定スーパーバイザーである。こうした経歴からもわかるのだが，著者の揺ぎない臨床理念とは「精神科臨床をなんとか精神療法的なものにしよう」という思想である。精神科医としての出発点から現在にいたるまで，著者がこの思想を堅持しながらどのように精神科臨床を実践し，その過程で何を考えたか，そして彼の思想はどのように現実のものとなっているか，といった，まさに著者の臨床家としての人生が語られているのである。第12章「入院病棟における精神療法的アプローチ」の冒頭で「精神科病棟をどうにか精神療法的にしたいという意思を，臨床家であれば大抵は抱くのだと思う。そして一度ならずその意思の頓挫を味わったのではないだろうか」と述べたところから始まり，第3部第13章以降の諸論文のなかで，「集団精神療法がある病棟」という形式的な捉え方から，「あたりはグループばかり」という認識が創出される過程，それを著者は「患者もスタッフも心理学的になった」と表現するのだが，そうした文化のなかで少なくとも患者は「なんでも聞いてもらえる」といった「対等な雰囲気」をもつ病院文化を形成するまでの臨床的試みと内省が語られている。

ここに著者の現在の到達点があるようである。つまり，どんな様態の精神療法であれ，それらが効果的に実践されるためには，その母体として自己分析や内省にもとづいた，その意味での自由な精神療法的文化を共有するようなグループが必要であるが，しかしそれは与えられるものではなく，育てるものであることが強調されている。著者は次のように言う。「人は学び，必ず育てられる。臨床活動（それ自体）という訓練が，人を変え，人を育てるに違いないのである」（まえがき，p.8）。30年以上にわたる地道な臨床活動の実践こそが，この力強い信念を形成し支えていることは間違いないだろう。

本書は3部から構成されている。テーマを紹介すると、第1部は「精神分析的精神療法」で、ひきこもり、スキゾイド、フェアベーン理論、力動的精神療法の始め方と構造化、スーパーヴィジョンの終結、サイコセラピーと集団精神療法などである。ちなみに著者は、ある不幸な経緯で、Fairbairn, W.R.D. の主著の完了した翻訳が日の目を見ることがなかったのだが、それでもわが国のフェアベーン研究では第一人者であることを付記しておきたい。第2部は「精神科病院というフィールドで」で、遊びのある容れ物としての病棟、システムとしての病院、精神障害者をもった家族の問題、夫婦療法覚書（カウチもコーチも）、「僕たちの失敗」考、入院病棟における精神療法的アプローチ、といったテーマが取り上げられている。第3部は「集団精神療法」であり、グループをめぐる体験がいろいろな角度から考察されている。グループの始め方と続け方、統合失調症者の大グループの特徴、レヴュー・ミーティングと私たち、コミュニティ・ミーティングにおけるリーダーシップ、集団精神療法の効き目と落とし穴、病院のなかにグループがあるということ、などである。第4部が「個人精神療法から集団精神療法へ」で、小此木啓吾氏との対談である。

　各論文を個別に見れば、個人精神療法、夫婦・家族療法、集団精神療法、入院治療に関する著者のいろいろなストーリーが語られているし、それらに通底している基本的理論は治療構造論であることが理解できる。そして多くのストーリーが織りなす過程で「私は、今はこんなにグループの力を信じられるようになった」という思考が形成されていく。このことこそ本書によって著者が今現在もっとも読者に伝えたいことのように思われるが、それだけにこの思考が形作られる過程が面白い。全18の論文と三つのエッセイのうち、四つの論文と一つのエッセイを除く大部分が1994年以降のものである。そして、まさにその1994年に行われたのが小此木啓吾氏との対談であり、「集団は信じられるか：フロイトの集団論をめぐって」と題し第4部（第19章）に掲載されている。ここには、個人と集団という興味深いテーマをめぐる知識がふんだんに盛り込まれていて、それだけでも参考になる。しかし、それ以上に、「グループ（の力）は信じられる」といういささか楽観的ともいえる著者の思考が、それは当然対談以前から着想として著者の心のなかにあったのであるが、それがこの対談を通して一つの明瞭な形をもった概念として著者の思考のなかに析出してくる様子は圧巻であり、まことに一種の受肉（incarnation）とでもいえるものである。小此木氏の鋭くも慈愛にみちた傾聴、著者の内省的かつ率直な応答がこ

の刺激的対話を生み出している。この対談を契機として，著者はグループに関する一連のユニークな論文を公にするのである。ひょっとして，この創造的対話は，成長した弟子に対する先生の最後のスーパーヴィジョンであったのかもしれない。しかし，かつて先生と弟子であったものの関係が，このように理想的な姿をとって現れるなどということを誰が信じられようか。これは見事な実例である。この対談を掲載した著者に感謝したい。

「ひとりの精神療法家の臨床実践の様子を，何度読んでもその度に感じるところが見出される，そんな本になってくれたらどんなに素晴らしいと，願う」（あとがき，p.250）と著者は記しているが，本書は学派を超えて精神療法を学ぶもの，教えるものにとって真の意味での教科書となるにちがいない。

第4章　書評『解釈を越えて――サイコセラピーにおける治療的変化プロセス』

ボストン変化プロセス研究会著　丸田俊彦訳

　本書は，一言でいえば精神分析における「発達論の復権の書」といってよいであろう。そして，今日あまたある精神分析関係の書物の中で，学派を超えた，必読の書といってもよいと思う。

　本書の著者はボストン変化プロセス研究会（The Boston Change Process Study Group, BCPSG）という小さなグループである。これは，1994年に8名で結成され，2010年原著書出版のときは6名で，彼らによれば，誰かリーダーがいるわけでなく，Stern, D.N. はメンバーではあってもリーダーというわけではなく，あくまでBCPSGが著者であるという。つまり，気の合った少人数の仲間が，定期的に出会い，臨床的対話を楽しむという雰囲気が醸し出される中で，本書が生産されたと理解できる。さぞかし，刺激に富んだわくわくするようなグループであったろう。さて，そのメンバーを挙げておく。5名の分析家（Morgan, A., Nahum, J., Sander, L., Stern, D.N., Harrison, A.），2名の発達研究者（Lyons-Ruth, K., Tronick, E.），1名の発達的小児科医・児童精神科医（Brunsch weiler-Stern, N.）である。いずれの人も，この世界では大変よく知られた臨床家・研究者である。

　精神分析にその源を持つ乳幼児精神医学は，臨床においても発達研究においても目覚ましい成果を上げてきたことはよく知られている。しかし，それらの成果の精神分析そのものへの還元となると，1960年代において境界例臨床にMahler, M. の分離個体化論が貢献して以降今一つパッとしたものはなかった。むしろ，精神分析臨床においても，発達論にもとづく過去重視の解釈よりも文字通り「いまここで」という視点が圧倒的に優勢になり，精神分析の基本的観点である発達発生論は陰に隠れてしまったというか，現在では，それどころか発達論は精神分析臨床ではもはや無用であるという意見すら聞かれるほどになっているといえよう。それでも，なお発達論は精神分析を支える理論仮説の中核にあるという考え，そしてもっと臨床的事実にフィットするような発達論

の登場への期待は，この分野にかかわる専門家なら誰しもが，捨てずにいるのも事実である。

さて本書の最大の特徴は，Fonagy, P. のメンタライゼーション理論とともに，この待望久しい乳幼児精神医学による精神分析への還元，つまり新しい発達観察に裏付けられた新しい精神分析の視点を提示していることである。言い方を変えれば，精神分析，神経生理学，力動的システム論とくに自己組織化システム論，予測不能・非直線的・暗黙のプロセス，二者心理学と相互交流・間主観性，ローカルレベルの観察，などというポストモダーン的方法論を十二分に活用することによって構築された臨床精神分析理論が提案されているのである。もちろん，二者相互交流に焦点を当てたこうした分野の魁は，Winnicott, D.W. と Bion, W.R. の仕事なのは言うまでもない。本書は，現代の乳幼児精神医学研究と臨床において用いられた新しい方法論とそれによって明らかにされた発達論によって，それまで系統的に記述されることがなかった精神分析における出来事を明確に概念化したのである。それゆえに，Winnicott, D.W. が，彼の乳幼児観察と精神分析観察を言葉にするために新しい用語を多数提案せざるをえなかったように，本書においても新しい概念が多数提案されているのである。蛇足になるが，本書を Winnicott, D.W. の諸概念や Bion, W.R. のグリッドと比較しながら読むのも面白いかと思う。いずれにしても，発達論が，ふたたび精神分析の基本的観点として復権したといってよいであろう。

精神分析関係の著作は膨大な数に上るし，その中で何がエッセンシャルか，とりわけ精神分析研修において必読の書は何かとなるとそのリストを挙げるのは大変難しいのだが，発達論の復権ということ一つをとってみても，本書は現代におけるもっともエッセンシャルな著作になったのではないだろうか。

もちろん，この一文は書評であるから，著者らのこの試みが成功しているか否かという評価も必要かもしれないが，一つ一つの章において新しい方法論が提示されているということを考えると，とても討論する紙数がないので，それらは割愛させていただくこととして，著者らがそれらの方法論を長年かけて推敲してきているという事実があること，少なくとも 20 年以上をかけて信用ある学術誌にその成果を発表し続け，一つの著作にまとめたということを取り上げるだけで，十分ではないかと思う。ただ，こういう次第なので，本書は，邦訳の明快さゆえに一見するとわかりやすく，具体的事例が豊富でもあることから臨床場面のイメージを浮かべやすいのだが，実はなかなかに難解なのである。

第4章 書評『解釈を越えて——サイコセラピーにおける治療的変化プロセス』

　本書は，そのタイトルが示しているように，精神療法における治療的変化とはなにか，そしてそれがどのように起きてくるのかという，いわば精神分析研究の最も中心的課題を取り上げている。本書の主張するところは，第1章「精神分析的治療における非解釈的メカニズム：解釈を"超えた何か"」（初出，International Journal of Psychoanalysis, 1998）の冒頭に述べられている。すなわち，精神療法において変化をもたらすものは，関係性をめぐる暗黙の知（implicit relational knowing）であり，この関係性をめぐる手順の領域は，心的内界における象徴的領域とは別物であり，精神分析における分析家と被分析家との間で起こる間主観的モーメントを構成し，交流しあう二人の間の関係を再編したり新しい関係性を創造したり，他者とのあり方にも同様の変化をもたらすものである（これが出会いのモーメント，である），ということである。

　つまり，彼らは，近年得られた臨床と乳幼児の膨大な観察をもとにして生まれて以来の相互交流過程が親しい相手とどうかかわるかに関する「手順知識」のもとになること，この知識を「関係性をめぐる暗黙知」（訳者は，この用語は，いかに相手と一緒にいるかについて暗黙の内に，意識することなく知っていること，そしてそれは個々人が相手とかかわり合う，そのやり方の表象である，と解説している）と名付けること，それは意識的な知識とも防衛機制により形成される力動的無意識とも違うこと，つまりはすべてが判然と言語化されるわけではないこと，しかしそれは人間関係の豊かさを生成し，その後の発達・成長の過程においても進化し続け，患者と治療者との間でも交差し，間主観的な場を作ることに決定的に重要な役割を果たすことを明らかにしているのである。そのうえで，彼らは，前述したように，分析的関係の場において，関係性をめぐる暗黙知にもとづく相互交流過程のどんな出来事が重要で，それらにどのような名前を付けるのか，そしてその作業が治療技法としてどのように意義があるのかを検証しているのである。つぎに各章を概略してみよう。

　第1章は，「出会いのモーメント」を構成する特性を明らかにし，「進んでいく」「現在のモーメント」「nowモーメント」「オープン・スペース」，さらには出会いのモーメントが，キャッチされなかった場合，たとえば「見逃されたモーメント」などを概念化している。第2章は，同じ年に発表された1998年のInfant Mental Health Journal（IMBJ.第19巻3号）「Interventions that effect change in psychotherapy: A model Based on Infant Research」（精神療法における変化に影響をあたる介入：乳児研究に基づくモデル）というテーマ

の特別号に掲載されている論文3篇からなる。この3篇では，彼らの共有する臨床体験，「発達と精神分析的治療におけるその役割」「発達観察は大人の精神療法にとってどんな意味合いを持つか」「症例提示：進んでいくこと，そして，変化は徐々に？突然に？」といった臨床課題が語られている。ちなみにこの19巻3号は，すべての論文がBCPSGのメンバーによるものである。

　第3章は，Sander, L. の力動的システム論，モーメント論の紹介である。二者関係において互いにコーディネートされた二者関係システムはどのようなもので，どのように発現するのか，つまり自己組織化がどのように生まれるのか，を論じたものである。初出は，IMHJ21巻（2000年）である。

　著者たちは第4章から，治療的相互交流の，暗黙のレベルを記述する言葉を新たに作り出すことを試みている。第4章（International Journal of Psychoanalysis 83巻, 2002年）において，彼らはマクロな分析ではなく，秒単位で時々刻々と変化するローカルレベルで何が起きているのかという課題に焦点を当てる。つまりマイクロ分析の手法を取り入れる。人間科学を対象にするとき，この理論は大変に重要であって，一言でいうと，われわれ臨床家が今日多用する「いまここで」とは何か，それをどうとらえるか，という基本的方法論にかかわるのである。「いまここで」といっても，時間の流れの中で，それはすぐに消え去ってしまうのであって純粋に「いまここで」，とりわけ「いま」を言葉化することはできないのである。ではどうしたらよいか。これは哲学的命題でもあるが，哲学的抽象に陥らないで，精神療法の臨床や乳幼児研究の実践の水準でマイクロ分析をどのように用いてきたかを論じていて，ある意味では本書においてここがもっとも面白いところでもある。

　第5章は，Journal of the American Psychoanalytic Association 53巻に初出したものである。マイクロ分析の結果「解釈を超えた何か」を言葉化するのだが，彼らは「スロッピーネス」と「共創造性」を抽出する。そのうえで，第6章（International Journal of Psychoanalysis 88巻, 2007年）において，いよいよ「意味」について，すなわち何が意味を構成するのか，を論じるのである。意味のどれくらいが関係性という形で構成されているか，とくに，関係的な意味が，どのように暗黙のレベルで始まり，のちにそれが自省的，言語的レベルを生み出すのか，この二つの領域が，意味の生成においていかにかかわりあうのか，という問題を立てることによって，結論として，意味は，抑圧を中心とした力動的無意識に存在するのではなく暗黙の関係的レベルにあるのであり，

したがって葛藤も三層構造間にあるというよりは自分の意図的方向性と重要な相手の意図的方向性との間にあるという考えを導き出すのである。

　第7章は2008年 Psychoanalytic Dialogue 18巻初出であり，関係性の意味の「形」について記述している。ちなみにこの章の最後は，グループ外の専門家との討論で，まず Modell, A. の暗黙の記憶に関する現在の認知科学の限界の指摘とそれに対する応答，Stern, D.B. のエナクトメントや unformulated experience の理論を巡る討論とそれへの応答，Knoblauch, S. の解離の概念に関するコメントとそれへの応答が掲載されている。

　そして，8章は，本書への書き下ろしで，この本全体のまとめになっている。

　本書の構成について一言言及しておく。本書は，各章の終わりに，要約があり，各章の直前に「〇〇章への導入」という一文があるという読者に親切な構成になっている。いろいろな読み方があろうかと思うが，まず序文を読み，第8章を読んで概略をつかんだうえで，第1章から読み始めるのもよいかと思う。

　本邦訳は，原著が出版されるまえから訳者の丸田俊彦が，Stern, D.N. の了解を取り付けていた。それは2008年横浜で開催された世界乳幼児精神保健学会中，日本精神分析協会が主催したパーティの席においてであった。評者も同席していたので，丸田氏も Stern, D.N. も，この試みに大変喜んでいたのを知っている。したがって，邦訳は，原書が出版されてから1年もたたないうちに出版された。私が書評を依頼されたのもそれから間もなくであった。一部はすでに読んでいたのですぐに書き上げ，Stern, D.N. と丸田氏に読んでもらうつもりであったが，私の病のため，今日まで延びてしまった。さらに，不幸なことに，このグループの Stern, D.N. が2012年11月12日心疾患のためジュネーヴで急逝された。78歳であった。さらに，つい先ごろ7月5日[編注] 訳者の丸田俊彦氏は亡くなられた。ただ，丸田氏には，私の書評のエッセンスは伝えておいたのが多少の救いである。

編注）2014年7月5日

第5章　小此木啓吾先生——精神分析をすること——

　私が小此木先生と出合ったのは，慶應義塾大学医学部精神神経科教室に入局した1971年のことである。実は，学生時代にもお目にかかっているはずであったが，不真面目な学生であった私はすでに高名であったその名前すら知らなかった。お恥ずかしい限りである。その後，フレッシュマン時代を経て1972年から1981年までの約10年間，毎週火曜日スーパービジョンを受けた。火曜日にはさらに先生，相田信男，渡辺明子といった同僚と4人で精神分析勉強会をもった。私は，1975年から東海大学で岩崎徹也先生の指導も受けていたから，毎日が精神分析漬けだった。その後，お亡くなりになるまで，さまざまな仕事の関係で毎週何回もお会いしていた。とりわけ，「精神分析論文を作る会」は楽しく刺激的であった。これは私が提案したごく少人数の会で，おのおのの論文の構想や素材となる症例について自由に討論することを目的にしていたが，先生は一メンバーとして必ず参加され，みずから症例報告もされていた。こんなふうに，私は，先生との関係をとおして，精神分析家としての生活を生きてきたし，これからも「私の小此木像」との対話を続けることが私の精神分析を生産的かつ創造的にしてくれるものと思っている。この意味で先生は私にとって恩師という以上の存在といえる。先生の教えを受けた者は非常に多いわけであるが，おそらくその一人一人がこういう風に感じているのではないだろうか。

　小此木啓吾先生は大変早熟な方であった。少年期には哲学に没頭されカントからベルグソン，西田などなどを自家薬籠中のものとしていた。お宅に伺ってその蔵書に少年時代の勉強振り（たくさんの書き込みがしてあり，しかも原書！）をみて唖然としたものである。それは，医学部進学を望んでいた父上が心配のあまり多くの哲学書を焼いてしまわれるほどだったそうである。先生は，精神分析に限らず学問のあらゆる分野への好奇心が旺盛で，しかもたんに知識量が多いというだけでなく知識と知識を連結するじつに豊かな内的ネットワークをもっておられた。そうした素養の一部は少年期の哲学への没頭によって育

まれたのであろうし，それに裏づけられた知的柔軟性によって先生の精神分析は，たとえば治療構造論の構想などのように，いっそう広がりと深まりを持ったのであろう。

　先生は，医学部学生時代の1952年から古澤平作先生に教育分析を受け始め，1954年卒業するやただちに当時第1巻が発行されたばかりの精神分析研究誌に論文を発表し始めた。1年たらずのあいだに一連の八つの論文を書いたのだが，驚くのは，Freud, S., Ferenczi, S., Reich, W. にはじまり自我心理学・クライン学派といった当時最新の仕事を詳細に引用紹介されていることである。これだけでも，精神分析の教科書になるのだが，さらに驚くのは，精神分析はその方法論に本質があることを見抜いていただけでなく，治療契約によって成り立つ分析状況における自由連想とそこで展開する力動的な二者関係の意義という，すぐれて現代的なテーマをすでに探求し始めていたことである。

　このように，先生は精神科医になったときから日本の精神分析を牽引してこられたのだが，それが今日のように国際レベルにまで到達したのは，ほとんど先生お一人の力によるものであったというのも驚くべきことである。先生は人を育てること，「教えること」に非常な努力をされてきたし，今活躍しているわが国の精神分析家のほとんどが何らかの形で先生の影響を受けているといってよいのだが，その教え方は知識提供型ではなく，啓発的というか，患者－分析家－スーパーバイザーという関係によって分析家（スーパーバイジー）の中に何か新しい発想を産み出していくような知的喜びを充足させてくれるものであった。

　一方，先生には非常に厳しいところがあった。カントの有名な言葉「概念なき思考は盲目であり，経験なき認識は空虚である」をひいて，理論なき精神分析や臨床経験のない理論のための理論を厳しく批判された。そしてやはりカントの「私は哲学は教えない，ただ哲学することを教える」を引用され，ご自分はその教えを堅く守っているのだ，だからなにか知的体系を立てることを構想しているのではなく，精神分析をすること，すなわち実践すること，考えること，書くことにこそ精神分析の本質があるのだとおっしゃっておられた。実際，先生は癌との闘病中もなおこの姿勢を貫き通したのである。その意味で，先生が構想された治療構造論は知的体系というよりは，精神分析を含む臨床精神医学一般における基本的な実践的方法論なのである。

第6章　私はフロイディアンか？

　Freud, S. 生誕150周年といえば，たとえ米国においてFreud批判が奔出し薬物療法が全盛であっても，なお西欧文化では大変大きな出来事である。たとえば，ニューズウィーク（2006年3月27日付）がFreud生誕150周年に際し"Freud in Our Midst"という大々的な記事を載せているのである。ご覧になった方も多いと思うが，精神分析の臨床効果を最近の脳科学の発展に照らしつつ解明する必要性を述べながら，精神分析の歴史的貢献やFreudの業績にはかなり好意的な記事である。しかし，日本のジャーナリズムではほとんど話題にもなっていないのは，いささか寂しい感じがする。

　とはいえ，正直に言うと，Freud生誕150周年といっても私にもほとんど感慨らしきものが沸いてこないのである。もう少し正直に言うと，私は長い間Freudという人物への関心を心の奥にしまいこんできたのである。温めてきたというと格好がよすぎるのでしまいこんできたというのである。

　こんな経験を思い出す。1982年にFreud, A. が亡くなったとき，私はメニンガークリニックに留学中であったが，彼女の逝去の報がもたらされたとき，メニンガークリニックの人々は，私を除いては皆が皆，深い哀しみにうちひしがれていた。私はただただそれをながめていた。私にとってそれは一つの歴史的な事実でしかなかったからである。しかし，精神分析の世界においてこれがいかに大きな出来事であったかは，その後，精神分析諸学派の間の交流や対話が大変自由になったということを見ても明らかであろう。この事実は精神分析家がいかにFreudとその後継者であるFreud, A. に同一化していたかを示すものである。

　私は，学生時代にSchwing夫人の「精神病者の魂への道」（みすず書房）に啓発されて精神分析の道にすすもうと決心し，精神科医になった。精神分析こそ精神疾患の治療に貢献する科学的方法だと考えたからである。その後，精神分析を学ぶ過程で，多くの方のご指導を受けてきたのだが，終始一貫して特定

の人物への排他的な同一化を避けてきたように思う。どの世界でも，たとえ科学的思考を専らとする分野においてでもあることだろうが，精神分析の世界では——日本でもそうであるが——特定の人物への過剰な同一化現象が際立っていた。私はこのような傾向にどうしてもなじめなかったのである。何事かを学習する際に同一化という過程が必要だということはわかってはいたし私自身の同一化をめぐる不安や恐怖に気づいてもいたが，それでも精神分析の世界のこうした現象は腑に落ちなかった。

　しかし，精神分析は科学であるという考えは，臨床経験を積むに従い，いっそう強くなった。私は，精神分析は複雑系を解明する科学であると考えている。「美」を創造するという意味で，それを art といってもよいのだが，方法論としての形をもち，予測性と予測不能性を内在しているという意味でやはり科学である。しかも精神分析は反証可能性を有している精神療法であるということは，精神分析との対話の中から，反対の程度は様々だがユング学派，アドラー学派，行動療法，認知療法，家族療法，集団精神療法さらには力動的精神療法が産まれてきたという歴史を見ても明白である。

　科学としての精神分析を確信している私は，精神分析の論文が，必ずと言ってよいほど Freud の引用から始まることに，なにか違和感を覚えていた。「聖書でもあるまいし」といった感覚である。この感覚が，私の Freud 同一化への懐疑を産んでいたように思う。くわえて，小此木啓吾という世界のトップレベルにある Freud 研究家のそばにいて，Freud 物語を 30 数年にわたって聞き続けていたという事情も関与している。それは，じつにわくわくするような物語でかつて毎夜父親が話してくれる彼のシベリア抑留物語やフランス留学物語を聞くのを楽しみにしていたあの子どもの頃の興奮を思い起こさせるものであった。しかし私は Freud 研究者にもならなければフランス留学もしなかった。代わりに，精神分析を学び，アングロサクソン系である米国に留学したのである。

　確かに，Freud の著作は聖書ではない。Freud を読むということは，彼が「何を言ったか」を知るためではない。自分の行っている精神分析が正しいのか間違っているのかを測る尺度を知るために Freud を読むのでもない。ではなぜ Freud をかくも熱心に繰り返し読むのかというと，Freud がどのように考えているのか，何をしているのかを，考えるために読むのである。そこから読み取れるのは，絶対に正しい解釈などというものはないという懐疑主義と自己分析

を貫き通している姿勢である。

　古澤平作は，Freud の逝去を悼む論文の中で（精神分析研究第1巻6号；8-12, 1954. 精神分析選集第1巻；8-13, 2004.）Jung 離反という重大事件における Freud の態度に言及している。「この離反は后年非常に深く分析された患者も突然今迄の分析治療から得た変化をかなぐり捨てるような大きい抵抗を示すことから先生に理解された。……ユングの分析学からの離反の傾向をユングならぬ自分の中に発見されて驚愕されたのであろう。先生がこの自己の中の離反の心の処置こそ，分析学への精進であった先生が宗教に強い反感をもっておられたのは，それ丈自己の深奥にこれに引かれて，引かれて仕方ない恐るべきものを感ぜられたからであろう」。ここに，Freud の自己分析すなわち自己の無意識から目をそらさずに直視しようとするオープンな態度すなわち精神分析的方法がよく表れている。

　Freud は，自己の無意識を一度想起されればそれで済むというものではなく，それは常に作動している心的システムとしてとらえた。つまり，無意識とは，意識から巧妙に身をかわす心的活動の一つであり，心的生活の一つの形なのである（Lear, J.（1998）Open Minded : Working Out the Logic of the Soul, Harvard University Press. 勝田有子・吾妻壮訳（2005）開かれた心──精神の論理を探求する．里文出版）。この意味での無意識を明らかにする方法が自由連想法である。これは Freud の最大の発明といってよい。発見したのではなく，そういう技術を発明したのである。

　しかし，自分の欲望を直視することを回避する動きはあらゆるところにあるし，意識は自分に対してすら時として巧妙なうそをつくことがあるから，無意識を直視しその意味を考えつづけようとする Freud 的態度は，じつに勇気の要ることである。たんなるやさしさでは成し遂げられないことである。心理療法家のとるやさしさという態度が，いかに自分の欲望から目を背け，対象操作の手段になっていることであろうか。多くの研究者が指摘していることである。勇気なくして，真の意味で患者に共感などできないだろうし，精神分析は本物になりえない。今現在，Freud の症例を読むと，彼のアプローチは心理教育的ですらあるが，それでもなお彼が支持的－教育的になることを徹底的に拒否したのは，こうした理由からだと私は考えている。私は昨年，会長講演の中で，精神分析的文化に支えられた職業的特質を「精神分析的品性」といったが（精神分析研究第50巻3号；191-203, 2006），そのときに明示していなかったこ

とをここで付け加えたい。すなわち精神分析的品性を形作っている重要な要素は，今述べたような意味での無意識に対するオープンな態度をささえる「勇気」だということである。

　治療者は，患者を自分との関係を通して観察することによって，問題の成り立ちを明らかにすることができるという Freud の考え方は，現代のあらゆる精神療法の根底にあるものであろう。さらに，Lear, J. の言を借りれば（前掲書），精神分析は「人間の幸福についての何か特殊なイメージのかわりに，自由を治療目標に掲げた最初の治療」なのである。

　人類が Freud を得たことは大変な幸運であった。アインシュタインの代わりは生まれたであろうが，Freud の代わりは生まれなかったであろう。やはり，私はフロイディアンでありオコノギアンだと思う。

第7章　下坂幸三先生のご冥福を祈る

　下坂幸三先生が亡くなられた。去る3月27日[編注]早朝であった。2004年の夏に下坂クリニックを閉じられたあと，一時期体調を崩していたもののだいぶ元気になられたということを仄聞していた矢先の突然の訃報であった。これまで，1年くらいお会いしないことはあったので，いまだに先生が亡くなられたことを実感できないでいる。ちかぢか開催される分析学会で，またお会いできそうな感じさえするのである。おもえば，2004年本学会（日本精神分析学会）50周年記念大会の折，先生は長年の功績により本学会の名誉会員に推挙され，そのお願いのために電話でお話ししたのだが，それが先生のお声を聞いた最後になってしまった。

　下坂先生の本学会への貢献は，本学会古澤賞を受賞され，名誉会員になられたことからも明らかであるが，そうしたこと以上に，先生は，真の臨床的な意味において，戦後わが国の精神分析や力動精神医学の発展を担ってこられた方であるという事実を忘れてはならないだろう。先生は，1929年のお生まれだから，西園昌久先生，前田重治先生，故小此木啓吾先生らとほぼ同年齢である。この世代の方々は，広い分野で活躍されながら，アカデミックな動向に右顧左眄することなく，経験科学としての精神分析を実践するという点において，まったくぶれがない。敗戦という未曾有のアイデンティティ危機を思春期に経験したからであろうか。先生は，1991年に本学会の運営委員を退かれたが，それは当時発足して間もない日本家族研究・家族療法学会を盛り立てるためであって，けっして精神分析を放棄したわけではない。むしろ，それ以降先生のFreud研究は深化されたし，先生は家族面接の実践と研究こそ精神分析の枠の拡大であると確信しておられたのである。

　下坂先生に最後にお会いした2003年のことが思い出される。大津で開催さ

編注）　2006年3月27日

れた日本家族研究・家族療法学会大会の折であった。隣に座られた先生が,「先生ねえ,僕は来年でクリニックを閉めることにしたよ」とおっしゃられたのである。まったく突然の話だったが,若輩の私にまで,きちんとご報告される先生の律儀さと丁寧さに感激した。しかし,それ以上に,先生の潔さに感心した。私も開業医の息子なので,開業医にとって自分のクリニックを閉じるというのは,しかもまだまだ診療をする体力と知力があるうちに,その決断をするというのは大変勇気の要ることだというのはよく分かっていたから,なおさら先生の思い切りのよさに心を打たれたのである。とはいえ,先生は,この分野から引退されるのではなく,山ほどある未整理の診療録をまとめ,いろいろ書きたいのだとおっしゃっておられた。まだまだ,意欲満々だったのである。そのような経緯があるので,体調が戻ってきたという噂を聞いたとき,いよいよ臨床指導や執筆を再開されるものと期待していたのである。

　私は下坂先生と親しかった。いやそれ以上に先輩に対しこういう言い方を許していただけるなら,ある種の同志といった感覚を共有していた。私は先生の直接の弟子ではないし始終プライベートにお付き合いしていたわけではない。年に何回か学会や学会関連の会議などでお会いする程度であった。だから,個人的なことはほとんど存じ上げていない。にもかかわらず,学問的交流を通して先生は私にとってもっとも親しい師匠であり,先輩であり,仲間であった。とくに境界例治療論に関しては,互いに表現の仕方は違うが,じつに相通じる臨床感覚を私たちは共有していた,と思う。

　いま,表現の仕方が違うと書いたが,先生は,みかけ精神分析の専門用語をあまり用いられないのだが——確かに次々に登場する新しい概念を用いることは控えておられた——それは専門用語を無視しているのではなく,ご自分の臨床実践の中で捉まえた重要な現象をとことん探究することによって,むしろ精神分析概念の内包を豊かにしようと試みていた。専門用語の使用はそこで起きている出来事の意味をぼやかしてしまう危険があることを,先生はつねづね説いておられた。とにかく,先生は言葉の用い方にこだわっておられたが,それはあの磨きぬかれた精緻な観察眼に支えられていた。おそらく,その姿勢は先生流の美学であったと思われる。

　私たちの交流が始まったのは,1988年名古屋で開催された本学会大会からである。もちろん,それ以前から本学会の活動を通じて存じ上げていたし,さらにさかのぼれば神経性無食欲症における成熟拒否という概念を提唱しこの分

野のパイオニアとしての先生のお名前はフレッシュマンのときから知っていたわけである。この大会で，私は境界例の精神療法において近未来を扱うことの意味について発表したのだが，先生は「先生の発表にはくささがなくてとてもよいですね，常識的ですね」と声をかけてくださった。私は，最初この「常識的」という言葉を，奇を衒っていないとか理論に走りすぎていない，当たり前だという意味に解した。そして，わが意を得たりと思ったのである。というのは，このときの発表で，私は，理論的言葉をできるだけ用いないで，説得力のある治療経過を記述しようと内心期するものがあったからである。しかし，お話を聞くうちに，先生が評価してくださったのはそうした「（精神分析的なある種の）くささがない」という意味もあるにはあったのだが，それ以上に先生は「常識」という言葉に力点を置いておられるということが分かってきた。そのとき先生は，「僕は最近常識的精神療法というのを考えているんだけどね」といってご自分の構想を話してくださった。先生は，「常識」という言葉をアリストテレスが称えた共通感覚 sensus communis に由来する深い意味を込めて使っておられたのだが，先生のお話を正確に再現できないので，1991 年精神神経学雑誌に発表された「常識的家族療法」という論文（「心理療法の常識」，金剛出版，1998 に所収）から引用してみよう。「常識とは，われわれの一種の内的な感覚と本来つながりがあるということになる。そんな次第で，常識的なアプローチとは，患者，家族，治療者の三方に納得がゆくこと，なろうことなら彼らのそれぞれの『腑に落ちること』というように私は考えたい」と，こんなことを言われたのである。この先生の説明は実に私の腑に落ちたのである。というのは，私が桜ヶ丘保養院に勤めていた頃の恩師である西尾忠介院長から，患者を理解するとき「胸に落ちるか」どうかが大切だということを教え込まれていたからである。ちなみに西尾先生は，精神分析家ではないが，精神分析に理解を示されておられた方で，ご本人は何も言わないけれども，優れた力動精神科医だと思う。ともあれ，「腑に落ちる」にしても「胸に落ちる」にしてもそれは，感情移入とか共感といった言葉よりも，先生の言を借りれば「身体感覚的なものまでに心が届くことが，相互にコモンセンスが通じ合ったということになる」（前掲「心理療法の常識」）という意味で，さらには心理主義に陥ることなくつねに「身体的なるもの」を視野に入れているという意味で，とてもしっくりくる適切な精神分析的日本語である。

その後も先生はなにくれとなく私に配慮してくださった。2000 年に私が第

17回日本家族研究・家族療法学会大会を主催する機会を与えてくださったのも先生である。また先生の編著である「心理臨床としての家族援助」(金剛出版, 2001)における先生との対談は私にとってずいぶん刺激的であった。この対談のテーマは「境界例の家族援助」であったが，私の実践している境界例治療の肝心なところを明確化してくださった。先生の面接技法の一つに「なぞるような」気持ちで聴くというのがあるが，まさに私の考えを「なぞるように」聴いてくださり，言葉足らずを補っていただいた。この対談は，私にとって自分の境界例治療論を明確化し系統化するきっかけになったといっても過言ではないほどの体験であった。自信と言葉を与えてくださったのである。感謝の言葉もない。

　下坂先生の境界例治療技法論のエッセンスは，古澤賞受賞講演「私の家族面接——フロイト思想の一展開」(精神分析研究第45巻第3号, 2001)に非常に具体的に書き込まれている。本学会員の方にはぜひお読みいただければと願っている。また，いささかおこがましいのだが，先に私たちの境界例治療論には相通じるものがあると書いたので申し添えると，先生と私との対談もぜひお読みいただければ，私の技法論だけでなく先生の考え方や「なぞる」という面接技法が理解しやすくなると思う。

　個人的なことが長くなって恐縮だが，下坂先生について印象に残っていることの一つは，学会場などにおいて示される背筋を伸ばしたあの姿勢のよさ，力強く論理的な，鋭く相手に迫るあの独特の語り口である。自己批判の精神に裏付けられた，けれんみがなくて人におもねることのない態度は非常に格好がよかった。それだけに若い人は，怖いと感じたり，頑固と感じたりもしたであろう。あるいは論敵も少なくなかったであろう。しかし，あの態度はいかにも先生らしく，臨床にのぞむ首尾一貫した先生の内的姿勢を表現していたと思う。先生は，Freud, S. にとことん傾倒しておられた。古澤平作が「畳のヘリを叩いても精神分析」と言ったように，ご自分で述べておられるのだが，先生のFreud研究は並ではなかった。折にふれ，繰り返し繰り返しFreudを原著と英語（標準版）と邦訳で読み続けておられた。そのご努力は，「精神分析入門」(新潮文庫, 1999)の改訂出版に表れている。とても読みやすい文に改訂されている。さらに，先生のFreud研究の一端は，精神療法誌(28巻, 2002)に6回シリーズで掲載された「フロイト再読」にも表れている。

　下坂先生は，おそらく構造化された個人スーパービジョンを経験されていな

かったと思われる。その代わりに，Freud が先生の師であった。もちろん，懸田克躬教授はじめ少なからぬ恩師はおられたのだが，精神分析における先生の真の師匠は Freud, S. であったろう。Freud, S. をそれも技法論や症例を丹念に読みこむこと，そして「自己批判」の精神によってご自分の観察眼を徹底的に磨き上げることをもって，先生は臨床の実際を探究しとおしたのである。その最初の成果が，「青年期やせ症の精神医学的研究」（精神神経学雑誌，1961）であり，その後次々と発表された心理療法論や境界例家族面接技法論である。ちなみに，上記摂食障害の論文は，確かな観察と正確な記述によって書かれているために，今もなお有益な必読の論文といえるだろう。先生は，しばしばご自分を精神分析の「正統」ではないと言われた。しかしこれは政治的なレベルで正統ではないということだと私は理解している。実際，先生はこう言っているのである。「こんにち我々が，家族面接に工夫を凝らすことは，家族の取り扱いに因り切ったフロイトの素志を継ぐことになります」（前掲「私の家族面接」）。つまり，先生の技法論は，たんに精神分析的観点・技法を家族療法の中に広めたのではなく，精神分析的観察をもって Freud, S. の思想と実践を批判的に継承・発展させ，精神分析的思考の枠組みを拡充したといえるのである。

　下坂先生のこのような理論的技法の展開の大きな力になったのは，精神療法クリニックを開業したことにある。当時，すでに高名であられた先生が，助教授の職を投げ打ち，精神療法専門の診療所を開業するのは大変勇気の要ることであったろうし心細いことでもあったと思われる。それを支えたのが，Freud, S. と対話することであったろう。しかし，開業経験は先生をしてご自分の精神分析を作り上げるという先生にとっても後に続く私たちにとっても貴重な結果を産み出したのである。開業されてから10数年経ったときであろうか，正確な年が思い出せないのだが，日本思春期青年期精神医学会大会で，下坂先生と小此木啓吾先生の対談を企画したことがある。そのとき，下坂先生は，開業して治療構造論が大変よく分かるようになったといわれたのが印象的であった。その後，先生は「心理療法の常識」（上記）の中で，精神療法を行う上で重要な要素として，型に則ることと形が破れることから工夫が生まれること，治療の場，治療的合意，見通し，手ごたえを与えること，を挙げておられる。表現こそ違えまさに治療構造論である。こうしてみると，先生の精神分析技法論の実際は，常識，なぞること，治療構造論といった三つの柱から成り立っていると考えられる。

もう一つ，先生の開業はパイオニア的意味があったと思う。私の知る限りではあるが，1973年にまず先生が精神療法専門のクリニックを開業され，引き続いて片山登和子先生，さらに北山修先生が開業されたのである。ちなみに，先生のクリニックには摂食障害をはじめ境界例レベルの患者が多く，それゆえに先生独自の家族面接技法を形作ったのだが，神経症レベルの患者には週1～2回で背面椅子式の自由連想法を実践されていた。この経験については，直接のお弟子さんには話されていたのだろうが，論文などで公表されることがなかった。おそらく，ご存命ならそのような経験についてのお話も聞けたのにと思うと大変残念である。
　精神療法や精神分析は一人ではやれない。批判的に言葉を交わす同僚や仲間が必要である。そして，何よりもよい師匠が必要である。下坂先生は誰よりもこのことを知っておられたと思う。先生は，わが国の精神分析や心理療法においてかけがえのない師匠であった。私にとっても，先生はつねに見守り励まし，時にはズキンと胸に響くようなことを言ってくださる師匠であった。今もそうである。私は，書き記された多くの言葉の中に下坂幸三先生を見出すことができる。そうやって，これからも私は先生との対話を続けるであろう。先生が生きておられたときと同じように。先生との対話をひたすら続けることがご冥福を祈るということだと思う。

第 8 章　書評『フロイト再読』

下坂幸三　著
中村伸一・黒田章史　編

　本書は，中村・黒田両氏が編集した下坂幸三先生の遺稿集の第二である。最初に出版された『心理療法のひろがり』が著者の唱える常識的家族面接に関する「技法論」が中心なのに対し，本書は下坂幸三という「人」を中心に編集されており，タイトルにも使われている「フロイト再読」「常識的家族面接を説き明かす」「変容する社会と心理療法」の三部と二つのエッセイからなっているが，評者は本書評ではなにをおいても「フロイト再読」が取り上げられなければならないと思う。心理療法家としての著者の思考が，臨床経験はもちろんだが，同時に Freud, S. との対話を通して生成されてきたという文脈が非常によく理解できることにくわえ，すぐれて啓発的・刺激的な部分だからである。なお，ここでは「フロイト著作集」（人文書院）は著作集，英語版は SE とする。
　著者は，Freud 技法論の再読を試みるため，この一連のエッセイにおいて「分析医に対する分析治療上の注意」「分析治療の開始について」「想起，反復，徹底操作」（著作集）を取り上げ，その目的を明確にする。第一は，邦訳の曖昧さのために理解しにくい部分があるのでそれらを明晰にすること，第二は，自分の臨床経験からして大切だと思われるところを取り上げ，そのとき細部にこだわるというアプローチを採用すること，第三に，Freud, S. の技法と今日の自分の技法を比較すること，である。その際，著者は，自己内省を軽視する現代的風潮を批判し，心理療法において内省とか洞察という治療機序は一貫して最重要であることを強調するのである。いうまでもなく著者が批判する現代的風潮とは単に社会の動向だけでなく，現代の心理療法が安直・簡便に流れる傾向をも指しているのであって，本書において著者のもっとも言いたいことはこのことなのであろう。その意味で，心理療法の本筋を外連(けれん)なく主張する人物を喪ったことは，言葉では言い表せないほど残念なことである。
　さて，第二と第三の目的に関して先に取り上げる。著者は「断片にこだわる」「表面分析」など著者が境界例臨床などから着想した独創的な技法について述

べているが，それらは十分説得力を持つ。評者のように規約どおりに精神分析の教育研修を受けたものにとっては当然と考えるような部分に光を当て技法の開発を達成しているのである。しかし，一方で Freud, S. 以降の精神分析の知をこれほどまでに排除しなかったなら，著者の提唱する常識的心理療法（あるいは家族面接）はもっと系統的になりもっと国際的に認知された（最新の技法である Mentalization Based Treatment と共通する部分が多々あるし，たとえば「境界例に対する新しい精神分析技法」として提唱しえた）のではないかと思うといささか残念である。これに関連して自由連想法について「物静かでも一種過激な治療である（p.52）とか「自由連想は……日常の思考体系を崩し」（p.58）というのは賛同できるとして，続いて述べる「そのうえやがて内奥の自覚的・無自覚（無意識）的な秘密をもらさざるを得ないようにさせる治療法です……抵抗を指摘することによって少しずつ無意識の中へと<u>抑圧されていたもの</u>（傍線評者）が浮上してくることを待つわけです」（p.58-59）には疑問が残る。そこには，精神分析とは無意識内容の意識化であるという誤った精神分析観の残渣が読み取れるからである。自由連想法とは，無意識的な内容を意識化させる治療法ではなく，意識から巧妙に身をかわす無意識という心的活動の一つを明らかにすることなのである。

　つぎに，第一の目的について取り上げる。ここで，評者は本書を論ずることは，評者の二人の恩師である下坂先生に対する同一化と小此木先生に対する同一化を巡る葛藤に直面しつづけるという内省過程でもあったということを率直に述べておきたい。さて著者の邦訳批判は，Freud, S. の技法を明確にするという限りにおいて，あるいは議論を活性化するという意味において大いに成功している。著者の指摘は，大別すると著作集における改竄，創訳，誤訳に分けられる。まず，改竄と創訳だが，著者は，二つの訳を取り上げて，邦訳者である古澤平作，小此木啓吾に対して激しい討論を仕掛けている。「分析医に対する分析治療上の注意」は「医師に対する分析治療上の助言」であり，「医師」を「分析医」にしたのは極小だが改竄であると断定し，「想起，反復，徹底操作」は「想い起こすこと，繰り返すこと，やり通すこと」が適切だとし（名詞ではなく動名詞に訳すという考え方は賛同する方が多いであろうが，本書ではそのことは大きな問題とされていない），特に durcharbeiten の Arbeit を「操作」と訳したのは，「新明解国語辞典」など主要辞典にある「操作」の意味を引きながら，誤訳でも意訳でもなく創訳であると批判する。さらに，著者は，こうした改竄，

創訳は，訳者らが精神分析の熱烈な信奉者であることによる勇み足であり，そうした人はFreud, S.の翻訳者にふさわしいかというと必ずしもそうではないとまで言い切る。そして，茅野の翻訳論を引用し，邦訳の欠点は，Freud, S.との間に投影同一化が行われているような邦訳者らの主張的・宣伝的態度によると結論付けている。

　評者は，著作集の邦訳の欠点や読みづらさは理解できるが，著者のこの批判の論理は明らかに間違っているといわざるを得ない。表面的に見れば，「医師」か「分析医」かは，確かに独版ではArzt（SEではphisicians practicing psycho-analysis）だから，医師でも分析医としてもいいようなものだが，著者はそこに訳者らのFreud, S.に対する投影向一化を読み取るのである。しかし，たとえば1958年に始めた翻訳の過程で，小此木が古澤に対する同一化を巡る葛藤を経験しつつ，Freud, S.に同一化し，さらにはそれをも内省することによって，そして当時欧米でも最新であった精神分析的自我心理学やKlein理論を吸収し，古澤やFreud, S.とのナルシシスティックな関係を克服し，訳出の頃すでに独自の治療構造論を創出していたことは，彼の多くの著書で公表されているところであって，訳者（ら）がFreud, S.との投影同一化にもっぱらなっているかのような著者の批判は当たらない。さらに「操作」は国語辞典に書かれているような意味で用いられていない。著者はp.94でArbeitとBehandlungを「操作」と訳した理由が分かったというがそれも不十分である。小此木が「操作」について主張していたのは以下のようなことである。すなわち，精神分析における展開は巨視的見地から微視的見地，つまり「操作」主義，非決定論，エネルギー原理への展開と捉えることができ，この動向は神経症の精神分析から精神病・児童などエディプス以前の問題，母子関係の問題へと展開していく中で，すでにFreud, S.において見られるものであって，操作主義における操作とは「分析医の活動そのもの」が現象生起の可能性の根拠であるという認識を意味するのである。小此木は，このような考察に基づいて「操作」という用語を用いているのである。評者は，操作という訳語が最適かというと，読者の中に著者が間違えたような間違いが起きやすい語であるという理由で他の語のほうがよいと思うが，著者の批判の仕方には賛同できないのである。

　誤訳について，本書p.51とp.62で指摘している部分は著者の指摘どおりである。また「再読」の最後の部分p.94での「抵抗」の扱いに関して（著作集6巻p.57，SE XII p.155），患者が抵抗をさらに熟知し，抵抗を徹底操作し，克

服するのであって，邦訳では分析家が抵抗を徹底操作し，とさかさまになっているという指摘は正当である．しかし，著者は独版第 1 版以降の版を用いているために「それまでは未知のままに気づかれなかった抵抗」と訳しているが，Strachey, J. も小此木も「注」でいうように第 1 版は「今や患者に知られるようになった抵抗」となっており，すなわち，徹底操作とは，患者が抵抗についてすでに知るようになってもさらに熟知し，考えかつ体験し通し，克服するために，分析家は患者に十分な時間を許し，基本原則に則り分析作業を維持する，という意味であろうから，両者がいうように第 1 版の方が適切であろう．

　最後になるが評者が一番印象に残ったのは，p.91 の「フロイトのトゥンメルプラッツ（邦訳は広場）としての転移という表現に出会って——これは文字通り「フロイト再読」のおかげです——私は，分析的な解釈に伴いがちな「重さ」というものをずっと嫌っていたということに思い当たりました．……本気でいながら遊んでおり，遊んでいながら本気である．それを大人たちはほほえましく，時にははらはらしながら見守っている……子供の遊び場にせよ，遊園地にせよそこに重たさはないようです．物哀しさはあるようですが」という文章である．ちなみに独語では Tummelplatz（SE では playground）（著作集 6 巻, p.56）で，著者がいうように「遊び場」という訳がぴったりくるのだが，評者は，著者がそこから「物哀しさ」を連想したところに心を打たれたのである．物哀しさの洞察，これこそ著者の表面的な剛毅なスタイルの背景にある患者理解の基本姿勢だったのではないだろうか．

第9章　力動精神医学と土居の仕事

はじめに

　土居健郎は，精神分析家であるのはもちろんであるが，医師になられてからその生を終えるまで徹底して臨床家であり，臨床場面における出来事を自分の言葉で考え，表現するというスタイルを貫き通した。笠原嘉（2010）の言葉を借りれば土居の学風は「日本の診察室で日本語で考える」である。つまりは，そのような臨床，そのような研究方法をわが国の精神医学において確立したのである。そうであるから，力動精神医学と土居の仕事，というと「甘え」理論から始まり彼のほとんどすべてを含んでしまうことになるので，これを一人で述べることはほとんど不可能であるし，あまり意味のあることとも思えない。それゆえ，本稿では，臨床精神医学における診断から治療といったプロセスに関するもっとも基本的で実際的な事柄をいくつか取り上げることにしたい。とりわけ，強調しておきたいのは（彼の最大の貢献といってよいかもしれない），精神分析がそして臨床精神医学が，自然科学や基礎科学に劣るものではなく，それ自体が一つの基礎科学である，ということを多くの論文で明示的に時には背景において証明したということであり，その努力がわが国の精神分析を実践する者を大変に勇気づけることになったということである。これは，いわば彼の思考の方法あるいは思考の過程によって表現されるものであり，したがって本稿では取り上げきれないので，先にここで述べる次第である。

1. 力動精神医学か精神分析にもとづく精神医学か

　土居の臨床は，精神分析的方法にもとづいて精神医学の臨床を実践するというものだから，これを力動精神医学といい彼を力動精神科医と呼んで差し支えないように思うのだが，筆者の経験からすると彼が自分自身を力動精神科医と

称しているのを聞いたことがない。これは，本稿のタイトルと関係することなので無視するわけにもいかず，念のため彼の書いたものでどうなっているのか探そうと試みたのである。分かったことは，やはり自らを力動精神科医と称している文章を発見することはできなかったということと，自分との関係で力動精神医学という用語を用いているのもわずか一カ所であった。どうやら，彼はこの用語を用いることに消極的であったようだが，いまさらその理由をご本人に聞くわけにもいかないので書かれたものから推測をしてみたい。

彼が，力動精神医学について言及しているのは，「臨床精神医学の方法」に収められている，「リハビリテーションと精神医学」（土居，2009a）という論文の「私の精神医学」という項においてである。

「その頃アメリカで盛んであった精神医学は dynamic psychiatry（力動的精神医学）と呼ばれていた。これは正常異常を含め精神状態が安定したものではなく，種々の精神的諸力の総和によるという考えに基づくものであって，それを代表する最も有力な学説が精神分析であった。当然この考え方では医者患者関係が重視される。かくしてアメリカ留学を経由して精神科医になった私は日本に帰国し臨床経験を積むにともなって日本語の概念を中心にしたいわゆる『甘え』理論を展開するに至ったのだが，これが上述したごとき力動的精神医学を背景にしていたことは明らかであろう」(p.95)。

これは至極もっともな説明であるが，力動精神医学について少々中立的である。ところが，自分の精神医学に関して同じ本の別のところでは異なった表現をしている。「精神分析と文化の関連をめぐって」（土居，2009b）では「当時，というと今から半世紀も前のことだが，一般の人は精神医学と精神分析の区別をつけないほど，両者は渾然一体となっていた……メニンガー・クリニックはその有力な発信地の一つであった。したがってその頃そこに留学した私は精神分析的精神医学をそのまま吸収したことになる」(p.106)。さらにそもそもこの本の序において次のように述べている。「私は精神医学の臨床においてこそ精神分析のレーゾン・デートルが発揮されると思っている……もちろん精神分析と無関係な精神医学の領域は広いし，また精神分析は精神分析で精神医学と別個にその価値を主張するであろう。しかし私が興味をもつ領域はまさに精神医学と精神分析が重ね合わさるところである……それこそ私にとって精神医学の臨床に他ならない……そうであればこそ私はこの本を『臨床精神医学の方法』と題した次第である」

明らかに，土居は自分の仕事の領域を力動精神医学とするよりも精神分析的精神医学とするほうを好んでいる。そこで，念のため現代を代表する力動精神科医である Gabbard, G.O.（1994）の「精神力動的精神医学」というタイトルの教科書を参照してみた。そこでは「力動精神医学は精神分析的精神医学のそれよりもっと広い範囲を包含していると主張する人がいるかもしれないが，現在……精神力動的ということと，精神分析的ということは同じである」とされ，さらに「精神力動的精神医学は無意識的葛藤，精神内界の構造，そして内的対象関係を含む患者と臨床家双方について考える方法を特徴とする診断と治療へのアプローチである」と定義されている。すなわち，それは何よりも「考える方法である」ことが強調されているのである。これは，土居の主張するところとかわりがないのであるが，しかし Gabbard, G.O. は力動精神医学という用語のほうを好んで用いているようである。

要するにこれは好みの問題かと思ったり，土居の複雑な米国留学体験のゆえかと考えたりしたが，たまたま Plant, R.J.（2005）というカリフォルニア大学の精神医学史研究家による「William Menninger とアメリカ精神分析；1946-1948」と題する論文を読み，私の疑問はかなり解消された。それによると，土居がメニンガーに留学する 1950 年の少し前の 1946 年から 48 年にかけて米国精神分析学会の会長になった William Menninger は，精神分析を医学の中にもっと浸透させるために（精神分析のアメリカ化，医学化），精神分析家の訓練から訓練分析を省略すること，米国精神分析学会を改革して社会の要請に応えるべく精神力動的精神医学を促進することが自分の使命であることを発表し，大変な議論を巻き起こした。結局は，彼の主張は退けられたのであるが，力動精神医学という用語には，以上のような精神分析の医学化，アメリカ化という歴史的意味が含まれているのである。土居は，こうした事実について知らないはずもなかったであろう。

土居にとって力動精神医学とはあくまでも，上記のような歴史的意味を含む米国で実践されていた精神医学なのである。したがって，そうした用語よりも，精神分析の存在意義が発揮されるのは精神医学の臨床場面であり，それゆえ自分が関心をもつのは「精神医学と精神分析が重ね合わさるところ」と主張するのであろう。さらにいえば，彼の関心は臨床精神医学にとどまらず「すべての医療」に向いているのであって，「患者の心理的側面は……すべての医者にとっての関心事でなければならない」（臨床精神医学の方法，p.94）のである。す

なわち，私の言いたいことは，土居の仕事と貢献は，精神分析を方法論的武器としつつ，精神医学という領域だけでなく医療・保健・福祉という広い分野において認められたということである。

2.「見立て」から「方法としての面接」へ，そして精神療法的精神病理学

「見立て」について

今日精神療法や心理臨床の分野で「見立て」という言葉は，当たり前のように用いられている普遍的な用語になっている。そもそも，この「見立て」という日常的な日本語を，精神医療に関する問題として初めて取り上げたのは土居であることは忘れてはならないであろう（巻頭言「見立て」について，精神医学 11（12）；2-3, 1969）。さて，彼が注目したのは，他の科の場合，診断と治療の関係にはそれなりの特異的な関係があるといってよいだろうが，精神科の診療においては，いわゆる病名がついたからといってそれだけで治療方針を決定し治療を実践できるものではないという臨床上の事実である。つまり，精神科の場合，診断と治療はひどく解離しているゆえに，治療の実践においてはこの解離に十分配慮せねばならないのであるが，この際に彼は診断とは別に「見立て」というコトバを使用したのである。

彼によれば，診断は普遍性の追求に終始するものだが，見立てとは，病名とは違って病気だと診断される患者の姿が浮かび上がってくるようなものであるから，個々の症例の特徴をつかむことや個別性の追求を目的とする。そして診察，病歴聴取，治療などからのいろいろな要素が含まれているゆえに，精神療法を行う上で見立ては必須である，という。すなわち，見立ては，1回したらおしまいではなく治療経過中つねに見立ての作業は行われ書き換えられうるものである（「見立て」の問題性．精神療法 22（2）；118-124, 1996；「甘え」理論と精神分析療法，金剛出版，1997）。

しかし，私は，こうした治療作業は，今日的にはさまざまな力動的公式化，継続的な診断，informed consent とその過程におけるイベント・モデルとプロセス・モデル，自家製の病気と医家製の病気，などといったいろいろな概念で表現し分析することが可能だし，そうしたほうが臨床という複雑な現象は明確化されそれゆえに豊かになると考えるのである。いっぽう，土居はそうした

西欧的な分析の価値はみとめつつも，日本語でものを考える際，それらの複雑な要素を含みこんだある種の日本語のもつ具体的感覚的特性が，実は便利だと主張するのである。そして「診断もその他のコトバも述語となると固定した感じを与えるのに対し，日常的な日本語は具体的で，折々に変化する流動的な印象を与えることが大変好都合なのである」ともいう。しかも，「見立て」という言葉には普遍性があるがゆえに多くの人に用いられてきたし，英語にも変換可能だという。たとえば彼は clinical evaluation という語をあげているが後に clinical judgment のほうがよいと言っている（「甘え」理論と精神分析療法．金剛出版，173，1997）。

「方法としての面接」について

その後土居は，この「見立て」論をさらに拡大し，それらをまとめたのが1977年に出版された「方法としての面接」という本である。すなわち，見立ては患者に対し専門家が行ういろいろな営みをすべて含んでいる，しかしそれらを，病歴の聴取，診察，治療というように分析的に区分けするのではなく，それらが実際に行われるままに，言い換えれば，現象学的に忠実に見立てのプロセスを説明したのが「方法としての面接」であり，それを要約するとつぎのようになる。

　第一に精神科臨床では，病歴の聴取，診察，治療が他の科のように判然と区別されず，したがってその順で進行するのではなく，すべていわば渾然一体となって同時に進行する。患者に告げる言葉としての「見立て」は，診断的要素も治療的要素も含んでいる。

　第二に，患者についてどこまでがわかって，どこがわからないかの区別をつけることの重要性であって，それこそが「見立て」のもっとも本質的部分をなすと主張する。

　第三に，「見立て」がそこで起きる場，すなわち専門家と患者の間に成立する関係の重視であって，すべてはこの関係の関数とみなすことができるといえる。「見立て」においては，通常の会話と異なり，非言語的コミュニケーションが言語的コミュニケーションに優先することを明確化している。

　この中で，土居は精神障害の現れ方は治療者患者関係における関係性によって決まるとし，よく知られるようになった「分かって欲しい願望があるかないか，ないとすればどのようにないか」によって主要な精神障害に関する「見立

て」の分類をしたのである。**図1**に示したので参照して欲しい。
　こうした患者理解は，転移のあり方によって転移神経症と自己愛神経症に分類したFreud, S. の試み，あるいは分析可能性による分類（それは従来の疾患分類と明確に異なった方法によっているし，臨床への応用性が高いものである）以来，精神分析でしばしば用いられてきた方法である。土居の分類はいわば受診に関する様々な動機を見分けることによって精神障害の現れ方を整理したといえるので，必ずしもそこに新しさがあるわけではない。私は，彼のユニークさは別のところにあると考えている。つまり，彼はFeinstein, A.R. 著の"Clinical Judgment"を詳細に検討することによって彼の臨床研究が，たんに恣意的なものだとか普遍性のない個人的経験に過ぎないとかいったものではなく，一つの基礎科学であることを具体的に明らかにしている点である。なお，土居はこの著作によほど啓発されたらしく，「方法としての面接」の中でもわざわざ付録を設けて詳しく紹介している。
　ちなみに，この「方法としての面接」は，精神療法を専門とする精神科医だけでなく精神科医一般にも必読の面接の仕方，患者理解あるいは治療関係理解の書といえる。1977年に出版され1992年に新訂版（一部註を追加）となり，なお増刷されている。おそらく，甘え理論以降，力動的精神医学における彼の最大の仕事といえるのではないだろうか。

精神療法的精神病理学へ

　先に述べた，分かって欲しい願望のあり方による分類は治療に役立つような精神病理学といえる。これ以外にも，彼は，オモテとウラの病理，秘密の心理などを軸にして精神病理の諸類型を統一的に理解しようと試みている。ここでそれらを詳細に述べるのは本稿の趣旨ではないので関心のある方はそれぞれの論文を参照されたい。ただ，彼の言わんとする精神療法的精神病理学の骨子については述べておきたい。ここでは1997年第19回日本精神病理学会における中井久夫への討論（土居健郎選集1, 289-293, 2000）において簡潔に述べているので引用してみる。
　第一に，患者に精神療法的接近を試みる際に根拠（あるいは前提）となる精神病理学である (p.289)。
　第二に，当の患者がある重要な点で周囲との関係に障害をきたしているという前提のもとになされるのであり，この関係を修復することを以って目的にす

第9章 力動精神医学と土居の仕事　239

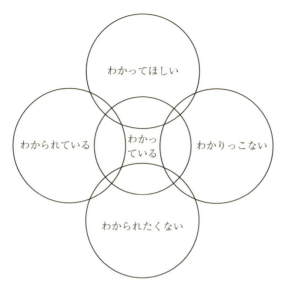

わかっている ＝ パラノイア圏
わかられている ＝ 分裂病圏
わかりっこない ＝ 躁鬱病圏
わかってほしい ＝ 神経症圏
わかられたくない ＝ 精神病質圏

（『方法としての面接　臨床家のために』より）

図1　筆者の用いている分類方法

る (p.290)。
　第三に，精神療法的精神病理学は，いずれも，患者の非言語的非意図的コミュニケーションに焦点をおき，それを理解するためのコンテクストを提供することを目的とすると見ることができる (p.291)。
　第四に，すべての治療は自然治癒を前提としなければならない。殊に精神療法の場合はなおさらである。精神病理学の営みはその視野の中に自然治癒の可能性が常に入っていなければならないと考えるものである (p.292)。

3. 治療学あるいは一般精神療法

　一般精神療法（general psychotherapy）とは，精神療法の各学派ないし理論を特異的精神療法と位置づける一方，どの精神療法にも共通のいわば精神療法の本質的部分のことをいうのである。一般精神療法と特異的精神療法の区別は小此木啓吾によるものである。私的コミュニケーションであるが，かつて小此木は遣り残した仕事としてこれをあげ，一般精神療法をもっと解明したかったと述べていたように，これは魅力的なテーマなのである。たとえば，今現在，世界のどの国においても精神科卒後研修において精神療法学習の必要性は謳われているが，ではどのような精神療法を学習すべきかについては，どの国においてもまったく結論は出ていないのである。例外は，かつての米国における力動的精神療法の学習である。こうしてみると，一般精神療法の考察は大変難しいものの魅力的なのであって，私が土居の仕事としてここで取り上げるのもそうした理由からである。

　さて，土居は，一般精神療法という語は使っていないが，治療学序論（巻頭言．異常心理学講座9．みすず書房，東京，1-14，1989；「甘え」理論と精神分析療法．金剛出版，東京，126-137，1997）としてこの問題について論じている。

　まず彼は，ヒポクラテス以降の治療学を振り返り，精神療法はいかなる治療にも含まれていてその本質を形作るものだと主張する。そして何よりも治療は，すべての治療が自然治癒を前提にしていることを強調する。その上で，精神療法の本質とは何か，その目的は何か，治療関係はどのような意味をもつか，を明らかにしていく。

　第一に精神療法の本質は，いろいろな理論や学派に共通するものとして，患者がそこで息をつけるような場を提供することであり，事態が改善する可能性があるという希望を患者にもたせることが精神療法の主な仕事である。

　第二に精神療法の目的は，病的現象の陰に隠れて悩んでいる当の本人の存在に気づくこと，つまり障害の陰に隠れて悩んでいる患者を発見することである。精神療法的関係は，悩んでいる本人に目を留め，その本人に語りかけることができて初めて成立するのであり，これが成立すると次に治療者と患者の共同作業が始まる。患者は精神のコントロールを失い，無力感を抱いている，その無力感を克服し，失われた精神のコントロールを快復することが治療の目的となる。いいかえれば，患者がそこで真の意味で主人公であるストーリーを紡ぎだ

すことである。実際のところ,精神的な意味で悩んでいるということは自らのストーリーを見失っていることを意味するので,精神療法の目的は見失われているストーリーの快復だと定義できる。

　第三に治療関係の意味である。精神療法では,治療者患者関係がすべてなのであって,当然信頼関係が必要とされる。その際,信頼と権威は切っても切れない関係にあり,治療者には権威が必要であり,患者もそこに信頼を置くのであろうという。ここでいう権威とは専門家としての訓練に裏打ちされ理論を身につけた権威という意味であり,この点こそ精神療法と友人の援助との最大の違いなのである。

　ちなみに,力動的精神療法は,精神分析,表出的精神療法,支持的精神療法に分類するという考え方があった。今日では,これらを範疇として分けるのではなく,一連のスペクトラムとして統一的に捉えるという考え方が一般的になっているのだが,土居はそうなるまえに力動的精神療法を「隠れん坊」としての精神療法から「いない,いないばー」としての精神療法までの一連のスペクトラムとしてとらえるという試みを発表している（Psychotherapy as hide-and-seek. B. Menninger Clinic 37 ; 174-177, 1973 ;「甘え」理論と精神分析療法. 金剛出版,東京,93-99, 1997）。すなわち,隠れん坊ができるほどに秘密をもてるレベルの心性に対する精神療法とまだそこまで発達していない「いない,いないばー」のレベルの心性への精神療法を,範疇的に別個のものでなくスペクトラムとして捉えたのである。短い論文だが切れ味が鋭く,1973年という時代を考えると最新のテーマを料理しているのである。

おわりにかえて
——精神分析という方法論——

　冒頭に,土居は精神分析という方法論にこだわり,精神分析や臨床は基礎研究より地位が低いものではないどころか,一つの基礎研究であるということを明確化したと述べた。最後に,もう一つだけ土居の精神分析という方法論に関する考察について私の考えを述べておきたい。この問題に関する彼の主要な論文は次のとおりである。

- (1954)：精神分析批判の反批判．精神神経学雑誌 55（選集 3, 1-9, 2000 に再録）
- (1961)：研究方法として．精神療法と精神分析．金子書房，東京
- (1965)：精神分析と精神病理．医学書院，東京
- (1965)：治療法・研究法としての精神分析．異常心理学講座 3．みすず書房，東京（「甘え」理論と精神分析療法，59-92, 1997；選集 3, 107-150, 2000 に再録）
- (1983)：精神分析と曖昧さ．フロイト著作集 10 月報．人文書院，京都（選集 3, 206-210, 2000 に再録）
- (1987)：精神分析の方法論．精神病理学の新次元 3．金剛出版，東京，208-223（「甘え」理論と精神分析療法，100-114, 1997；選集 3, 211-229, 2000 に再録）

　ここでこのすべてについて論じるつもりはないが，最初から最後まで彼が述べているのは，精神分析という方法における曖昧さ，効果が実証できないこと，勘が重要な役割を果たしていることである．これは，精神分析が，予測不能性や唐突さを内包しているようなオープンなシステム（生命現象）であることを物語っている．土居が，システム論について言及している文章を見たことはないが，彼が精神分析において観察し関心をもち考察の素材としてきたのはまさに生きている現象なのだということができるように思う．土居の仕事を振り返るという仕事を通してあらためて発見したのはこの事実である．

文　献

土居健郎（1969）巻頭言「見立て」について．精神医学 11（12）; 2-3.
Doi, T. (1973) Psychotherapy as hide-and-seek. B. Menninger Clinic 37 ; 174-177.
土居健郎（1977）方法としての面接――臨床家のために．医学書院．（新訂版 1992）
土居健郎（1989）巻頭言．異常心理学講座 9 ; 1-14. みすず書房．
土居健郎（1996）「見立て」の問題性．精神療法 22（2）; 118-124.
土居健郎（1997）「甘え」理論と精神分析療法．金剛出版．
土居健郎（2000）指定討論治療と精神病理学土居健郎選集 1. pp.289-293, 岩波書店．
土居健郎（2009）リハビリテーションと精神医学．臨床精神医学の方法．岩崎学術出版社．（リハビリテーション医学 41, 2004 初出）
土居健郎（2009）精神分析と文化の関連をめぐって．臨床精神医学の方法．岩崎学術出版社．（精神分析研究 増 48, 2004 初出）

Gabbard, G.O. (1994) Psychodynamic Psychiatry in Clinical Practice : The DSM-IV Edition. Washington DC, American Psychiatric Press. (権成鉉訳 (1998) 精神力動的精神医学——その臨床実践 [DSM-IV版] ①理論編. 岩崎学術出版社)

笠原嘉 (2010) 土居健郎先生追悼. 土居健郎先生追悼文集. pp.30-31, 土居健郎先生追悼文集編集委員会.

Plant, R.J. (2005) Williarn Menninger and American Psychoanalysis, 1946-48. History of Psychiatry 16 (2); 181-202.

第10章 「精神分析研究」50周年記念特集増刊号刊行にのぞんで

　日本精神分析学会は，設立50周年を記念するためにいくつかの事業を行いました。その基本的な目的は，わが国の精神分析の歴史を記録にとどめ今後のわが国における精神分析活動の糧とすることはもちろんですが，それ以上に，わが国の精神分析の未来を切り開くための新しい歩みに貢献するということであります。こうした事業の一環として私たちは精神分析研究誌増刊号を発行することとしました。まず，最初にこの企画編集の任に当たられた本学会編集委員長藤山直樹先生と編集委員諸氏に感謝申し上げたいと思います。また，長年にわたりわが国の精神分析の発展に出版という側面から貢献され，そして現在は本誌の制作を担っておられる岩崎学術出版社に深謝申し上げます。このようなときに，本学会会長を務めることは，私自身大変誇りに感じていますが，同時にその責任の重大さを痛感しております。

　さて，本学会は50年を経ましたが，わが国の精神分析は，1934年古澤平作が開業を始めた時点から始まったといってよいでしょうから，それは70年の歴史を持つことになります。なぜ古澤がわが国精神分析の創設者なのかという理由はよく知られているはずですが，それは本学会のアイデンティティに関することなので，ここであらためて強調しておきたいと思います。すなわち，彼こそが，わが国では初めて，精神分析の本質はその臨床的な実践方法，すなわち自由連想法にあるということを発見したからでありますし，さらにはウィーン留学によってそれを確証し，帰国後から一貫してその意味での精神分析を粉骨砕身実践し続けたからであります。1939年9月23日Freud, S.の死に際し，古澤は精神分析についてつぎのように述べています。「(フロイト)先生の問題の解決はあくまで治療（治療で誤解があれば生きた精神との直接交渉と言い換えてもよい）＝患者の治療に深く沈潜されたことにあった」（この「フロイド先生の遠逝を悼む」という論文は，1939年10月7日発行の東京医事新報 No. 3155に発表され，その後，1954年，精神分析研究誌1巻6号に再掲されたも

のである)。

　すなわち，精神分析的方法とは，人間の生きた心と心の直接的交流とそれについて徹底的に考えるという実践にその根本があるのです。この考え方が，私たちの学会のアイデンティティだといってよいでしょう。わが国には，「総論賛成，各論反対」という文化が根強くあります。精神分析の方法を学ぶことなく，当然その方法を実践することなく，書物で学びそれを応用して結果を出そうという傾向です。書物による精神分析学です。この学問・知識としては取り入れるが方法は拒否するという書物精神分析学は，古澤以前にもあったし，現在にいたるもなお根強くわが国に浸透しています。しかし，これでは精神分析は「形無し」になってしまいます。古澤とそれ以降の第二世代といわれる土居健郎，小此木啓吾，西園昌久，前田重治といった精神分析家たちは，ともすると日本文化の影響により形無しになりかねない精神分析に，どのようにしたら具体的な形を与えることができるかという課題に大変なエネルギーをもって取り組んできたといえます。今日，わが国の精神分析が国際的なレベルについていくことができているのは，こうした努力の賜物だと思います。

　たとえば，第二次大戦後，心身医学を含むアメリカ力動精神医学の紹介は，当時の若い医師や医学生を大変に啓発し，第二世代を生み出したのですが，精神医学の実際の大方は，書物精神分析という「手っ取り早い」導入にとどまっていたのです。歴史的に見るならば，そういう人たちは本学会から距離を置き，別の学会を作り独自の活動を始めたのです。この困難な状況の中で，本学会は，精神分析に明確な形を与えるためになんらかの芯になるような概念を必要としました。私は，それが治療構造論と分析アイデンティティ analytic identity（あるいは分析家アイデンティティ analyst's identity）という二つの互いに相補的な概念であったと考えています。

　本学会を振り返ってみると，教育の面においても，臨床の面でも，研究の面でも，そして学会組織のレベルでも，そこで検討されてきた諸問題は，これら二つの概念を中心的な刺激として展開してきたと考えられます。そして，この動向は現在まで引き継がれているのであります（本学会50周年記念大会の「記念シンポジウムA　わが国の精神分析の50年と未来」でも，このような脈絡で重要な事柄が議論されました）。

　たとえば，精神分析療法を他の精神療法から区別するものはなんだろうかという問いがあげられます。説得，暗示，教育という治療者の考えの押し付けか

ら精神分析を区別するもの，特徴付けるものは何か，ということです。治療構造論による議論の深化なしに，この問いに答えることはできなかったでしょう。精神分析の基本思想が「毎日分析」であるとして，では週1回の精神分析的精神療法は，精神分析とはいえないのか，という問いもあります。わが国において毎日分析が展開しなかったという歴史的事実を前にすると，この問いは単なる形式上の問題ではなく精神分析とは何かということにかかわる根本的な問題なのです。治療構造論と精神分析アイデンティティという概念的武器にもとづいた自己分析すなわち日本文化への同一化に対する洞察がなかったなら，日本の精神分析は命脈を保てなかったかもしれません。

　今日，精神分析の中にはいくつもの理論や学派があります。欲動論，自我心理学，対象関係論，Klein理論，自己心理学，関係論などです。私たちは，なんらかの程度でそれらに同一化しています。このことは，学派の違いというレベルだけでなく，各精神分析家という個人レベルにおいて，何が精神分析かという問いに対する微妙なそして決して小さくない相違を生み出しているように思います。こうしたことは決着済みの問題ではなく，今後も本学会という場を通して論議され明確化されるべき事柄でしょう。

　精神分析の効果や精神分析の目標という事柄も今後の大きな課題です。この問題を探究し議論することは，単に学術的関心からだけでなく，本学会の社会への説明責任でもあるからです。

　本学会における50年間の論争を経過して，多くの分析家に共有された理解もあるかと考えます。たとえば，精神分析は，患者への共感的理解，つまり患者の様々な側面に対する同一化に基づく理解を基本とするという考えは共有されていると私は考えています。さらに，分析家は患者に同一化しつつも，そういう自己から距離を置いてそこで起きている状況を観察するもう一つの自己の存在が必要だという考えも共有されています。自分との対話つまり自己分析の必要性です。この意味で，精神分析は，自己を分析することを学んだ治療者が，被分析者に自己を分析する方法すなわち精神分析的に考えるという思考方法を伝達する過程だといえましょう。

　教育訓練に関するパネルの報告を載せた最近のIPA誌（1996，77巻，813-818）は，その中で精神分析教育の目標は，精神分析アイデンティティの獲得と形成だと述べています。そしてここでいう精神分析アイデンティティとは，精神分析の対象への同一化によって自己の変革を成し遂げ，そのことが臨床の中

で自分について考えることに役立ち，そして心的現実（無意識的空想）の理解につながるような基本的姿勢のことを意味しています。

　この精神分析的方法の基盤をなす自己分析は記述的意味で一定の到達点があるわけではありません。それは，自己とそして対象との対話という作業をやり抜くという方法なのですから，まさに，Freud, S. のいう終わりなき分析です。こうした意味での精神分析的方法は，骨の髄まで自分を精神分析漬けにして習得できるものではないでしょうか。精神分析アイデンティティを身につけるということが，自己と社会との職業的な関係の脈絡で形成されるとすれば，それは，Hartmann, H. の概念を借りて第三の自我自律性の形成と呼んでもよいように思われます。私たちは患者や被分析者と共にあるとき，それほどにいわば自動的に精神分析的に考えるのだろうと思います。

　さて，本学会は独自の認定制度と倫理規定をつくりました。認定制度という組織的形式的な制度の確立は，研修過程にある会員に現実的な指針を示すと同時に上に述べたような同一化に基づく内面的な意味での分析的体験を安全かつ可能にするものと考えられます。たとえば，もし，このような制度がなければ，研修生は何に同一化すればよいのか，果たしてそれが適切なのか否かを一人で検討し，判断しなければならなくなります。そのような判断は，自己愛的になることやあるいは過剰に自己処罰的になるという危険を回避することができません。認定制度は，認定セラピストに対しても明確な目標を提示しています。認定されたからといって自己に課す精神分析の訓練が終わりになるものではないということを語っています。

　倫理規定は，それをただ守ればよいというものではないでしょう。それは，小此木啓吾が強調してきたように「医師としての分別」を用いることによって初めて成り立つ精神分析的人間関係において，私たち臨床家が行う「人の心を扱う」といういわば越権行為に課せられた厳しい掟なのです。こうした精神分析的内的規範は，精神分析の研修過程を通して，習得するものなのですが，その場合も，持続的な自己分析が必要になります。精神分析は，患者との依存的関係を通して患者を支配することを厳しく拒否してきました。個としての患者の尊厳と責任性を徹底的に尊重するという姿勢を維持することは，しばしば恐怖を体験することにつながります。この恐怖に耐えられないとき臨床家は，安易な「関係付け」の誘惑に負けてしまうのです。すなわち，倫理規定は遵守すべき掟ではありますが，それについてつねに考えるということがもっと重要な

のであって，そうすることによって私たちは安全に精神分析の実践を行うことができるのだろうと思います。

　この二つの制度は，組織レベルにおいて，本学会とカウンターパートである日本精神分析協会（以下協会）との違いを明確にすることに役立ちました。本学会会員の皆様は，学会と協会との違いを明確に把握できるようになったと思います。しかし，明確になっただけあいまいな点もあぶり出されてきました。たとえば，私はこの論文で自己分析の必要性を強調してきましたが，本学会の認定制度は「教育分析」を要求していないのです。教育分析なしで，自己分析の姿勢をそして精神分析アイデンティティを形成することができるのかという疑問を私たちは避けることができないでしょう。一方で，自分の研修のために自発的に週1回の精神分析的精神療法を受ける臨床家が増えているという現実があります。このこともまた本学会が担う今後の大きな課題だといえます。

　精神分析という方法は，議論を絶やすことなくつねにオープンなシステムとして機能し続けるような仕掛けを内包している生きたシステムだと考えられます。この方法を維持する限り，今後直面するであろう危機に対しても，そこから何かを創造するという力を持ち続けることができると考えます。

第 11 章　日本精神分析協会と日本精神分析学会
　　　　──共存の歴史とその行末──

はじめに

　わが国には精神分析に関する主要な学術組織が二つ存在する。日本精神分析協会（Japan Psychoanalytic Society, JPS）と日本精神分析学会（Japan Psychoanalytical Association, JPA）である。前者は国際精神分析協会（IPA）の日本支部であり，後者は日本独自の組織である。組織としての規模を会員数から見ると後者のほうが圧倒的に大きいのだが，わが国の指導的な精神分析家たちの多くは，これら二つの組織の主要な指導者層を形成している。この事実は，海外の精神分析仲間から見るとひどく理解しがたいものに映るらしい。本論文の目的は，JPSの立場から，JPSの公的学術誌において，日本精神分析学会と日本精神分析協会の形成の経緯を明らかにすることによって，我々自身だけでなく，海外の仲間にもわが国の精神分析をできるだけ正確に知っていただくことである。
　本論文で報告し検討するのは以下のような事柄についてである。なお筆者の役割は，戦後の流れを検討すること，ただし，いわゆるアムステルダムショックは小倉清の担当なのでその部分には触れないことである。具体的には，第一に，日本精神分析学会は，どのようにして作られたか，その際，IPA日本支部はどのように位置づけられたか，そしてその活動はどのようであったか，ということ。第二に，いわゆる学会紛争（大学・学会改革運動）のもたらした影響はどうであったか，ということ。第三に，日本精神分析協会は日本精神分析学会からどのようにして分離・独立したのかということ。第四に，最近の二つの組織の関係の一側面についてである。筆者は，これらについて，おもに組織の形態，理念，組織を構成する人，という視点から検討する。
　本論に入る前にこの論文を作成する過程で気づいたことについて述べておきたい。まず第一は，こうした歴史を研究する際に必要な過去の出来事に関する

資料や文書が散逸してしまっていて見出すのが困難だったということである。たとえば，事務局にある資料にはほとんど目をとおしたが，JPS や JPA 設立時の会員名簿は見出せなかった。筆者は，限定的であるが入手できた資料に基づいて以下の考察を進めざるを得なかった。第2に，筆者は，入手できる資料に基づいて上記の事柄について検討することが目的であって，「日本精神分析協会の正史」といったものを書くことではない。本協会の会員はそれぞれが本協会に関して個人的物語を持っているに違いない。筆者自身もそうであるが，そうした個人的物語を書くことが目的でもないことをお断りしておきたい。

1　日本精神分析学会の設立の経緯　戦後の状況と学会設立前夜，

　このあたりの状況については，精神分析研究2巻11号創立総会特集号に詳しい。戦後，精神分析に関してわが国には二つの組織があったことが明らかである。一つは，丸井清泰が支部長として率いている，戦前から続く IPA 仙台支部である。もう一つは1945年戦後間もない頃（小此木啓吾によれば1950年にはすでに活動していた）から東京において古澤平作を中心に運営されていた精神分析研究会である。古澤のもとには，戦後，米国力動精神医学や心身医学運動そしてその背景にある精神分析に刺激を受けた若い精神科医たちが精神分析を学ぶために集まるようになっていた。古澤は丸井と決別してはいたが，精神分析家として IPA 仙台支部にも所属し協会活動に関与していた。精神分析研究会は，1952年に精神分析研究会会報を創刊し，これが「精神分析研究」誌に引き継がれるまで毎月1回発行していた。なお，戦前存在していた IPA 東京支部は，戦時中の矢部八重吉の死後，その存在が不明になっているという（北山修発表[編注] 参照）。

　その頃，丸井の提唱によって精神分析を精神医学の中に普及することを目的としたのちの日本精神分析学会的なものの設立案があった。これは，名古屋試案と呼ばれており，古澤も関与していた。なぜ名古屋試案かと言うと，当時はなお戦後の不便な時期で人が集まることも大変な時代であったところ，たまたま名古屋で精神神経学会総会があり，名古屋で精神分析の関係者が集まることができ，そこで話題に上ったからである。しかし，この案はなお実現に程遠かった。

　転機になったのは，1953年8月の丸井の急逝であった。IPA 仙台支部は

編注）北山修（2011）日本の精神分析の黎明期――フロイト-日本人書簡集から．日本精神分析協会年報1；18-24. を指すと思われるが，この中にこれについての直接の言及はない。

1954年7月16日古澤を支部長に選出した。古澤は，精神分析そのものの普及だけでなくもっと広く精神分析的方向付けを持った精神療法の普及という2つの目的を果たすために，当時の大学精神科教授らの有力者の助けを得て1955年8月に日本精神分析学会創設を決定し，同年10月23日慶應義塾大学医学部北里講堂において創立総会が開催された。ちなみに，23日というのはフロイトの命日である。

2 日本精神分析学会設立の理念と目標

すでにIPAの日本支部（仙台）があるにもかかわらず，日本精神分析学会を設立しようとしたその理念と目標はどのようなことであったろうか。これは精神分析研究2巻8号から9号（創立総会準備特集号Ⅰ，Ⅱ，Ⅲ），10号に掲載されている諸論文に詳しく述べられている。要約すると以下の3点に絞られる。

まず第一に，わが国に精神分析を学問として成立させること，すなわち科学としての精神分析の確立と普及ということがもっとも強調されている。いいかえると，戦後急速に輸入され若い精神科医たちの関心を集めていた米国力動精神医学の担い手としての学術組織を成立させることであった。そのために，大学アカデミズムとの協調やそれらからの援助を必要とした。その最大のスポンサーである三浦岱栄（慶大精神神経科教授）の創立総会における「宗教と精神分析学」なる祝辞は，科学としての精神分析と宗教との関係を論じたもので，この事情をよく表している（精神分析研究2巻10号）。

第二に，書斎精神分析に陥らずに，精神分析の実践と方法論を堅持することが強調されている。創立総会のシンポジウム「精神分析技法について」はそれをよく表している。ちなみに，シンポジストと演題は以下のようであった。

　　山村道雄「私の仙台教室時代の技法」
　　蔵内宏和「日本に於ける精神分析技法からの追誌」
　　小此木啓吾「分析技法一般——自由連想法——」
　　高橋進「精神分析的精神療法」
　　阿部正「精神病の心理療法」

興味を引かれるのは，この新しくできた学会が，治療設定，自由連想法，転移，抵抗，解釈といった分析過程の重視といったことを共有していたということ，その上で自由連想法と対面法，精神分析と精神分析的精神療法の違いを明

確に意識していたことであり，この学会はそれら両者の共存を狙っていたことである。

この延長線上に第三の特徴がある。対人関係学派を含む精神分析に関する多様な学派をコンテインしていくことが謳われている。これは，本学会が米国力動精神医学に強く影響を受けていたからであろう。

3 日本精神分析学会の組織上の特徴とIPAとの関係

古澤は，本学会を日本精神分析学会であると同時に，IPAの日本支部と位置づけた。つまり，仙台支部の名称を日本支部として発展的に解消したのである。しかし，この組織化は矛盾をはらんでいた。学会の会長こそ，古澤平作であったが，その他の主要な運営委員は精神分析家ではない大学教授たちであり，事務局を担当した北見芳雄，高橋進，小此木啓吾といった人たちはなお若く研修中の身分であった。もう一つは苦肉の策であったが，会員構成をつぎの四つに分けたのである。A会員（国際会員），B会員（国内会員），C（臨時会員），名誉会員である。IPA会員に相当するのがA会員である（精神分析研究2巻10号，会則）。すなわち，本学会は，古澤と彼の教育を受けている若手メンバーを中核とし，その周辺にB会員がいるといったものであり，そういう構造を古澤が設定していたといえる。

古澤はこの分析学会と分析協会を一つにした団体を認めるようIPA本部に申請したが，IPAは，戦前からあった東京支部と仙台支部を一つにした日本支部の設立は認めたものの，日本精神分析学会は日本の国内事情であって，IPAとは無関係であるという姿勢をとった（西園昌久論文（2004）精神分析研究50周年記念特集増刊号48巻; 28-29)。おそらくこうしたことが「日本精神分析学会」という呼び名の英訳によく現れている。創立総会に提案された会則は，本学会を「日本精神分析学会（Japan Psycho-Analytical Association ）と呼び，国際的にはJapan Psycho-Analytic Societyとする」とあったが，創立総会議事でJapan Psycho-Analytical Associationの英訳は削除されたのである（2巻11号)。つまり，日本精神分析学会とJapan Psycho-Analytic Societyという二つの語がのこるという奇妙な事態になっていた。その後, 1959年（昭和34年）第5回大会で会則の変更があり，その年の学会誌からJapan Psycho-Analytical Association（JPA）の名称が用いられるようになった。これは大変重要な変更であったが，それについては後で述べる。なお，本論ではこれ以降，

第11章　日本精神分析協会と日本精神分析学会——共存の歴史とその行末——　255

　日本精神分析学会をJPA，日本精神分析協会をJPSあるいはIPA日本支部と記載する。
　JPAが矛盾をはらんだ組織であるということは，学会機関紙である「精神分析研究」にも反映している。当時，精神療法に関する研究発表の受け皿がなかったため，それらに関する論文，たとえば，心身医学に関する論文などは精神分析研究誌に発表された。つまり，JPAの大会と「精神分析研究」誌は，精神分析固有の研究発表の場としてだけでなく，力動精神医学の動向を反映しそれらに関する研究発表の受け皿として機能していたのである。
　さて，資料を調べても発見できなかったのは，IPA日本支部における教育研修システムに関する文書である。訓練分析家は誰であり，どのようにして分析家になるかということ，誰がどの程度毎日分析をしているのか，に関する文書である。公表されている論文から，断片的に拾い上げると，古澤から土居が通信分析や統制分析を受けたこと，小此木が週1回の訓練分析を受け，その後統制分析を受けたこと，西圏が訓練分析を受けたこと，前田は週2回に引き続き毎日分析を受けたこと，小此木が毎日分析を実践したことが分かっている（精神分析研究第5巻6号；29-40, 1958, 精神分析研究第11巻4号；3-22, 1965）。その後の動同から推測すると，古澤が唯一の訓練分析家であって，彼が一人で訓練分析とスーパービジョン（これを統制分析といった）をしていたのであろう。
　たとえば，1958年精神分析学会のシンポジウム「われわれはどんな風に精神分析を学んできたか」（シンポジスト；前田，土居，小此木）（精神分析研究第5巻6号；29-40, 1958）によると，各シンポジストは，絶えざる個人分析の意義を強調していること，訓練に関する問題を詳細に検討していること，系統的な訓練組織を作る必要性に言及していること，を述べている。筆者は，それらの論文を見ると，訓練分析それ自体は肯定的に受け止められているのだが，訓練分析家が独りしかいないという状況についての問題意識が各シンポジストにあるように思われた。そして，IPA日本支部に関するこうした重要な問題を，討議する公的な場が「JPA学会大会」であった。ただ，このシンポジウム記録を見て，幾分奇異に感じるのは，このシンポジウムが開催されたのは1958年10月12日であり，すでにその夏に古澤が脳梗塞で倒れているのだが，この重大な事実についてどのシンポジストも言及していないということである。
　さらに発足当時のIPA日本支部のメンバーの名簿が発見できなかった。た

だ 1959 年から 1960 年頃の資料が見つかったのでそれをここに記しておく。これは，

1960 年，日本支部（書記・会計懸田克躬）から IPA への手紙にみるメンバーに関する資料（Kakeda, 1960）であり，それによると，

1) active member 31 名，associate member 8 名
2) 送金者リスト（ジャーナル）

阿部 正　新田目五郎　芦屋ヒロブ　土居健郎
土居正徳　早坂長一郎　平林信孝　池田数好
池田由子　井村昭三　井村恒郎　懸田克躬
小沼十寸穂　古澤平作　蔵内宏和　前田重治
三浦信之　三浦岱栄　村上敏雄　西園昌久
小川芳雄　荻野恒一　阿部弥太郎　小此木啓吾
大山順道　佐藤紀子　鹿野達男　霜田静志
白土宏吉　隅 健郎　鈴木健次　高橋進
武田専　田村 忍　渡辺ひろし　山本武義
山村道雄　（計 37 名）

この手紙は，1958 年に古澤が病気で倒れて，IPA からの問い合わせに返事を書くことができなくなり雑誌代などの送金が滞ってしまった。そのため，催促がきて，当時の書記の懸田が返事をした。そのやり取りの手紙が事務局に残っていたのである。ところで，この時点で，上記の誰が正会員かどうかは不明であるが，少なくとも 31 名は精神分析家であったと推測される。

4　1958 年～1959 年頃の IPA 日本支部の状況：古澤の病気と JPS の分離

　1958 年夏，古澤は脳梗塞に倒れ，病臥するようになった。教育指導は実質困難になった。古澤グループにおいては唯一の指導者の喪失であるから JPA にとっても IPA 日本支部にとっても大変な危機であった。前述したように IPA との交通も一時滞った。しかも，後継の精神分析家たちはいまだ若かったのである。西園・前田 30 歳，小此木 28 歳，土居 38 歳であった。彼らは，精神分析家としてのみ生きることによる孤立化を避けるために，それぞれの精神医学領域で適応しなければならなかった。

　古澤の病気の結果，JPA は古澤を名誉会長にし，会長は三浦教授が引き継

ぐことになった。しかし，ここに重大な問題があった。JPAとIPA日本支部は同一の組織であったから，精神分析家ではない三浦が会長になることはできなかったのである。この危機に際し，小此木はJPAとJPS（IPA日本支部）を分離するという規約改正を着想し，三浦・古澤の同意のもとに，この規約改正を実行したのである。前述した日本精神分析学会の英訳が，Japan Psycho-Analytical Associationになったのはこのときからである。

小此木によれば，JPSをJPAから分離することによって，日本の精神分析の国際的絆とアイデンティティを大学の医局講座制という権力構造の埒外におき，純粋なものとして温存し，自分たち若手が世代が成長するまでの間確保することを意図したという。

すなわち，1959年においてJPSはJPAから規約上分離したのである。この事実は決して隠蔽されなかったが，JPSは無活動状態に入った。そして，後にJPAに入会する日本の精神分析を担う若手でさえも，この事実のもつ複雑で葛藤に満ちた意味を直視する必要性を感じないほどに，JPAが日本の精神分析を担うようになっていったのである。こうした動向について，後に，小此木は，「精神分析学の新しい動向（米国精神分析学会編著，日本精神分析協会編訳），岩崎学術出版社，1984」の「日本語版刊行にあたって（p. vii）」において，「IPA日本支部は休眠状態にあった」，と述べているのである。

5　日本精神分析学会の変化とJPSの休眠

このような状況では当然といえるが，JPAはより力動精神医学の方向にシフトした。この傾向は，1964年年の学会シンポジウム「精神療法の教育と訓練」（シンポジスト；土居，小此木，西園，都留）に如実に現れている。そこで強調されているのは，力動精神医学の必要性，その実践における精神分析的精神療法の有益性，教育訓練としては，訓練分析を必須とせず精神療法スーパービジョンを重視することなどである。

ここで，JPAの変化とJPSの休眠状態がなぜ起きたのか，ということについて要約しておく。第一は，古澤の病気による精神分析の指導者喪失とそれをめぐる葛藤・適応，第二は精神医学における力動精神医学への関心の拡大，第三は大学アカデミズムとの結合と研究，第四は1964年の日本精神病理精神療法学会設立に象徴されるようにJPAから有力な論客が離れていくというなかでいかに精神分析というアイデンティティを守るかという葛藤，が契機に

なっている。そして，この過程でまだ若き指導者たちは，おそらく，大変な苦悩を抱えながら，個人的にも公的にも猛烈な努力をしていたのであろう。おして彼らが，待ち望んでいたのは，将来の日本の精神分析を担う後継者の成長であったろう。

6　学会紛争のもたらしたもの

　1968年10月5日古澤は逝去した。翌1969年JPA第15回大会で「古澤平作先生追悼講演」(小此木) が行われたまさにその日，JPAでも大学・学会改革運動，いわゆる学会紛争が始まった。結論から言うと，この学会紛争はJPAにとっては，真に精神分析臨床を行うものの集団としてJPAを再組織化する力になったという意味では非常に建設的に作用したと考えられる。すなわち，学会改革運動では，第一に，精神科医療のリアリティをみつめること (個人，家族，社会といった視点の重視)，第二に医局講座制下での精神分析教育の限界と問題点が明らかにされ，その結果大学を超えた訓練組織の設立への刺激になった，第三に，精神分析から生まれた精神分析的精神療法や入院治療などの臨床実践の重要性が再確認された，のである。そして，1973年新しく再構造化された学会組織が発足した。それまで学会の役員であった大学教授達が去り，西園，小此木ら40歳前後のものが集まり選挙による集団民主的な運営委員会が誕生したのである。

　ただし，この改革運動の中で，IPA日本支部に関してはほとんど言及されていない。当時のいろいろな記録を見直して一箇所だけ「日本では治療的実践としての精神分析はない」とう文言を見つけた。毎日分析やJPSのことは，JPAという学会のあり方を問うテーマにもならなかったのである。

7　変化の年：1979年

　いろいろな，潜在的あるいは顕在的流れが一挙に連動し結合するときがある。精神分析において1979年がそうしたときであったように思う。組織・理念・人材・国際交流・経済基盤などが連動しながら顕在化した年である。

　第一に，組織的動きと理念である。1979年JPA第25回大会のシンポジウムは「古澤平作とその後の発展」(シンポジスト：土居，小此木，西園，前田) であり，今から振り返ると著者には，このシンポジウムの隠された狙いは「JPSあるいはIPA日本支部の活動の再開に向けての諸条件を構想している」よう

に思われるのである。そのため，長くなるが小此木の文章を引用したい。そこには複雑な葛藤，ジレンマ，懺悔，将来への展望などが含みこまれているので要約せずに引用するのである。

V 「眼を閉じて下さい」

「一度倒れられた先生からは，その剛気な側面は影を潜め，すべてを達観した優しい慈愛の結晶のような存在になられた。その後の闘病と節制は，先生の異常なまでの意志の強さと真宗の信仰に支えられた生命力を遺憾なく発揮した。しかし，学問的なこと，学会関係のこと，患者さんのことはまったく全面的にその全て無条件に私たち弟子にゆだねられた。

終わりに臨んで，いざ改めて顧みると，古沢平作先生が弟子たちと直接接触したのは，それぞれについてせいぜい3～4年ぐらいずつにすぎなかった。しかもそれらの弟子たちにこのように決定的な学問的アイデンティティを与えた事実は，一開業医の古沢のあの生涯の悲願が天に通じ，私たち凡才の心を，それぞれの力以上に動かしたからにちがいない。また，我が国の精神医学がそのような歴史的状況にあったことも対応していたのであろう。弟子たちを感化した古沢の真髄は，と問われるなら，私にとって，それは，「精神病者が狂っているというなら，あなたも私も狂っている」という自己分析の精神である。精神医学が大学教室や医療機構の組織や機構の形をとった一つの体制となり，精神分析がその体制の中に組み込まれてゆく途上で，もしも，権力や権威の中にこの本来の精神を見失ってゆくとすれば，その時精神療法家アイデンティティには危機がくる。ある意味で古沢は，弟子たちが精神医学の中に所を得るにつれて，この意味で自分を失うことに強い危惧の念を抱いていた。その点で私自身は，古沢先生の御逝去の翌年の日本精神分析学会第15回大会が，いわゆる学会闘争の場となり，若手精神科医たちから，私たちが「医局講座制や研究室体制の中に組み込まれて，精神分析本来のアイデンティティを見失った」と批判された時，その叫びを天に在る古沢の叱責として受け取った。御逝去の前年，昭和42年11月12日古沢先生は，門下生による「古希の祝い」の集まりにご不自由な身体をおして出席されたが，その時，記念品として希望されたのが西郷隆盛の肖像であった。その心

を知る私にとって，造反する私の弟子たちの声はひとしお身にしみたのである。そして私は思う。私たち第二世代がこのシンポジウムに求めるのは，この25年間の発展を安易によろこび，ナルシシズムを共にすることではない。

今や我が国の精神分析は，古沢の孫弟子，曾孫弟子である第三世代，第四世代に今後を期待する時代を迎えている。しかも，常にその臨床経験の上で，質，量ともに圧倒的な欧米の臨床経験を各発展段階で吸収し，統合してゆかねばならない。そしてこの我が国の精神分析・精神医学の輸入文化的構造は，あの古沢による丸井批判のような世代間の学問的闘いをさらに運命づけている。その意味で私たちの進歩のためには，常に第二，第三の古沢平作の出現が必要である。たとえそれぞれの歴史的状況や学問の発展段階，国際交流の様相などが違うにせよ，今や私たち古沢の弟子たち第二世代に求められるのは，古沢が丸井に，私たちが古沢にかつて行ったような学問的な批判と斗いに耐える強さである。諸外国で学んできた新しい臨床経験をもった人々がわが国の精神分析の流れの中で，私たちの歴史的流れとの統合を得ながら発展してゆくことを意味する。

最後に私は，このシンポジウムが近づいたためか，『対象喪失』とうタイトルの本（中央新書）を執筆したい気持ち駆られた。そしてその途上でエディプスコンプレックスをあらわしたFreud, S.の夢をいろいろととり上げているが，その中の一つを紹介してこの発言を終わることにしたい。

その夢というのは，「眼を閉じて下さい」という夢である。そもそもドイツ語で「眼を閉じる」という場合，「両目を閉じる」つまり，die Augenという場合と「片目を閉じる」つまりein Augenという場合でその意味がちがう。「両目を閉じて下さい」という場合，それは「安らかに永眠して下さい」という意味であり，「片目を閉じて下さい」という場合それは，「すべて大目に見て下さい」という意味である。実際にはフロイトは，父親の葬式の後の夜にこの夢を見た。しかもフロイトは夢の中で，die Augenだったのか，ein Augenであったのかわからないまま目がさめる。そしてFreud, S.は『夢判断』(1900)の中で，どちらかわからないような，はっきりしないあいまいさが夢にみられる時には二つの意味が

そこにある，という。つまり Freud, S. の自己分析によれば，一つは，「安らかに永眠してほしい」という父親を弔う気持ちをあらわしているがもう一つの「片目を閉じて下さい」つまり「大目に見て下さい」は一体何を意味しているのか。そこで Freud, S. は，自分が父親の葬式の日に理髪屋さんに行って葬式に遅れてしまったことを回想する。
　私もこのシンポジウムには古沢平作先生に対してやはりこの二つの意味があると思う。一つには「安らかに永眠してください」という意味であって，西園氏がかつて，古沢平作先生の御葬儀の時に，悼辞の中でのべられたように「先生安らかにおやすみ下さい」という意味である。もう一つは，今後もまた私たちが先生を食ったり，先生に背いたりしながら，成長し，古沢先生になり代わっていろいろとやってゆくのを「大目に見ていて下さい」という意味である。私は，本シンポジウムを，私たちが先生に対するこの二つの気持ちを共に改めて確認しあう，よき機会にしたいと思っている」

　この大会では山村会長が，学会記念講演「日本精神分析学会25年の歩みを回顧して」の中で「フロイトに帰れ，の動きがあるようだ」といわれている。
　そして，この年小此木は，東京において「精神分析セミナー」を開始した。毎週火曜日夜7時から9時まで行われた。小此木は，これを学閥あるいは医局講座制を越えた「超大学的教育組織」であると表現していた。このセミナーは現在まで続いており，いまやここを卒業した人が今日の日本の精神分析あるいはJPSとJPAを担っているといって過言ではない。小此木は，欧米にある精神分析インスティテュートは無理にしてもそれに近いものをつくろうと構想していたのである。
　第二に人についてである。この頃になると，岩崎，神田橋，小倉，牛島といったいわゆる第三世代，北山，相田，皆川，狩野といった第四世代が登場してきた。なお少数ではあるが国際的レベルに達しているか，近い将来近づくことが予想されるといった人々が育ってきたのである。
　第三に国際交流が活発化してきたが，これについては次の項で述べる。
　第四に，わが国の精神分析の組織的活動をささえる経済的基盤の構想が生まれたことがある。これは武田専による精神分析学振興財団設立構想であり，実際に4年後の1983年4月15日に設立された。

8　国際交流の活発化

　この頃から，国際交流が活発になり，IPA や APA[編注]に日本の存在を意識させるようになってきた。また次に述べるように，1983年から2年に1回，合計5回開催されたメニンガーワークショップは，わが国における精神分析や力動的精神療法の認識や実践に関する共通の基盤づくりに大変貢献した。以下，羅列的だが代表的な国際交流を挙げてみる。

　1980年 Menninger, R と Wong, N. 来日，これが契機で著者は Menninger Clinic に留学した。Padel, J. 来日。

　1982年 Blum, H. からの提案（米国精神分析論集の翻訳出版の依頼，1984年出版）（小此木，1983）。

　1982年11月コーネル大学グループ来日（Cooper, Kernberg, Stein ら），JPS と JPA の共催による日米合同カンファレンス実施（小此木，1983）。

　1983年11月　第1回メニンガーワークショップ開催（JPA 推薦，JPS 推薦）（小此木，1983）。

　1983年 IPA33回大会（マドリッド）において小此木は，日本語同時通訳方式を導入して日本からの参加を促した（同時通訳の任に当たったのは，丸田，皆川，宮本の各精神科医である）（小此木，1983）。

　1985年 IPA34回大会（ハンブルグ）においても日本語同時通訳実施した。この大会で，小此木は大会プログラム委員をつとめ，Wallerstein 会長との会見において日本からの発表を促進すること，日本の訓練の現状として教育分析は週1から2回などを説明している（Okonogi, 1985），つまり日本の訓練状況について小此木はオープンに話している。IPA 会長がそれを認めたかどうかとなると，証拠の文書がないし，おそらくは公的に認めたということはなく話を聞いたというところではなかったろうか。また相田が IPSO 会議に参加している（相田，2010）。

　1985年第2回メニンガーワークショップ（JPA 推薦，JPS 推薦）

　1987年 IPA35回大会（モントリオール）：日本語同時通訳継続，土居発表（甘え理論），IPSO で相田候補生が日本の事情発表（正会員15．準会員9．候補生74）（相田，2010）。この大会には，日本からも多くの人が参加した。そして，土居の甘え理論はすでに英訳されていたが，IPA で公式に発表されたのはこ

編注）　p.175の編注を参照

の大会においてであった。また，このモントリオール大会を熱狂させたのは乳幼児精神医学の登場であった。

9　日本精神分析協会の再活動化

　この論文を書き始めるまで長きにわたり，著者は 1980 年ころ，JPS は JPA から独立したと思っていた。そしてそのように言ってもどなたも否定されなかった。しかし，これまで述べてきたように，JPS は JPA から独立したのではなく，1959 年にすでに JPA から分離し休眠状態であったものが，この頃に JPS の再活動化のための組織的，人的，教育的，経済的な準備が整ったと小此木ら指導者は判断し，その活動を顕在化させたのである。

　1983 年 2 月 26 日の文書〈会長山村・書記小此木から日本精神分析学会会員宛，(山村・小此木，1983)〉によると，JPS の第 1 回年次総会は 1982 年 10 月に開催され，そこで新規約と細則が定められ，今後「日本精神分析協会 JPS」という名称で活動すると謳っている。その後，別の文書で準会員の募集と研修生登録の呼びかけ（3 月 25 日）（日本精神分析協会教育研修委員会，1983；日本精神分析協会選考委員会，1983；日本精神分析協会，日付不明）。

　この動きは，日本の若手，中堅の仲間から，ある種の熱狂のうちに迎えられた。彼らが――私も含めて――明確に IPA とか Analyst を意識するようになった瞬間でもある。次に当時の両組織の役員を紹介する。

● 1984 年　日本精神分析協会　運営委員
　山村道雄　土居健郎　小此木啓吾　西園昌久
　岩崎徹也　武田専　前田重治　小倉清
　神田橋條治　（牛島定信）
　（正会員には，他に，阿部正，新田目五郎，佐藤紀子，阪本健二，村上敏雄，高橋進，準会員に田村忍，鹿野達男らがいて，まもなく阿部は会費未納で退会，鹿野退会申し出，新田目，田村氏は逝去，牛島は翌年正会員かつ運営委員になる）（日本精神分析協会，1984）
　協会独立当時の役員（学会役員と比較）

● 1982 年　日本精神分析学会　運営委員（日本精神分析協会，2004）
　山村道雄会長　乾吉佑　岩崎徹也　小倉清

小此木啓吾　**下坂幸三**　武田専　土居健郎
野沢栄司　**馬場禮子**　牧原浩　皆川邦直
吉松和哉　笠原嘉　諏訪尚史　丸井澄子
山本道雄　小林和　辻悟
中野良平　三好暁光　浅田成也　牛島定信
杉田峰康
鑪幹八郎　西園昌久（計25名，ゴシックはJPS会友）

つまりJPA役員26人中11名，会友を入れると26名中15名がJPSのメンバーであることがわかる。

1983年3月26日の運営委員会記録によると　準会員申し込み11名，研修生登録申し込み33名であった。予想していたとはいえ，役員はことの重大性を認識し，選考委員会，教育研修委員会，運営委員会を早急に開催し対応したとある（日本精神分析協会，1983）。1983年11月27日第2回年次総会兼準会員や研修生も参加した第1回の年次学術集会が開催された。準会員申し込み11名の選考は4回行ったが結論に達せず，研修生は34名であった（小此木，1983；日本精神分析協会，1983）。北山，皆川，大橋，小林が準会員になったのは1984年1月21日選考委員会決定によってである（土居，1984）。

つぎに1992年JPS名簿をあげる（日本精神分析協会，1992）。この年はアムステルダムショック前年であるが，1984年から85年のメンバーとほぼ同じであり，分析学会の仲間が多く参加していることが分かる。この翌年，1993年は島村三重子先生の寄付により小寺記念精神分析研究財団が設立された。精神分析学振興財団に加えこの通称小寺財団は，その直後に起きるアムステルダムショック乗り切りのための経済的基盤を提供したのである。

【正会員】土居健郎，岩崎徹也，神田橋條治，狩野力八郎，北山修，前田重治，皆川邦直，村上敏雄，西園昌久，小倉清，小此木啓吾，大橋一恵，阪本健二，佐藤紀子，高橋進，武田専，牛島定信

【準会員】相田信男，橋本雅雄，平林信隆，堀川公平，乾吉佑，衣笠隆幸，北見芳雄，小林和，松木邦裕，大野裕，坂口信貴，鈴木健次，舘哲朗，堤啓

【会友】馬場謙一，馬場禮子，野沢栄司，下坂幸三，吉松和哉，

【研修生】青木豊，荒川智賀子，藤山直樹，深津千賀子，福井敏，福本修，權成鉉，浜田庸子，橋本元秀，服部陽児，平島奈津子，井上果子，伊藤洸，伊藤洋一，門田一法，栫井雄一郎，神庭靖子，神田良樹，柏田勉，片山登和子，

川畑友二，河合真，川谷大治，賀陽濟，菊地孝則，木下悦子，北村勉，古賀靖彦，小泉規実男，河野正明，上妻剛三，栗原和彦，松原公護，松田文雄，松波聖治，三崎久好，満岡義敬，宮本真希守，溝口純二，溝口健介，妙木浩之，餅田彰子，守屋直樹，森山研介，村岡倫子，室津恵三，中村留貴子，中野明徳，夏目高明，西村良二，西園マーハ文，野中猛，野中幸保，小川豊昭，尾久裕紀，生地新，及川卓，岡秀樹，岡田和芳，佐伯喜和子，三月田洋一，佐野直哉，芹川正樹，塩尻瑠美，館直彦，高橋正子，高野晶，高山紀夫，武田修，竹中秀夫，竹内公子，滝口俊子，滝野功，植村彰，渡辺明子，渡辺智英夫，渡辺俊之，山田耕一，山木允子，安岡誉，米倉五郎，吉田直子（計118名）

10　JPA認定制度の設立の刺激

2000年にJPAは，独自の資格制度を制定した。これによってJPAは，JPSとは異なる資格制度を持ったわけで組織としてはより強固になったといえる。いっぽう，協会は，それまで自前で持っていなかった学術誌の刊行や学術大会の充実などが求められるようになった。東京では，JPSインスティテュート東京支部の月例会が行われ，福岡ではJPSインスティテュート福岡支部が主催する福岡分析セミナーを中心とした教育組織により候補生が増加するなどの動きがある。以下に，JPSとJPAの指導層がいかに重複しているかを示す。2000年と2010年の協会メンバーの一覧を示すのは，これらを公的な雑誌に残しておくことは将来に向けて何らかの役に立つと考えるからである。

1）2000年　日本精神分析協会名簿（日本精神分析協会，2000）

【名誉会員】土居健郎

【正会員】相田信男，岩崎徹也，牛島定信，大橋一恵，小倉清，小此木啓吾，狩野力八郎，神田橋條治，北山修，衣笠隆幸，阪本健二，佐藤紀子，高橋哲郎，武田専，堤啓，西園昌久，前田重治，皆川邦直，松木邦裕，村上敏雄

【準会員】乾吉佑，大野裕，門田一法，北見芳雄，小林和，坂口信貴，鈴木健次，舘哲朗，橋本雅雄，橋本元秀，堀川公平，福井敏，菊地孝則

【精神分析的精神療法家】佐伯喜和子，高野晶，村岡倫子，

【候補生】青木豊，阿比野宏，井上果子，小川豊昭，川谷大治，鷺谷公子，鈴木智美，高野佳也，竹中秀夫，永松優一，平島奈津子，福本修，藤山直樹，宮本真希守，満岡義敬

【研修生】生地新，岡秀樹，川畑友二，河合真，小泉規実男，河野正明，松波聖治

（計61名）

2) 2000年JPA認定制度発足時，認定者に含まれるJPSメンバーの割合（カッコ内に示す）

精神療法医　24名（43名中）55.8%
スーパーバイザー　24名（40名）60%
心理療法士　2名（12名中）16.7%
スーパーバイザー　2名（11名）18%

3) 2009年学会認定者に含まれるJPSメンバーの割合

精神療法医　47名（130名）36.2%　→非協会員が増加
スーパーバイザー　39名（63名）61.9%　→なお協会員が多数
心理療法士　5名（73名）6.8%
スーパーバイザー　3名（22名）13.6%

＊協会メンバーとくに医師の場合，学会教育指導層の6割を占めている
＊今後非協会員の指導者が増えることが予測される

4) 2000年JPA運営委員と協会メンバーを参照

29名中17名（58.6%）が協会メンバー

5) 2010年時点における役員の比較

30名中JPSメンバーは21名（70%）で，2000年当時より増加している。

6) 2010年　日本精神分析協会名簿（日本精神分析協会，2010）

【正会員】相田信男，岩崎徹也，牛島定信，大橋一恵，岡野憲一郎，小倉清，狩野力八郎，神田橋條治，菊地孝則，北山修，衣笠隆幸，高橋哲郎，武田専，堤啓，西園昌久，藤山直樹，前田重治，松木邦裕，皆川邦直，村上敏雄，福本修，小川豊昭，古賀靖彦，鈴木智美

【準会員】乾吉佑，門田一法，川谷大治，小林和，坂口信貴，舘哲朗，堀川公平，満岡義敬，永松優一，権成鉉

第 11 章　日本精神分析協会と日本精神分析学会——共存の歴史とその行末——　267

【精神分析的精神療法家】佐伯喜和子，高野晶，村岡倫子
【候補生】青木豊，井上果子，鷺谷公子，高野佳也，岡田暁宜，小林要二，小林俊三，中原功，浅田義章，平島奈津子，妙木浩之，宮本真希守，奥寺崇，古井博明，小野泉，山田信，津田真知子，加藤隆弘，高尾岳久，藤内栄太，西見奈子
【研修生】生地新，岡秀樹，川畑友二，松波聖治，餅田彰子，山木允子，山崎篤，稲垣馨
（計 68 名）

結論

　この論文で著者が明らかにしたのは，JPS あるいは IPA 日本支部は，1959年から 1982 年まで休眠状態だったこと，1982 年から再活動を開始したという事実である。この過程の中で，JPS も JPA も組織としても人材的にもその強化を図ってきた。そして，この動きは尚継続するだろう。精神分析がもし力動精神医学や力動的臨床心理学といった広い分野で活動しないとすれば，そしてもし年間 7〜8 名の患者の毎日分析だけをするとすれば，はたして精神分析や精神分析家の集まりは生きながらえることができるだろうか？　それは，非常にナルシシスティックな思考あるいは集団になってしまうのではないだろうか？しかし，精神分析がもし，毎日分析による自由連想法を放棄したり，同じ設定による訓練分析を放棄してしまうならば，精神分析は，その非常にユニークな思考方法あるいは方法論を失なってしまうのではないだろうか。
　わが国の，精神分析の指導者たちは，こうした深い問題意識を持ちながらJPA と JPS という二つの組織を作り上げてきた。これは，真に創造的な仕事であったと思われる。この二つの組織は，あきらかに相互補完的である。JPS は，JPA との関係によって生命を維持してきたし，JPA との関係を学問的成熟の土壌としている。JPA は，JPS が精神分析の実践を続ける限りその存在をモデルとするだろう。しかし，二つの組織が，組織として成熟するためには，相互競争的・自立的な動きも必要になるだろう。たとえば，JPA における認定セラピストアイデンティティと JPS の分析家アイデンティティの相克などがおきるであろう。筆者は，精神分析家は，こうした厳しい相克，あるいは対話に耐えねばならないし，どちらか一方に偏ってしまうことは精神分析の死を意味

するだろう，と考える。ここで振り返った歴史が，短い歴史ではあるがこのことを教えてくれているように思う。

参考文献[編注]

相田信男（2010年5月7日）狩野力八郎への私信.
土居健郎（1984年1月26日）準会員審査結果に関する告知. 日本精神分析協会準会員選考委員会.
Kakeda, K.（March 10, 1960）Letter to Miss Olive Turner at the International Journal of Psycho-Analisis.
日本精神分析協会（日付不明）日本精神分析協会研修生登録.（下記「1983年2月または3月」の2つの文献の関連文書）
日本精神分析協会（1984年1月21日）日本精神分析協会合同委員会議事録.
日本精神分析学会（2004）精神分析研究50周年記念特集増刊号48.
日本精神分析協会（1983年3月26日）日本精神分析協会運営委員会議事録.
日本精神分析協会（1983年3月）研修生登録者名簿.
日本精神分析協会（1992）日本精神分析協会名簿.
日本精神分析協会（2000）日本精神分析協会名簿.
日本精神分析協会（2010）日本精神分析協会名簿. 小此木啓吾（1983年11月27日）報告. 日本精神分析協会年次大会.
日本精神分析協会教育研修委員会（1983年2月または3月）研修生登録についての告知.
日本精神分析協会選考委員会（1983年2月または3月）準会員審査についての告知.
Okonogi, K.（August 20, 1985）A report from Japan Psychoanalytic Society. The 34th congress of the International Psychoanalytic Association. Hamburg.
山村道雄・小此木啓吾（1983年2月26日）日本精神分析協会から日本精神分析学会会員への手紙.

編注） 日本語論文には参考文献の記載がないため，同内容の英語論文（巻末の著作リスト201）に収載された参考文献を編者（池田）が日本語に訳した。

解　題
―― 狩野力八郎先生の人と仕事 ――[注]

はじめに

　本書は狩野力八郎先生（1945 年 9 月 4 日～ 2015 年 4 月 11 日）が生前に発表され，その後書籍にまとめられることがないままになっていた各種の論考を集めたものである。狩野先生の論文集としては，1988 年～ 1997 年に書かれたものをまとめた『重症人格障害の臨床研究――パーソナリティの病理と治療技法』（金剛出版，2002 年），および 1992 年～ 2007 年に書かれたものをまとめた『方法としての治療構造論』（金剛出版，2009 年）がある。本書はそれに続く第三著作集という位置づけに当たる。なお，本書に続いて第四著作集『力動精神医学のすすめ（仮）』も金剛出版より刊行予定である。本書成立の経緯や編集方針については，後段に譲り，早速，本論に移りたい。

ご略歴

　最初に狩野先生のご略歴を簡単に紹介しておきたい。狩野先生は 1945 年 9 月 4 日，満州のお生まれである。力八郎というお名前は，父・力（つとむ）と祖父・太八から一文字ずつ貰ったものである。決して第八子というわけではなく，ご長男である。この年の 8 月 15 日に第二次世界大戦は日本の敗戦（狩野先生とは政治的な話をする機会はほとんどなかったが，第二次世界大戦の敗戦を「終戦」と呼ぶことについては，その欺瞞性を鋭く指摘されたことがあり，強く印象に残っている）という形で終結しており，狩野先生の母親は満州からの引き揚げという混乱の最中に先生を出産されたことになる。乳飲み子である先生を抱えた母親は引き揚げ後，親族を頼り，北海道は斜里町へ移った。内科

注）本論の一部は，池田暁史．狩野力八郎先生を偲ぶ――業績を中心に――．日本精神分析協会年報 7: 32-44. 2017. を基にしている。

医である父・力はシベリア抑留を経験し，帰国が数年遅れた。

　ご家庭の教育方針で，小学校を卒業すると同時に京都に住む叔父宅に預けられ，中学時代は京都で過ごした。このまだ若い叔父を先生は随分と慕っておられたようである。私はこの叔父と一度お会いしたことがあるが，「力（りき）は遂に一度も僕のことを『叔父さん』とは呼ばなかったなぁ。ずっと『兄さん』だった」と仰っていたのが印象的であった。

　高校入学と同時に上京され，開成高校に通われた。1971 年に慶應義塾大学医学部を卒業され小此木啓吾先生の下で精神分析を学び始めて以降の経歴については，多くの方がご存知のことと思う。1975 年に赴任された東海大学医学部精神科学教室では，精神分析および力動的入院治療の実践と教育に注力なさり，その間（1981 年〜 1983 年）Menninger Clinic への留学も経験された。1987 年には国際精神分析協会（IPA）に正会員として登録され，その後，日本精神分析協会の訓練分析家も委託され，広く後進の指導に当たられた。2001 年には東京国際大学に教授として着任（〜 2014 年），2003 年から亡くなるまでは小寺記念精神分析研究財団の第二代理事長（初代は小此木先生）として東京，そして日本の精神分析をリードされた。

狩野力八郎の仕事

　ここからは敬語ではなくごく普通の書き言葉に戻したい。付録として本書の巻末に狩野の著作リストを載せてある。生前にまとめた著書の数が少ないからか，狩野があまりものを書かない人であったと認識している人もいるかもしれないが，このリストをみてもらえば分かるように，狩野の論文数は決して少なくない。特に一回目のがんの発見で養生に入られるまでの，2005 〜 2009 年辺りの論考の数々は質，量ともに圧倒的であり，狩野の黄金期が病魔によって停滞を余儀なくされてしまったことはつくづく残念でならない。

　狩野の執筆活動が本格化するのは Menninger Clinic 留学から帰国後の 1985 年である。もちろん Menninger 留学時点で医歴は 10 年あり，通常の臨床精神科医としてはほぼ自立した状態にあったと思われるが，精神分析家としてのキャリアを振り返るとき，狩野のスタート地点はやはり Menninger 体験であると考えるのが妥当であろう。実際に狩野の訓練分析も，Menninger Clinic で Jack Ross から受けたものである。

したがって，留学前後の狩野の業績をここでは初期と見做して考察していきたい。留学前の原稿が1980年の「schizoid現象と自由連想の治療構造」（著作リスト3）であり，1981〜83年のメニンガークリニック留学を経て，帰国後最初の仕事が相田信男，渡辺明子との3人でMelanie Kleinを共訳した「分裂的機制についての覚書」（著作リスト4）である。ここからキーワードを幾つかピックアップしていこう。すなわち「schizoid」，「治療構造」，「Menninger Clinic」そして「Melanie Klein」である。

文芸の世界でよく言われる言葉として「処女作にその作家の本質がもっともよく顕れる」というものがある。狩野においても，初期の業績の中に登場する上記四つのキーワードにかなり本質的な要素が顕れていると考えられる。すなわち，①schizoidに加えてborderlineやnarcissismを含む重症パーソナリティ障害への関心，②治療構造論の探求，③自我心理学（Menninger Clinic）から対象関係論（Melanie Klein）まで，特定の学派に偏らない幅広い知識と関心，といったものである。

私たちは既に①が第一著作集『重症人格障害の臨床研究—パーソナリティの病理と治療技法』（著作リスト108）として，②が第二著作集『方法としての治療構造論』（著作リスト197）として結実したことを知っている。もちろん2冊の著書にこの領域に関する狩野の著作が全て収められているわけではない。両著書から洩れてしまった論考もあれば，それぞれの著作の刊行以降に新たに執筆された論文もある。それらの一部は本書に収載することができたので，後ほど改めて解説したい。

ここでは，③について，すなわち特定の学派に偏らない狩野の幅広い知識と関心について触れておきたい。というのもこの狩野の精神分析家としてのありようは，本書のすべての文章に通底する基本姿勢であるためである。

自我心理学から対象関係論，さらには自己心理学や間主観性理論まで，狩野の学識は実に広く深かった。私は東京の精神分析セミナーにおいて小此木の講義を受けた最後の世代に属しているが，彼は私たち受講生に「もし皆さんがどなたかお知り合いから『小此木先生って何学派なの？』と聞かれたら，『彼は何学派でもないよ。マルチモデル・オコノギアンだよ』って答えてくださいね」としばしば口にしていた。狩野の姿勢にもどこか似たところがある。引用を交えつつ検討してみたい。

私は，学生時代に Schwing 夫人の「精神病者の魂への道」(みすず書房)に啓発されて精神分析の道にすすもうと決心し，精神科医になった。精神分析こそ精神疾患の治療に貢献する科学的方法だと考えたからである。その後，精神分析を学ぶ過程で，多くの方のご指導を受けてきたのだが，終始一貫して特定の人物への排他的な同一化を避けてきたように思う。どの世界……においてでもあることだろうが，精神分析の世界では……特定の人物への過剰な同一化現象が際立っていた。……何事かを学習する際に同一化という過程が必要だということはわかってはいたし，私自身の同一化をめぐる不安や恐怖に気づいてもいたが，それでも精神分析の世界のこうした現象は腑に落ちなかった。

　　　　　(2006 年「私はフロイディアンか？」)(本書に収録)

　この引用からも分かるとおり，狩野は「自身を特定の学派に規定しない」という姿勢をかなり意識的に維持していたように思われる。狩野の考える精神分析は「科学的方法」なのであり，誰か特定の人に属するものではなかった。もう少し穿った見方をすれば，狩野は師である小此木啓吾という**人物**に同一化するのではなく，「何学派でもない」という小此木の**姿勢**そのものに同一化していたのかもしれない。いずれにしても狩野にとっては，学派間の対立や区分けを超えたところに，精神分析の価値があったのであろう。

　このことと関連すると思われる狩野の特徴がある。狩野が自ら述べる「古典を重視するというスタイル」(著作リスト 80) である。実際，精神分析について何かを深く考えるとき，狩野はしばしば Reich, W., Fenichel, O. といった第一世代の分析家にまで遡って物事を考える傾向があった。すなわち，精神分析が Klein 派でも自我心理学でもなく，一つの精神分析であった時代まで一回立ち戻り，そこを出発点として考えを精緻化させていくのである。

　そして，考えを精緻化させていく素材として，Klein 派，Klein 派以外の対象関係論，自我心理学，間主観性理論，関係論，さらには乳幼児観察に基づく発達精神病理学まで，学派にとらわれることなく幅広い知識を利用した。現代の多くの論者は，Freud から議論を始めるにせよ，早々に関係論なり Klein 派なり，自分の拠って立つ学派の考えに焦点を移し，その中で議論を進めていく。そのような流れに安易に乗らず，徹底してそれ以前のところに踏み止まって考え続けようとした狩野の誠実さや勇気には特筆すべきものがあると思う。狩野

の文章を読んだときに，私たちがある種の畏敬の念に捉われるのはこのような理由に拠るのであろう。

　それでは，そうした視点の下，収録された論考の解題へと進みたい。なお，狩野の業績には，他にも教育者としての側面や，メンタライゼーション理論の日本への導入者という側面があるが，これらについての説明はそう遠からず刊行される予定の第四著作集で詳述するつもりである。

「第Ⅰ部　精神分析的思考」について

　本書は狩野の精神分析的思索者（psychoanalytic thinker）としての特徴がよく表れた論考を中心に採録しているが，第Ⅰ部は特にその視点が強い6本の論文を選出した。いずれも精神分析家としての狩野が，特定の精神疾患や障害，もしくは精神分析以外の臨床体系と向き合い，精神分析的に思索，もしくは対話している論考である。

　具体的には，うつ病（第1章），パーソナリティ障害もしくはas ifパーソナリティ（第2章），ヒステリー（第3章），発達障害（第4章），統合失調症および精神病理学（第5章），森田療法（第6章）が思索の対象となっている。

　第1章「気分障害の精神分析」は2005年に刊行された『うつ病論の現在』所載の非常に骨太な論考である。精神病理学者を中心に精神薬理学者，生物学的研究者など多領域の精神科医が集い，うつ病の病理と治療を巡って意見を交わしたこの企画において，狩野は精神分析の立場からうつ病に取り組んでいる。容易には読み通すことが難しいとすら感じられるかもしれないこの論文を本書の冒頭にもってきたのには，大きく二つの理由がある。一つには，狩野の思考的体力がいかに強靭なものであるかを改めて示しておきたいと思ったからである。Freud, S. とAbraham, K. から始まり，Bibring, E., Jacobson, E., Klein, M. を経て，Winnicott, D.W., Bion, W.R., さらにはGreen, A., Ogden, T.H. まで緻密に議論を進めていく様は，まさに狩野の独壇場とも言えるものである。

　もう一つの理由は，これがうつ病についての論考であるということにある。うつ病に対しては休養と薬物療法が治療の中心であり，精神療法は提供するとしても笠原の小精神療法くらい，それ以上のものは患者の状態を悪化させるので禁忌である，というような状況が永らく続いてきた。ところがいまや，認知行動療法が薬物療法と並んでうつ病に対する第一選択に挙げられる時代になっている。このような時代にあって，精神分析はうつ病に何ができるのか。狩野

は上述したとおりの緻密な議論で，うつ病に対する精神分析の価値を示している。いわば狩野から私たち後輩への叱咤激励の意味のこもった論考とも言える。それゆえ本書の冒頭にこの論文を提示した。

　第2章「情緒障害のいくつかの形態およびそれらの分裂病との関係」は1993年に訳出されたもので，本書の中で唯一の翻訳である。「翻訳は誤訳である」（著作リスト64）という強い信念を抱いていた狩野は，藤山直樹との共同作業の下で出版に至った Ogden, T.H. の翻訳（著作リスト64）を別としては，晩年にメンタライゼーションや力動的精神療法についての書籍の監訳に携わるようになるまで，ほとんど翻訳に関わらなかった。そのように翻訳作業を好まなかった狩野が唯一単独で訳した論文が，この Deutsch, H. の as if パーソナリティについての論考である。周知のとおり，Deutsch, H. も第一世代の分析家である。as if パーソナリティは狩野のパーソナリティ障害論において中核的な役割を果たしていること，および上述した狩野の古典に対する思いの深さを如実に伝えるものであること，以上の理由から翻訳ではあるが，本書に収録することとした。

　第3章「ヒステリーを読む」は日本精神分析学会のシンポジストとしての発表を基に2009年に刊行された論文である。これもまた狩野の学識の深さを自然と明らかにするような論考であるが，それと同時に私たち読者に大きな宿題を背負わせる論考でもある。本章において狩野は，ヒステリーの治療においては「性愛」の問題を検討することが決定的に重要であることを指摘しながら，技法においては「性愛」のことを患者に言わないことを推奨している。このことの難しさを私たちはどう生きるのか。狩野はヒステリーから学ぶことがまだまだあることを私たちに示している。

　第4章「私の精神分析的パーソナリティ臨床――疾患分類批判」は，日本思春期青年期精神医学会での教育講演を基に2012年に発表された論考である。易しい話し言葉でつづられた本章は，しかし内容的には決して易しくない。むしろ挑発的とすらいえる。狩野は常々，次元の違う概念を同一地平上で論じようとすることの愚かさと危険性とを説いていた（編者[本稿では池田のこと]とのパーソナルコミュニケーション）。本章で狩野は「この人は発達障害だから精神分析の適用ではない」というような議論がいかに精度の低い杜撰なものであるかを明瞭にしている。必読の文献といえる。

　第5章は狩野が日本精神病理学会にシンポジストとして招かれた際の発表を

基にした論文である。第Ⅰ部ではもっとも古い 1992 年の論考であり，内容やタイミングからは『方法としての治療構造論』に収載されてもよかったと思われるが，松本雅彦氏との対話の要素が強く，一本の論文としての独立性が低いと狩野が見做したためか収載を見送られている。狩野自身が採用を見送った可能性を考えると，本論文を本書に採録するかどうかはかなり迷った。しかし狩野の論文の中で，生成論——精神分析の世界で小此木が初めて概念的に明確化したといえる——を前面に押し出したものは貴重であること，および狩野の精神分析的な統合失調症理解が端的にまとめられたものであり疾患論を集めた第Ⅰ部の内容に相応しいと思われること，以上の二点よりここに収載した。

　第 6 章は日本森田療法学会に招待された際の特別講演の記録をまとめた 2008 年の論考である。狩野は森田療法に対して常に一定の評価を与えていた（編者とのパーソナルコミュニケーション）。この時期の狩野の下を訪れると，しばしば森田正馬『神経質の本態と療法』（白揚社，1960）および北西憲二・皆川邦直他『森田療法と精神分析的精神療法』（誠信書房，2007）を繙いている場面に出くわしたのも懐かしい思い出である。本章には，異なる学派間の統合は理論や技法において行われるのではなく，臨床を実践する個人の中で行われること，そしてそれは単なる折衷という形を取るのではなく，新生という新しい形を伴って現れること，という狩野の学派観が非常に明瞭に示されている。

「第Ⅱ部　治療構造と倫理」について

　治療構造論は，いうまでもなく狩野の恩師に当たる小此木啓吾の最大の業績の一つである。ごく簡単にそれを説明すれば，無意識という実体が個々人のこころの**中**にみえない形で存在すると想定するのではなく，治療構造という設定に対する反応として治療者と患者との**間**に可視化された形で立ち顕れてくる，という発想といえる。

　もちろん小此木にはあまたの教え子がおり，それぞれの弟子たちの中で治療構造論は生き続けていると思われる。しかし，小此木が亡くなって以降，継続的に治療構造論という言葉を表舞台で使い，その意義を強調し続けたのは，何といっても狩野であった。その意味で，狩野は治療構造論の正当な後継者であったと言える。

　しかし狩野は，単に踏襲するだけの後継者ではなかった。小此木の残した治療構造論を精神分析にとっての大前提と位置付け，さらにその先へと発展させ

ようとしたのが狩野の治療構造論であった。少し引用してみたい。

> 私の臨床的関心は次第に，治療構造論的探究だけでなく，ひとりひとりの患者や家族と出会い，診断評価をしたうえで，どのような治療技法を使用しどのような治療設定を作り上げていくかという「構造化する」こと，すなわち治療に形を与えるという作業に向いていった。この意味で，私にとっての治療構造論は，単なる認識論ではなく，臨床実践における方法論なのである。……
> 本書に収められた論文はいずれも……，構造化すること，傾聴すること，理論化すること，理解を伝えること（解釈すること），論文化すること（書くこと），という治療構造論的方法の実践のなかから生まれたものである。
> （2009年『方法としての治療構造論』「序」より）

このように狩野は，精神分析にとってごく当然とされる種々の営みに改めて「形」を与えることで，患者の無意識だけでなく，自分の無意識，そして精神分析そのものに触れようとし続けたのだと思う。第Ⅱ部では，『方法としての治療構造論』以降に刊行された治療構造に関する論考を中心に，こうした「狩野の治療構造論」がよく顕れた6本を選出した。

第1章「治療構造をどのように作るか」は2012年に『精神分析研究』誌上に，第2章「構造化すること（structuring）」は狩野力八郎・髙野晶・山岡昌之『日常臨床でみる人格障害——分類・診断・治療とその対応』（三輪書店，2004）第5章の付録として，それぞれ発表されたものである。ちなみに第2章「構造化すること」は無署名原稿なのであるが，髙野晶氏と編者のパーソナルコミュニケーションにより本稿の著者が狩野である旨の確認が取れていること，なにより第1章「治療構造をどのように作るか」の文献欄にて狩野自身が自分の名前で引用していることから，狩野の原稿であることは間違いないものとして扱った。両章の内容は半分ほど重なっており，読者としては繰り返しに付き合わされる感じもあるかもしれないが，もう半分はそれぞれ独自の（しかも重要な）内容であるため，相互補完的な二つの文章と考えて連続する形で掲載した。

第3章「入院治療とはなにか——投影同一視の認識と治療の構造化——」は小此木啓吾還暦記念論文集『治療構造論』（岩崎学術出版社，1990）所載の論文で，第Ⅱ部では唯一の1990年代の論考である。後年の論考と較べると若書

きの文章である印象は否めないが，狩野が東海大学の精神科病棟で実践していた精神分析的な入院治療がシステムとして完成していくときの勢いのよさが充分に反映された論考として，その価値は色褪せるものではない。なにより本稿を収録した『治療構造論』の入手が現在では非常に難しくなり，読みたくても読めないという若手の臨床家が大勢いるということを最近あちこちで耳にするため，そのような若い読者への教育的価値も考慮してここに収載した。

　第4章「精神分析的に倫理を考える」は，日本精神分析学会会長（2003年～2006年）を務めた狩野が最終任期となる第51回大会で行った会長講演をまとめた2006年の論考である。本章は，この第II部中はもちろん本書の全論文を通して白眉の文章である。もしかしたら狩野が遺したすべての論考の中でもっとも優れたものといってもいいかもしれない，そういう水準の論考である。これは単に私の一意見に留まるものではない。識者の多くが狩野の最良の論文と口にするものであり，本論文が既刊の著作集に収められておらず自由に読める状況にないことへの危惧が，私に本書の編纂を決意させたともいえるような重要な論文である。

　本章で狩野は，異なる二人の人間が密室の中で性愛的な話題もためらうことなく（ときにはためらいつつ）話し合い，陰陽含めた強烈な情緒が交錯しあう精神分析という営みにおいて，しばしば生じうる倫理的な陥穽を私たちがいかにして乗り越えているのかという疑問に向き合っている。そして狩野は，その答えを精神分析の実践自体が内在する「安全装置」に求めている。その安全装置が「境界についてたえず考え続けるということ」なのであり，狩野はそうした姿勢がもたらす分析家のありようを「精神分析的品性」と称している。そして自らもこの論考を書くことによって，考え続けることの実例を明示している。

　本章を読んでもらえば，狩野がこの件に関していかに透徹した理論を展開させているかが分かるであろう。そこには理論の飛躍のようなものが一切ない。私は狩野の思考の特徴を「地を這うような思考」と評することがある。決して派手ではないが，一歩一歩思考を精緻化しながら論を展開させ，最終的には精神分析の最深部にまで辿り着く狩野の語りのスタイルは，本論考で見事に結実している。その思考的体力の強靱さは余人が真似をしようと思っても容易には到達できない水準にあり，小此木や土居健郎とは違った意味で狩野もまた精神分析の巨人であることを示しているといえよう。

　第5章「論文を書くことと倫理規定を守ることとのジレンマ」は，日本精神

分析学会第53回大会で開催された症例研究における患者のプライバシー保護を巡る小シンポジウムでの発表を基に2008年に刊行された論文である。世界の各組織の現状報告といった側面もあり，解説的な内容が多い論考ではあるが，これもまた「境界について考え続ける」ことの実践と言ってよく，第4章の姉妹篇という位置づけで読むことができると思う。

第6章「治療構造論，システム論そして精神分析」は日本精神分析学会第56回大会における古澤賞受賞記念講演をまとめた2011年の論考である。ここでは，小此木から引き継いだ治療構造論と，狩野が自らの思考と実践の基盤としてきたシステム論という二つの視点が互いにぶつかり合い，精神分析とは何かという議論が弁証法的に展開される。集大成的な趣のある論考である。

「第Ⅲ部　精神分析を読む――本，人，そして組織――」について

ここでは，狩野の考える精神分析とはどのようなものであるのかを明らかにする書評，人物論，および組織論を11本収録した。

第1章「書評『精神分析学の新しい動向』」は，1987年に発表された書評であり，本書に収載された23本の中でもっとも古い論考である。しかし狩野の精神分析に対する基本的な考え方を極めて明瞭に示している論考であるため，ここに収録した。

この解題の初めの方に記したように，特定の学派に属することから意識的に距離を取り，第一世代を中心とした古典を重視するというのが狩野のスタイルであった。とはいえ，狩野の中にも時代時代で流行り廃りはあった。傍で狩野をみていた印象をいえば，2000年台前半は私自身の知識と経験とが不足していたこともあり確信はもてないものの Fairbairn, W. R. D. や Guntrip, H. の schizoid 論の影響が強かったように思う。2000年台後半は間違いなく Bion, W. R. であったし，大病を患われてからの2010年代に先生がしばしば読み返していたのは，小此木啓吾と Menninger, K. であった。

このようにそのときどきで狩野の最大の関心は異なってはいたが，どの時期でも常に関心をもち続けていたのがシステム論と米国の自我心理学との二つであった。ここで対象となっている本は，その米国自我心理学についての書物ということになる。そこには必ずしも自我心理学には含まれない論文も含まれているものの，Greenacre, P. の再構成についての論文を始め，狩野が晩年に至るまでセミナー等でしばしば引用した自我心理学の重要論文が複数収録されてい

る。この本を狩野がどう評しているかみてみよう。以下引用である。

> 本書を読んでつくづく感じるのは，精神分析が解明しなければならない問題はまだまだ山程あるということである。非常に根源的なことでは，われわれが精神療法を行う際，当然のこととして依拠している考え，つまり"人が人に心的影響を与え得る"ということについて，それがどんな過程でどのようにしてかということはまだ解明され尽くしていないのである。本書の著者たちが一見当たり前のことのようにみえる事態について問題を提起し，ひとつひとつ明確化し，再定義をしていく学問的姿勢には強い共感をおぼえる。
> （1987 年「書評『精神分析学の新しい動向』」）

「一見当たり前のこと」について疑問をもって考え続けていくという，狩野の精神分析に対する向き合い方がきわめてよく分かる文章である。私がここまで長々と解説してきたことを，狩野は短い文章の中に極めてコンパクトにまとめているように思う。古くても瑞々しさを失っていない書評である。

第 2 章「書評『小児医学から精神分析へ』」は 2005 年，第 3 章「書評『実践・精神分析的精神療法——個人療法そして集団療法——』」は 2007 年，そして第 4 章「書評『解釈を越えて——サイコセラピーにおける治療的変化プロセス——』」は 2014 年に発表された書評であり，それぞれに訳者または著者として北山修，相田信男，丸田俊彦という狩野の同世代人が関わっている。相田と丸田に至っては慶應の同級生であり，狩野が同性代の盟友たちの仕事をどう評していたかの一端を知ることのできる論考である。

特に第 4 章は狩野にとってほぼ絶筆に当たる。これに関して私事を一つ語ることを許してもらいたい。狩野が訳者である丸田の依頼で対象となるこの本の書評を引き受けてから程なくして，狩野の監訳と私の訳で Gabbard, G. O. の『精神力動的精神療法——基本テキスト——』（岩崎学術出版社，2012）（著作リスト 222）が出版された。さぁ誰に書評を頼もうかという話になったときに，狩野が「丸田の本の書評を僕が引き受けたから，この本は丸田に頼むのはどうだろう」といって依頼してくれたというエピソードがあった（これは，丸田俊彦．書評『精神力動的精神療法——基本テキスト——』．精神分析研究 57; 204-206, 2013. として結実した）。懐かしい思い出である。

現代精神分析のある局面での最先端を行くこの本は内容的にも決して安易とはいえず，また体調の面もあり，この書評を書くことは狩野にとっても容易な仕事ではなかった。丸田が亡くなってしまったため，弔いの一文として幾分見切り発車的に擱筆された可能性もあるが，この本を読みこなせる臨床家が増えることを狩野は強く望んでいた（編者とのパーソナルコミュニケーション）。本章をガイドとして，この本に挑んでみる読者が一人でも増えることを願っている。
　第5章「小此木啓吾先生――精神分析をすること――」（2006年），第6章「私はフロイディアンか？」（2006年）は小此木啓吾，第7章「下坂幸三先生のご冥福を祈る」（2006年），第8章「書評『フロイト再読』」（2008年）は下坂幸三，そして第9章「力動精神医学と土居の仕事」（2010年）は土居健郎という3人の先達についての論考である。どれも先人への敬意に満ちつつ，ときに学問に関しては先達といえども厳しい眼差しを向けることをも辞さない狩野らしさが現れた論考といえる。中でもとりわけ重要なのが，Freud, S. を語りつつ，小此木のこと，そして狩野自身のことに触れた第6章である。ここで狩野は，第II部第4章「精神分析的に倫理を考える」において主張した「精神分析的品性」の本質を，もっと普段の自分の言葉で，もっと情熱的に語っている。引用してみよう。

　　なぜFreudをかくも熱心に繰り返し読むのかというと，Freudがどのように考えているのか，何をしているのかを，考えるために読むのである。そこから読み取れるのは，絶対に正しい解釈などというものはないという懐疑主義と自己分析を貫き通している姿勢である。……
　　自分の欲望を直視することを回避する動きはあらゆるところにあるし，意識は自分に対してすら時として巧妙なうそをつくことがあるから，無意識を直視しその意味を考え続けようとするFreud的態度は，じつに勇気のいることである。たんなるやさしさでは成し遂げられないことである。勇気なくして，真の意味で患者に共感などできないだろうし，精神分析は本物になりえない。……私は昨年，会長講演の中で，精神分析的文化に支えられた職業的特質を「精神分析的品性」といったが，そのときに明示していなかったことをここで付け加えたい。すなわち精神分析的品性を形作っている重要な要素は，今述べたような意味での無意識に対するオープ

ンな態度を支える「勇気」だということである。
(2006 年「私はフロイディアンか？」)

　狩野はここに記されたような精神分析家のあり方，精神分析を志す者がもつべき「**勇気**」を，私たちに身をもって示していたように思う。そしてこの姿勢——「精神分析的品性」を支える「懐疑主義」と「自己分析」——が，先ほど引用した第Ⅲ部第 1 章の時代から常に一貫していることにも胸を打たれる。掌編ながらも狩野の「狩野らしさ」が見事に凝縮された一篇であり，いつ読んでも勇気づけられる，狩野のエッセイの中で私のもっとも愛するものである。
　第 10 章「「精神分析研究」50 周年記念特集増刊号刊行にのぞんで」は，2005 年に日本精神分析学会が 50 周年を迎えたときに当時の会長として特集増刊号の巻頭に寄せた言葉である。そして掉尾を飾る第 11 章「日本精神分析協会と日本精神分析学会——共存の歴史とその行末——」は，日本精神分析協会の年次大会で発表された後，協会の年報に 2011 年にまとめられた論考である。狩野は精神分析を愛していただけでなく，学会と協会という二つの組織を愛していたし，人だけでなく組織を育むという観点を常に有していた。この 2 本の論考の中で，狩野は組織を育てるために必要なこととして，自己分析の重要性の他に対象となる組織の歴史をしっかりと認識することの重要性を挙げている。組織の歴史を踏まえなければ，「組織をよくしたい」という一見健全に映る動きも，実は単なる自分のナルシシズムを満足させるだけの倒錯的な営み——組織を自分の都合のよいように変えるだけ——になりかねない，リスクを孕んだものであることを狩野はよくよく理解していたのだと思う。
　両論考の最終パートで狩野は，近い将来，いわゆる訓練セラピーの位置づけを巡って，学会の中で混乱が起こること，あるいは学会と協会との間である種の相克が生じることを予測している（そして 2018 年の時点で学会は確かにこの問題に直面している）。ただし狩野はそのことにも全く希望を失ってはいない。両章の最後の二文を引用しよう。

　　精神分析という方法は，議論を絶やすことなくつねにオープンなシステムとして機能し続けるような仕掛けを内包している生きたシステムだと考えられます。この方法を維持する限り，今後直面するであろう危機に対しても，そこから何かを創造するという力を持ち続けることができる

と考えます。
　　　　（2005年「精神分析研究」50周年記念特集増刊号刊行にのぞんで）

　筆者は，精神分析家は，こうした厳しい相克，あるいは対話に耐えねばならないし，どちらかいっぽうに偏ってしまうことは精神分析の死を意味するだろう，と考える。ここで振り返った歴史が，短い歴史ではあるがこのことを教えてくれているように思う。
　　　　　　　　　　（2011年「日本精神分析協会と日本精神分析学会
　　　　　　　　　　　　　　　　――共存の歴史とその行末――」）

　狩野は日本の精神分析の未来を信じていたと思うし，後進を信頼していたのであろうと思う。残された私たちはその信頼に応えなければなるまい。日本において精神分析的な臨床を実践し，日本の精神分析を大切に感じている人々には，是非，繰り返して読んでもらいたい両章である。

本書成立の経緯

　最後に本書成立の経緯および編集方針について触れておきたい。私は2002年から2014年まで12年間，狩野力八郎のスーパービジョンを受けた。狩野の体調面での問題もあり，定期的なスーパービジョンは狩野が亡くなる約1年前に終了となったが，最後の1年間もおよそ3カ月に1回位の頻度で狩野から声が掛かり，主に仕事を依頼される形で小寺財団にてさまざまなことを話し合った。生前の狩野に最後に会うことができたのは2015年2月6日のことで，間質性肺炎で入院となった狩野の容態が安定したタイミングで，入院中の病床を見舞った。最後まで狩野の思考は明晰で，日本精神分析学会の運営委員に就任したばかりの私に，学会の歴史を紐解きながら，しっかり考えるようにと励ましてくれた。
　この最後の1年間についていえば，狩野は自分がそう遠からず亡くなることを明確に自覚していた（そうはいってもここまで早く亡くなってしまうとは予測されていなかったと思う）。会う度に私は，狩野が私に喪の作業をするための機会を与えてくれているのであろうと思い，感謝の念とともに悲しさで泣き出したくなる気持ちでいっぱいであった。
　そんな中，私が気になっていたのは，狩野の未書籍化のままにされた論考の

数々であった。特に「精神分析的に倫理を考える」が既刊の著作集に収録されていないことが気掛かりであった。2014年の秋ではなかったかと思うが、私は例によって狩野から呼び出され会いに行った際に、次の著作集をどうするつもりなのかということ、私としては編集を手伝う心積もりがあることを伝えた。狩野は「それは考えているんだ」といって、別刷の束が入った紙袋を私にみせてくれた。

　私は狩野が第三著作集について自分で考えていることに安堵しつつ、手伝えることがあるなら何でもいって欲しいということを改めて伝えた。翌週、小寺財団から結構大きな荷物が私宛に届いた。開けてみると、そこには相当数の狩野の論文の別刷と、狩野がこの数年各地のセミナー等で話した内容のパワーポイント資料とが梱包されていた。荷物の中味がこれであることを知ったときの私の心境は複雑であった。普通に考えれば、第三著作集の刊行を心配する私に、大まかな内容を先取りして知らせようという親切心の発露であることが想像されたが、こころの片隅では、「自分にもしものことがあった場合は、こんな感じで編集をよろしく頼むぞ」という狩野からのメッセージのようにも感じられたからである。

　この小包の荷造りを担当した小寺財団の事務を務める大原眞由美氏に荷物のお礼を述べつつ聞いてみたところ、彼女も同じように感じたということであったので、これは私だけの思い込みでもないと思っている。彼女とこの会話を交わしたときに、狩野が神戸で行った「なじむこと、夢想すること、語ること——精神療法におけるふつうの出来事——」という講演の発表資料を忘れずに荷物に入れたかを非常に気にしていた、という話を聞いた。恐らく狩野にとって中味に満足のいく講演であったように思われる。これは講演内容のパワーポイント資料であるため、残念ながらこのまま書籍化することはできないものであるが、本書の題名『精神分析になじむ』は、この晩年の狩野が自分でもっとも気に入っていたと思われる講演タイトルから一言もらってきてつけたものである。

　残念なことに狩野が第三著作集を出すことなく亡くなるという「もしものこと」が生じてしまったため、ほどなく私は実際にこの本を作ることを目標にして動き始めた。とはいえ、私自身、とある事情から相当に多忙な状況であり、すぐに収録論文の選定を始めることはできなかった。私は、空き時間を使って、小寺財団に赴き財団に残された狩野の別刷を全て確認したり、手持ちの雑誌や

書籍から狩野の文章をコピーしたり，小寺財団にも私の手元にもない論考を図書館でコピーしたり，あるいは遠方の図書館から取り寄せたりといった形で狩野の未書籍化論文を集めることから手を付けた。そして，それを年代順に並べて本巻末に収載している著作リストを作成した。この作業に1年以上かかった。

　実際に集めた論文に目を通し，収録する論考の選定を始めることができたのは，以前と較べて私に時間的余裕ができるようになった2016年の夏からであった。基本的には『方法としての治療構造論』がカバーしている2004年（ここは少し説明が必要で，同書収録作の中でもっとも直近の論考は2007年の「日本における「A-Tスプリット治療」の概観」である。ところがこれ以前の収載論文となると2004年のものになり，2005年および2006年の論考は一本も収録されていない。さらに不思議なことに同書巻末の初出一覧には，この「日本における「A-Tスプリット治療」の概観」は記載されていない。すなわち記載洩れが起こっている。ここから次のようなことが推測される。恐らく狩野は当初，2004年までに書いた論考の中から『方法としての治療構造論』を編む予定で，実際の作業も途中まではその形で進行した。ところが割と出版の間近になったところで，内容的に「日本における「A-Tスプリット治療」の概観」を同書に収載したいという意向が狩野に生じた。そして収録作を一編追加した。ところが初出一覧を修正することを忘れてしまったため，初出一覧は当初予定した収録作のままで印刷されることになった，という流れである。したがって『方法としての治療構造論』は原則として2004年までの論考をまとめたものであるというのが私の現時点での判断である）以降の論考の中から収録論文を選出することにした。

　とはいえ2004年以前の単行本未収録論考の中にも魅力的なものがあり，私としては是非それらを拾い上げたいという思いがあった。ただ，これに関しては既に少し述べたとおり，狩野が敢えて収載を見送った可能性もあるため，判断は難しかった。最終的には私の視点で収録が相応しいと思うものは取り敢えず採録し，他の編者二人に意見を求める方針とした。また，翻訳や書評など狩野自身は恐らく採らないであろうと思われる文章も，狩野の仕事の幅を知り，日本の精神分析の歴史に触れる意味で有益と思われるものを収録することとした。結果的に単行本で2冊分に相当する論考を選出した。そこから更にテーマ毎に分別する作業を続け，精神分析的思索者および研究者としての側面が強い論考を本巻に，精神分析および力動精神医学の教育者としての側面が強い論考

を今後刊行予定の第四著作集にまとめた。なお狩野が故人であることを鑑み，欧文の人名表記の書式を統一したことと明らかな文法上の誤りを修正したこと以外は基本的に狩野の原文を最大限尊重した。したがってそれぞれの論考が執筆された時期によって，精神分裂病（分裂病）や看護婦など現在では用いられてない名称が使われていることがある。当時の狩野にスティグマや差別を助長する意図がなかったことは明らかであり，原文のままとした。ご理解を願う次第である。

編者の3人は次のような経緯で決まった。まず池田が狩野の論文集を企画した。これについてはここまで述べたとおりである。ただ私一人では，種々の判断に確信がもてなかったので，生前の狩野と近しい関係にあり，なおかつ編集方針について適切な助言をもらえる人物に共同編者に就いてもらうこととした。そのような視点から検討すると，狩野との師弟関係でいえば私の兄弟子に当る藤山直樹（藤山は狩野の次の小寺財団理事長でもある）と，狩野の没後に行われたさまざまな追悼行事でまとめ役的な立場に付くことが多かった狩野の盟友である相田信男という二人に依頼することは必然の成り行きといえた。詳細は省くが，協議が必要なときの調整は藤山に担当してもらうこととした。

出版は，狩野の前2冊を刊行している金剛出版に依頼した。通常の単行本で2冊分に相当する量があり，選定した論考をすべて出版できるのかという危惧が編者の間ではあったが，同社は快く引き受けてくれた。基本的に電子データが手元になく，紙媒体での原稿引き渡しという形になったが，同社の諸氏はそこから種々の技術と労力でもって見事に書籍化を成し遂げてくれた。これらの過程を経て，本書は読者の前に届けられている。

＊　＊　＊

本書成立には実に多くの人のお力をお借りしています。先ずは小寺記念精神分析研究財団の大原眞由美さんのきめ細やかなお手伝いに深謝いたします。小寺財団に遺された狩野先生の資料の中から必要なものを探し出してくださったり，コピーを取ってくださったり，著作リストの作成で右往左往する私を励ましてくださったり，これらの物心両面での支えが私のこの作業の土台になっています。どうもありがとうございました。

狩野先生の論文集を刊行したいという私の依頼に即座に了承の旨の返事を下

さった金剛出版の立石正信さん，実際の編集作業に当たってくださった同社の中村奈々さん，立石哲郎さんに感謝いたします。『重症人格障害の臨床研究』と『方法としての治療構造論』の編集にあたってくださった立石さん，中村さんが引き続き本書にも関わってくださったことで，天国の狩野先生にも私の拙い編者業務を安心して見守りいただけたのではないかと思っています。

　共同編者をお引き受け頂いた相田信男先生，藤山直樹先生に御礼申し上げます。先生方との連名で本書を巷間に届けることができることは，私にとって本当に数少ない狩野先生への恩返しになったと思います。

　狩野先生の著作集を編纂したいという私の申し出に快く許可をくださり，その後のいろいろな問い合わせにも丁寧に御対応いただきました狩野先生のご家族皆さんに感謝申し上げます。

　そして私の家族にも，いつも本当にありがとう，といわせてください。

　最後に本書の著者である狩野力八郎先生にこころからの感謝を申し上げます。本書の編集作業を通して，私はもう一度先生にお会いすることができました。この本を読むたび，これからもきっと何度もお会いできるでしょう。本書に収載した各論考の選定基準や掲載順が先生に及第点を頂けるものであることを願っております。

2018年10月
　　　　　かつて狩野先生が過ごされた街の片隅に開いたオフィスにて

池田暁史

著作リスト

* は『重要人格障害の臨床研究』(2002) に収載
\# は『方法としての治療構造論』(2009) に収載

1. 内科医に必要な精神科の知識—内科における精神療法．Medicina 16；1369-1371．1979．
2. 書評『フロイトとの出会い』．精神分析研究 23；146-147．1979．
3. schizoid 現象と自由連想の治療構造．精神分析研究 24；26-30．1980．
4. 分裂的機制についての覚書．In：メラニー・クライン著作集 4．pp.3-32，誠信書房．1985．（共訳：狩野力八郎・渡辺明子・相同信男）
5. 今日の精神療法—諸外国の現況・アメリカ (2)．精神療法 11；116-124．1985．
6. スキゾイド患者について*．精神分析研究 30；71-81．1986．
7. DSM-Ⅲの personality disorder—境界パーソナリティ障害．臨床精神医学 15；167-172．1986．（共著：狩野力八郎・岩崎徹也）
8. 精神療法の現状．日本医事新報ジュニア版 250；5-8．1986．（共著：狩野力八郎・岩崎徹也）
9. 「いま・ここで」転移と治療場面—一般システム理論から．精神分析研究 30；38-40．1986．（シンポジウム指定討論）
10. 家族療法研修と精神科卒後研究教育\#．家族療法研究 3；28-35．1986．（共著：狩野力八郎・服部陽児・河野正明，他）
11. 精神分析からみた家族．こころの科学 13；66-71．1987．（共著：河野正明・狩野力八郎）
12. 書評『精神分析学の新しい動向』．精神分析研究 31；94-95．1987．
13. 性格の障害*．In：異常心理学講座Ⅴ—神経症と精神病．pp.397-453，みすず書房．1988．
14. 東海大学精神科学教室における卒後研修教育．精神分析研究 32；195-203．1988．
15. 精神科卒後研修の体系化・組織化に関する諸問題．精神神経学雑誌 90；1041-1047．1988．（共著：狩野力八郎・橋本雅雄・林雅次，他）
16. 家族アプローチの諸様態．精神分析研究 32；37-44．1988．
17. 医療を受ける心理と医原神経症．からだの科学 増 10；104-109．1989．
18. 身体へのとらわれと不安．からだの科学 増 10；161-165．1989．
19. 内的構造の形成過程* 精神分析研究 33；289-300．1989．
20. 神経症の発症機制—対象関係論から．In：精神科 MOOK23　神経症の発症機制と診断．pp.89-97，金原出版．1989．
21. 自己愛パーソナリティ障害．こころの科学 28；35-39．1989．
22. 誇大的自己愛を持つ境界例患者に対する夫婦療法*．In：家族療法ケース研究3　境界例．pp.207-228，金剛出版．1989．
23. 乳幼児と家族治療\#．In：別冊発達乳幼児精神医学への招待．pp.179-188，ミネルヴァ書房．1989．

24. 初回面接での見立てと見通しの立て方．In：思春期精神保健相談．pp.88-106, 日本公衆衛生協会．1989．（共著：狩野力八郎・山崎晃資）
25. 治療が展開しない際の検討事項．In：思春期精神保健相談．pp.153-168, 日本公衆衛生協会．1989．（共著：狩野力八郎・山崎晃資）
26. 治療の終結方法．In：思春期精神保健相談．pp.169-184, 日本公衆衛生協会．1989．（共著：狩野力八郎・山崎晃資）
27. 境界人格障害と自己愛人格障害．In：精神療法の実際．pp.88-118, 新興医学出版社．1989．
28. 境界性人格障害の治療*．In：現代精神医学体系年刊版 90．pp.303-321, 中山書店．1990．
29. 入院治療は計画的に．精神分析研究 33；418-419．1990．（研修症例コメント）
30. 青年期の特徴—精神分析学の観点から*．臨床精神医学 19；733-737．1990．
31. 重症パーソナリティ障害について*臨床精神病理 11；7-18．1990．
32. 入院治療とはなにか—投影同一視の認識と治療の構造化．In：治療構造論．pp.351-366, 岩崎学術出版社．1990．
33. 内と外のはざま—実際的家族アプローチ．精神分析研究 34；53-54．1990．（シンポジウム指定討論）
34. 現代の中年とアルコール．アルコール医療研究 7；198-203．1990．（共著：服部陽児・狩野力八郎）
35. 思春期青年期の臨床像—主に行動障害をめぐって．精神医学 32；853-860．1990．
36. 力動的治療過程の記載について．精神分析研究 34；149-150．1990．（研修症例コメント）
37. 痛みを診る—慢性疼痛のメンタルケア．日経メディカル 20；119-122．1991．（共著：室津恵三・本国哲三・狩野力八郎）
38. 学会認定医制—内発的動機とジレンマ．精神神経学雑誌 93；918-919．1991．（シンポジウム指定討論）
39. 人格障害の発症時期と経時的変化*．精神科診断学 2；305-316．1991．（共著：狩野力八郎・河野正明・松田文雄，他）
40. 治療者の支持的役割*．精神分析研究 35；47-57．1991．
41. 家族力動とその病理#．異常心理学講 X—文化・社会の病理．pp.1-56, みすず書房．1991．（共著：小此木啓吾・狩野力八郎）
42. 精神分析の生成論について—フロイト派の立場から．臨床精神病理 13；185-192．1992．
43. 個人からチームへ—専門化する入院治療とチーム治療*．思春期青年期精神医学 2；128-136．1992．
44. 臨床家からみた日本の家族．職場とこころの健康③ 企業と家族．pp.22-35, 東海大学出版会．1992．
45. 父－母－乳幼児療法—精神分析か家族療法か．精神分析研究 36；555-562．1993．（共著：狩野力八郎・渋沢田鶴子）
46. 情緒障害のいくつかの形態およびそれらの分裂病との関係．思春期青年期精神医学 3；103-110，241-249．1993．（Deutsch, H. の翻訳）

47. 新版精神医学事典．弘文堂．1993．（分担執筆．著者索引なく執筆項目数不明）
48. 治療の迷路．精神分析研究 37；529-530．1993．（研修症例コメント）
49. 内的ストレッサーとストレス#．ストレス科学 8；6-10．1994．
50. 多職種のチーム活動における集団力動#．日本集団精神療法学会誌 10；113-119．1994．
51. 自己愛性人格障害の治療*．In：精神科症例集 神経症・人格障害．pp.274-285，中山書店．1994．
52. Psychotherapy training: The influence of borderline treatment on the residency training*. In : New Approach to the "Borderline Syndrome". Iwasaki Gakujyutu Shuppansha. 1994.（著者自身による日本語訳が収載）
53. はじめに．In：乳幼児精神医学の方法論．pp.143-144，岩崎学術出版社．1994．（第3部「親乳幼児治療の方法論」序文）
54. 新たな家族システムの提供その1―乳幼児をもった家族の課題とその治療．In：乳幼児精神医学の方法論．pp.253-265，岩崎学術出版社．1994．（共著：狩野力八郎・溝口健介・渋沢田鶴子）
55. 新たな家族システムの提供その2―家族療法の展開とその中心課題：家族神話．In：乳幼児精神医学の方法論．pp.266-272，岩崎学術出版社．1994．（渋沢田鶴子・溝口健介・狩野力八郎）
56. パーソナリティ障害の治療―境界人格障害を中心に．診断と治療 83；51-56．1995．
57. 妄想性人格障害．精神科治療学 10 増；212-213．1995．（共著：河野正明・狩野力八郎）
58. システム家族論からみた家族と精神分析からみた家族#．思春期青年期精神医学 5；175-182．1995．
59. ナルシシズムの病理と治療技法*．精神分析研究 39；128-139．1995．
60. 心的表象論#．In：現代のエスプリ別冊 精神分析の現在．pp.286-300，至文堂．1995．
61. 誰にとっての課題か?#．思春期青年期精神医学 6；159-165．1996．
62. ときには弱い治療者であることも．精神分析研究 40；52-53．1996．（研修症例コメント）
63. 特集「インフォームド・コンセント」について．精神分析研究 40；10．1996．（共著：狩野力八郎・皆川邦直）（特集序文）
64. 監訳者まえがき．In：こころのマトリックス．pp.i-iv，岩崎学術出版社．1996．
65. 自己愛パーソナリティ障害．In：精神科 MOOK 増 2　精神分析療法．pp.83-89，金原出版．1996．
66. 精神分析からみた人格障害の成因*．In：現代のエスプリ別冊　人格障害．pp.123-131，至文堂．1997．
67. 巻頭言．In：患者理解のための心理学用語．p.1，SMS．1997．
68. 治療関係その1．In：患者理解のための心理学用語．pp.54-58，SMS．1997．
69. 関係の終結．In：患者理解のための心理学用語．pp.74-77，SMS．1997．
70. 動機と創造―境界例の家族療法について*．家族療法研究 14；179-184．1997．
71. 中断か終結か．精神分析研究 41；134-135．1997．（研修症例コメント）
72. シンポジウム巻頭言「無意識的罪悪感」．精神分析研究 41；182．1997．（共著：狩野力八郎・皆川邦直）

73. コンサルテーション・リエゾン活動—臨床と研究の事離と統合#. 心身医学 38；135-141. 1998.
74. 公式化の2側面. 精神分析研究 42；80-81. 1998.（研修症例コメント）
75. 増加しつつある人格障害の考え方とその対処. 日本医師会雑誌 119；1397-1401. 1998.
76. パーソナリティ障害とは. 健康管理 534；4-15. 1998.
77. コンサルテーション・リエゾン精神医学における評価. 精神科診断学 9；79-88. 1998.（共著：渡辺俊之・保坂隆・狩野力八郎）
78. Development of the capacity for anticipation in adolescence : On the adolescent borderline's perspective of the near future in psychotherapy. In : The Adolescent in Turmoil. pp.41-46, Praeger. 1998.
79. 神経症水準の精神療法. In：臨床精神医学講座7 人格障害. pp.361-371, 中山書店. 1998.
80. 今日の人格障害と家族. In：パーソナリティの障害（日本家族心理学会年報）. pp.2-21, 金子書房. 1998.
81. 対象関係論と家族療法#. 家族療法研究 16；126-130. 1999.
82. 心的表象としての自己の病理#. 臨床精神病理 20；109-117. 1999.
83. 相互適応システムの脆弱性#. 臨床精神医学 28；271-277. 1999.
84. 人格障害とその症状. 健康管理 541；5-17. 1999.
85. 平行過程の再検討. 精神分析研究 43；376-378. 1999.（共著：狩野力八郎・村岡倫子）
86. 性愛転移と逆転移をめぐって. 精神療法 25；145-153. 1999.（共著：小林要二・狩野力八郎）
87. 嘘の精神病理と治療関係について. 精神療法 25；258-266. 1999.（共著：近藤直司・狩野力八郎）
88. 精神分析的精神療法の効果. 精神科診断学 10；179-183. 1999.（共著：服部陽児・狩野力八郎）
89. スキゾイド女性の精神療法における共感の難しさ. 精神療法 25；49-56. 1999.（共著：猪股均・狩野力八郎）
90. 心身症の治療 集団療法の基礎—治癒要因・集団力動・技法. 心療内科 3；338-343. 1999.
91. Consultation-liason psychiatry : Toward integration of the dilemma between clinical practice and reaearch. Japanese Journal of Psychosomatic Medicine；39-46. 1999.（文献72の英訳）
92. まえがき. In：青年のひきこもり. pp.3-8, 岩崎学術出版社. 2000.
93. 生きている連想と生きている関係#. 家族療法研究 17；211-217. 2000.
94. 精神分析の二重性#. 精神分析研究 44；66-70. 2000.
95. シンポジウム巻頭言「スーパービジョンの役割と諸問題」. 精神分析研究 44；249. 2000.（共著：狩野力八郎・佐野直哉）
96. Faculty Development の理論と実際. 薬の知識 51；157-160. 2000.
97. 家族システムの病理から見た社会・文化的価値観の変化#. 精神科治療学 15；1245-1250. 2000.

98. 精神科疾患の愁訴と治療―転換症状．臨床精神医学 増；506-509．2000．（共著：玉井康之・狩野力八郎）
99. A study on therapeutic teams in psychoanalytical hospital treatment : Diversity and agreement with in the team. Tokai J Exp Clin Med 25；101-116．2000.
100. 要望演題：教育の評価（3）．医学教育 32；366-370．2001．（共著：黒澤博身・狩野力八郎）
101. 生命現象と物語[#]．精神療法 27；38-44．2001．
102. 特集にあたって「慢性抑うつの精神分析的精神療法」．精神分析研究 45；339-341．2001．（共著：衣笠隆幸・狩野力八郎）（特集序文）
103. 痛みへのアプローチ―力動精神医学・精神分析的アプローチ．痛みと臨床 1；300-305．2001．（共著：小林要二・狩野力八郎）
104. 学生による授業評価．現代医療 34；1682-1691．2002．
105. 『医学教育』第32巻・6号を読んで．医学教育 33；76．2002．
106. 家族の視点からみた「不適切な養育」へのかかわり．保健の科学 44；535-539．2002．
107. 巻頭言「攻撃性とその臨床」．精神分析研究 46；266．2002．（共著：西園昌久・狩野力八郎）
108. 重症人格障害の臨床研究．金剛出版．2002．（第一著作）
109. 精神分析事典．岩崎学術出版社．2002．（編集委員，執筆項目数不明）
110. コメント1．家族療法研究 19；225-226．2002．（シンポジウムコメント）
111. 書評『ナラティブ・ベイスト・メディスン』．家族療法研究 19；85-87．2002．
112. 自殺の危険のある患者に対する精神療法[#]．臨床心理学研究（東京国際大学）1；3-14．2003．
113. 座長の言葉――一般病棟における人格障害治療の限界．心身医学 43；59．2003．
114. 会長挨拶．精神分析研究 47；1．2003．
115. プロセスノートの書き方[#]．精神分析研究 47；141-146．2003．
116. 精神分析における言葉の使用についての覚書[#]．精神分析研究 47；307-316．2003．
117. 人格障害―概念の変遷．精神科 3；329-333．2003．（共著：平島奈津子・狩野力八郎）
118. ひきこもり状態を示す精神障害―分裂病型人格障害と分裂病質．精神医学 45；259-262．2003．
119. 文献紹介「治療操作としての喪と合同家族療法におけるその役割」．In：臨床家のための家族療法リソースブック．pp.96-97，金剛出版．2003．
120. 文献紹介『家族生活の精神力学』．In：臨床家のための家族療法リソースブック．pp.100-103，金剛出版．2003．
121. 文献紹介『家族と家族療法』．In：臨床家のための家族療法リソースブック．pp.156-157，金剛出版．2003．
122. 山田論文に対するコメント．上智大学臨床心理研究 26；105-107．2003．（紀要論文コメント）
123. クライン「分裂的機制についての覚書」．In：精神医学文献事典．p.133，弘文堂．2003．
124. 境界人格障害の治療と看護．東京精神病院協会誌 別冊 19；187-198．2004．
125. 重症人格障害の治療．東京国際大学論叢 10；1-8．2004．

126. 境界例臨床における多職種コラボレーション—シンポジウムによせて．精神神経学雑誌 106；727-728．2004．（共著：狩野力八郎・上別府圭子）
127. シンポジウム巻頭言「治療機序とその効果」．精神分析研究 48；223．2004．（共著：狩野力八郎・安岡誉）
128. 司会の言葉「わが国の精神分析の 50 年と未来」．精神分析学会第 50 回記念大会抄録；xii．2004．
129. 人格障害という病名の使用と知ること #．精神科治療学 19；151-156．2004．
130. 自己愛人格障害と境界人格障害．外来精神医療 4；14-19．2004．
131. Life phenomena and narrative : psychoanalysis, psychotherapy and the system theory. Japanese contributions to psychoanalysis 1；41-55. 2004．（文献 100 の英訳）
132. 心理療法をどのように学ぶか #．精神療法 30；344-346．2004．
133. 序．In：日常診療でみる人格障害—分類・診断・治療とその対応．pp.iii-iv，三輪書店．2004．（共著：狩野力八郎・高野晶・山岡昌之）
134. 人格障害の歴史．日常診療でみる人格障害—分類・診断・治療とその対応．pp.13-23，三輪書店．2004．（共著：狩野力八郎・高野晶・山岡昌之）
135. 構造化すること．日常臨床でみる人格障害—分類・診断・治療とその対応．pp.95-105，三輪書店．2004．（共著：狩野力八郎・高野晶・山岡昌之）（無署名原稿）
136. 小澤和輝論文に関するコメント．上智大学臨床心理研究 27；110-111．2004．（紀要論文コメント）
137. 解説—小此木理論の源流．精神分析研究選集 1；25-26．2004（古澤・小此木論文への解説）
138. 小此木啓吾先生追悼総特集について．精神分析研究 48；361-365．2005．
139. 50 周年記念特集増刊号刊行にのぞんで．精神分析研究 48 増；1-3．2005．
140. 身体表現性障害が疑われる患者への医療面接．日本医師会雑誌 134；177-181．2005．
141. 症例検討（5）へのコメント．児童青年精神医学とその近接領域 46；432-433．2005．
142. 抑うつ状態を示す人格障害へのアプローチ—A-T split の活用．分子精神医学 5；485-489．2005．
143. 重症人格障害の自殺とその予防．精神神経学雑誌 107；1086-1092．2005．
144. 自分になる過程—青年期における自己愛脆弱性と無力感．思春期青年期精神医学 15；25-35．2005．
145. 身体化障害．精神科治療学 増 20；184-185．2005．
146. 自己愛型人格障害．精神科治療学 増 20；240-241．2005．
147. 気分障害の精神分析—無能力感と境界形成をめぐって．In：うつ病論の現在．pp.173-197，星和書店．2005．
148. 書評『小児医学から精神分析へ』．臨床精神医学 34；1475-1476．2005．
149. 鳥生知江論文へのコメント．臨床心理事例研究（京都大学大学院教育学研究科心理教育相談室紀要）32；88-90．2005．
150. 鈴木莱実子論文に関するコメント．上智大学臨床心理研究 28；150-153．2005．
151. 精神力動論．In：臨床心理面接学．pp.35-99，誠信書房．2005．（共著：妙木浩之・狩野力八郎）

152. 解説．精神分析研究選集 2；179-180．2005（"学会のあり方を考える"討論集会への解説）
153. 職域におけるパーソナリティ障害の対応．よぼういがく 36；3-23．2006．
154. 事例検討．よぼういがく 36；24-34．2006．（共著：尾久裕紀・狩野力八郎・今川久子）
155. 精神分析的に倫理を考える．精神分析研究 50；191-203．2006．
156. 青年期人格障害の臨床．児童青年精神医学とその近接領域 47；326-336．2006．
157. 下坂幸三先生のご冥福を祈る．精神分析研究 50；331-334．2006．
158. 私はフロイディアンか？．精神分析研究 50；344-346．2006．
159. パーソナリティ障害と治療現場．こころのりんしょう a. la. carte 25；497-506．2006．（対談：狩野力八郎・白波瀬丈一郎）
160. 自己愛パーソナリティ障害．In：精神科 MOOK 増2 精神分析療法．pp.83-89．金原出版．2006．
161. 西村論文へのコメント―覚悟のほど．上智大学臨床心理研究 29；96-98．2006．（紀要論文コメント）
162. 小此木啓吾先生―精神分析をすること．最新精神医学 11；297-298．2006．
163. 自己愛性パーソナリティ障害とはどういう障害か．In：精神科臨床ニューアプローチ 5 パーソナリティ障害・摂食障害．pp.80-88，メジカルビュー社．2006．
164. 「Dr. Evelyne Albrecht Schwaber 講演会」について．精神分析研究 51；67-68．2007．
165. 特集前書きに代えて「精神療法と自殺」．精神分析研究 51；113-116．2007．
166. 編集後記．精神分析研究 51；232．2007．
167. 人格障害の診断と治療．精神神経学雑誌 109；598-603．2007．
168. 司会のことば「語ることと聴くこと―精神療法的対話の妙味」．心身医学 47；617．2007．（共著：狩野力八郎・原田眞理）
169. シンポジウム巻頭言「治療抵抗」．精神分析研究 51；259-260．2007．（共著：北山修・狩野力八郎）
170. 特集にあたって「A-T スプリット」．精神分析研究 51；343-344．2007．（共著：狩野力八郎・川谷大治）
171. 日本における「A-T スプリット治療」の概観．精神分析研究 51；349-358．2007．
172. 書評『実践・精神分析的精神療法』．心理臨床学研究 25；609-611．2007．
173. 自己愛性パーソナリティ障害のことがよくわかる本．講談社．2007．（監修）
174. チームはどこにでもある―チーム医療・援助の生命力．集団精神療法 23；89-98．2007．
175. 書評『エコ心理療法』．家族療法研究 24；65-66．2007．
176. 創造的対話―森田療法と精神分析．日本森田療法学会誌 19；1-6．2008．
177. 論文を書くことと倫理規定を守ることとのジレンマ．精神分析研究 52；290-293．2008．
178. うつ病のプロトタイプは変わったのか．臨床精神医学 37；1091-1109．2008．（座談会：神庭重信・狩野力八郎・江口重幸，他）
179. スタッフへの攻撃と治療的対応．精神科臨床サービス 8；80-83．2008．
180. 治療構造論的家族療法とメンタライジング．家族療法研究 25；117-125．2008．
181. ナルシシズム―閉ざされた心と聞かれた心．In：ナルシシズムの精神分析．pp.1-14，岩崎学術出版社．2008．
182. メンタライゼーションあれこれ．学術通信 89；5-7．2008．

183. 精神分析セミナー30周年の集い．精神療法 34；77．2008．
184. 境界パーソナリティ障害——臨床的側面．In：精神医学対話．pp.773-788，弘文堂．2008．
185. 神経生物学と力動精神医学の対話．精神医学対話．pp.788-791，弘文堂．2008．（尾崎紀夫論文へのコメント）
186. 監訳者あとがき．In：メンタライゼーションと境界パーソナリティ障害．pp.443-446，岩崎学術出版社．2008．
187. 書評『フロイト再読』．家族療法研究 25；95-97．2008．
188. 精神分析学．In：気分障害．pp.298-308，医学書院．2008．
189. 患者とともに家族の歴史を生きる．精神療法 35；43-50．2009．
190. シンポジウム巻頭言「女性精神医学の今日的課題」．精神神経学雑誌 111；430．2009．（共著：狩野力八郎・平島奈津子）
191. 「Dr. Ana-Maria Rizzuto 講演会」について．精神分析研究 53；213-214．2009．
192. ヒステリーを読む．精神分析研究 53；262-269．2009．
193. 精神医学用語解説「メンタライゼーション」．臨床精神医学 38；382-383．2009．
194. 倫理的配慮．精神科治療学 増 24；25-27．2009．
195. パニック障害・不安障害——力動的精神療法 精神科治療学 増 24；110-111．2009．
196. 力動精神療法のエッセンス．精神科臨床サービス 9；468-472．2009．
197. 方法としての治療構造論．金剛出版．2009．（第二著作）
198. 精神分析的心理療法——実践家のための手引き．金剛出版．2009．（監訳者）
199. 医療面接で困難なケース．In：医療面接技法とコミュニケーションのとり方．pp.102-127，メジカルビュー社．2009．
200. シンポジウムに寄せて「自由連想の臨床的意義」．精神分析研究 54；228-229．2010．（共著：狩野力八郎・松木邦裕）
201. The Japan psychoanalytic society and the Japan psychoanalytical association : their history of coexistence and their future. Japanese contributions to psychoanalysis 3 ; 223-242. 2010.
202. 特集にあたって「土居健郎先生追悼」．精神分析研究 54；321-322．2010．（共著：狩野力八郎・藤山直樹）
203. 力動精神医学と土居の仕事．精神分析研究 54；331-336．2010．
204. いつも先生と対面する．In：土居健郎先生追悼文集——心だけは永遠．pp.102-103，土居健郎先生を偲ぶ会．2010．
205. 家族関係のアセスメント．In：臨床心理士のための子育て支援基礎講座．pp.217-234，創元社．2010．
206. インタビュー「アメリカの精神分析の行方」．In：自我心理学の新展開．pp.33-55，ぎょうせい．2010．（狩野力八郎・妙木浩之）
207. 治療構造論，システム論そして精神分析．精神分析研究 55；207-217．2011．
208. 監修者まえがき．In：メンタライゼーション・ハンドブック．pp.ix-x．岩崎学術出版社．2011．
209. 必須の臨床手順としての家族・夫婦面接．精神療法 37；724-725．2011．
210. 新書記として．日本精神分析協会年報 1；8．2011．
211. 年報発刊に期待すること．日本精神分析協会年報 1；14．2011．

212. 日本精神分析協会と日本精神分析学会．日本精神分析協会年報 1；30-40．2011．（文献 198 の日本語版）
213. ナルシシズム．In：精神医学キーワード事典．pp.497-498，中山書店．2011．
214. 現代精神医学事典．弘文堂．2011．（共同編者として 26 項目を執筆）
215. 精神療法の教育・研修．In：専門医をめざす人の精神医学．pp.676-679，医学書院．2011．
216. 精神療法の治療機序について．In：専門医をめざす人の精神医学．pp.679-685，医学書院．2011．
217. 治療構造をどのように作るか．精神分析研究 56；370-376．2012．
218. すこやか人生のヒント―からだとこころは自力で守る．望星 43；58-61．2012．
219. 私の精神分析的パーソナリティ臨床―疾患分類批判．思春期青年期精神医学 22；46-53．2012．
220. パーソナリティと行動の障害．In：TEXT 精神医学第 4 版．pp.344-364，南山堂．2012．（2007 年第 3 版の改稿）
221. 力動的・分析的精神療法．In：今日の精神疾患治療指針．pp.762-766，医学書院．2012．
222. 監訳者まえがき．In：精神力動的精神療法―基本テキスト．pp.vii-ix，岩崎学術出版社．2012．
223. なぜメンタライゼーションは面白いのか．精神分析研究 57；1-4．2013．
224. 対象関係論的,精神分析的モデル．In：家族療法テキストブック．pp.101-104，金剛出版．2013．
225. 書評『解釈を越えて―サイコセラピーにおける治療的変化プロセス』．精神分析研究 58；443-445．2014．
226. 監修者前書き．In：メンタライジングの理論と臨床――精神分析・愛着理論・発達精神病理学の統合．pp.iii-v，北大路書房．2014．
227. 小寺記念精神分析研究財団 20 年の活動を振り返って．In：一般財団法人小寺記念精神分析研究財団設立 20 周年記念誌．pp.11-28，一般財団法人小寺記念精神分析研究財団．2014．

編集方針

　狩野の名前が入った形で公に刊行された文献を可能な限り網羅した。ただし，学会発表抄録は一部の例外を除き収載しなかった。また共著のものは，筆頭著者またはラストオーサーとして関わっているもののみに限定した。たとえば『今日の治療指針』など執筆したことは確実だが，毎年改定されるため現物を確認できなかった文献もある。ここに未掲載の文献情報をお持ちの方はご一報いただければ幸いである。（編・池田暁史）

索　引

人名

A
Abraham, K. 18, 56, 273
Aichhorn, A. 159
Alexander 184, 195
Anna Freud 40

B
Balint, M. 21, 36, 96, 99, 194, 195
Baranger, M. 195, 196
Bateman 84, 184, 196
Benjamin, J. 66, 74
Bergler, E. 41, 62
Bibring, E. 21, 36, 273
Bick, E. 27, 28, 36
Billroth, T. 104
Bion, W.R. 24, 25, 61, 67, 93, 94, 97, 99, 117, 162, 170, 187, 189, 192, 194, 196, 212, 273
Blum, H.P. 196, 201
Bollas 65, 74, 102, 109, 154, 170
Bollas, C. 65, 74, 109, 170
Britton, R. 66, 68, 74, 196
Brunsch weiler-Stern, N. 211

C
Clark 175, 179
Cooper 262

D
Dewald 175, 179

E
Eidelberg, L. 41, 62
Ekstein, R. 91, 99, 102, 109
Epstein, R. 156, 170
Erikson, E. 79

F
Fairbairn, W.R.D. 59, 61, 68, 96, 99, 203, 209
Federn, P. 92, 99, 161, 170
Feinstein, A.R. 238
Fenichel, O. 272
Ferenczi, S. 104, 218

Fonagy, P. 83, 84, 196, 212
Freud, A. 57, 62, 82, 205, 219
Freud, S. 15, 18, 19, 20, 21, 23, 24, 26, 36, 39, 47, 56, 57, 58, 62, 70, 72, 73, 74, 81, 82, 84, 90, 93, 94, 95, 96, 97, 99, 101, 103, 104, 105, 115, 116, 123, 155, 157, 158, 159, 170, 171, 186, 187, 189, 196, 203, 206, 218, 219, 226, 227, 229, 230, 231, 238, 245, 248, 260, 261, 273, 280
Fromm, E. 78, 85
Fromm-Reichmann, F. 159

G
Gabbard, G. 65, 66, 74, 117, 119, 122, 123, 156, 159, 167, 169, 171, 188, 196, 235, 243, 279
Green, A. 25, 29, 36, 69, 273
Greenacre. 36, 184, 192, 196, 202, 278
Greenson, R. 165, 171
Grinker, R. 60, 62
Grotstein, J.S. 94, 97, 162, 171
Gunderson, J. 138, 148
Guntrip, H. 278
Gutheil, T. 159, 167, 171

H
Harrison, A. 211
Hartmann, H. 89, 90, 92, 99, 248
Helene Deutsch 39, 58, 62
Herz 139, 148
holding 16, 21, 138, 145, 148, 165, 205
Holzman 143, 148
Horney, K. 159

J
Jacobson, E. 16, 21, 23, 25, 27, 36, 163, 171, 273
Jacobs, T. 165, 171
Janet Sayers 39
Jaspers, K. 87, 88, 89, 90, 91, 92, 93, 98, 99
Jones, E. 104, 109

K
Kahn, M. 66, 159
Karen Horney 40
Kernberg, O.F. 15, 36, 59, 61, 62, 69, 83, 85, 137, 148, 203
Kleeman, J.A. 203
Klein, M. 20, 23, 24, 26, 36, 59, 68, 82, 159, 205, 273
Knoblauch, S. 215
Kohon, G. 66, 71, 74
Kohut, H. 61, 163, 165, 171, 201
Kraepelin, E. 58
Kris, A.O. 162, 171, 197
Kris, E. 95, 197

L
Lacan, J. 94
Lear, J 221, 222
Lerner, S. 145, 148
Lester 171, 188, 196
Levine, I. 138, 145, 146, 148
Loewald, H.W. 203
London, N.J. 96, 99
Lyons-Ruth, K. 211

M
Mahler, M. 159, 203, 211
McDougall, J. 69
Melanie Klein 36, 37, 40, 100, 271
Meltzer, D. 27
Menninger, K. 78, 80, 197, 278
Modell, A.H. 95, 99, 192, 194, 197
Morgan, A. 211

N
Nagera, H. 71
Nahum, J. 211
Novotony 146, 147, 149

O
Oberndorf, G.P. 41, 62
Obholzer, 105, 109
Ogden, T.H. 27, 29, 37, 70, 74, 83, 85, 94, 97, 99, 145, 149, 163, 164, 165, 171, 193, 194, 197, 205, 273, 274

Orange 102, 109, 184, 192, 197

P
Padel, J. 262
Peltz, M. 159
Piaget, J. 203
Pine, F. 83, 85
Plant, R.J. 235, 243
Putnam, J. 104

R
Reich, A. 59, 62
Reich, W. 82, 218, 272
Ricoeur, P. 157, 172
Rosen 58, 62

S
Sadock 78, 85
Sandler, A. 159, 172
Sandler, J. 165, 172
Schilder, P. 41, 62
Schlesinger 143, 148
Schur, M. 94
Segal, H. 24, 37, 95, 100
Steiner, J. 24, 37, 165, 172
Stern, D.B. 215
Stern, D.N. 83, 85, 194, 197, 198, 211, 215
Stoller, R.J. 67
Strachey, J. 232
Sundelson 154, 170

T
Tausk, V. 92, 100, 161, 172
Tronick, E. 211
Tustin, F. 27

V
Vaihinger 41
von Bertalanfy L. 161
von Jauregg, J.W. 58

W
Wallerstein 262
William Menninger 235
Wilson, A. 138, 145, 146, 148
Winnicott, D.W. 21, 25, 59, 61, 67, 79, 85, 94, 96, 100, 102, 109, 159, 163, 165, 172, 187, 192, 198, 205, 206, 212, 273
Wong, N. 262

Y
Yarom, N. 70, 72, 73, 74

Z
Zetzel, E. 68, 74

あ
相田信男 1, 36, 79, 84, 207, 217, 264, 265, 266, 268, 271, 279, 285, 286
阿部正 253, 263
岩崎徹也 18, 36, 37, 99, 100, 124, 148, 171, 197, 217, 263, 264, 265, 266, 287
牛島定信 36, 85, 100, 172, 198, 261, 263, 264, 265, 266
岡野憲一郎 166, 266
小倉清 251, 261, 263, 264, 265, 266
小此木啓吾 9, 18, 36, 37, 85, 99, 100, 105, 106, 115, 119, 124, 148, 170, 171, 172, 187, 195, 197, 209, 217, 220, 223, 227, 230, 240, 246, 248, 252, 253, 254, 256, 263, 264, 265, 268, 270, 272, 275, 276, 278, 280, 288, 292, 293, 299

か
懸田克躬 74, 196, 227, 256
笠原嘉 233, 243, 264
片山登和子 228, 264
河本英夫 193, 197
神田橋條治 171, 197, 261, 263, 264, 265, 266
北西憲二 104, 105, 106, 107, 109, 275
北見芳雄 254, 264, 265
北山修 169, 205, 206, 228, 252, 264, 265, 266, 279, 293
衣笠隆幸 7, 37, 97, 172, 264, 265, 266, 291
木村敏 96
蔵内宏和 253, 256
黒田章史 109, 229
古澤平作 103, 218, 221, 226, 230, 245, 252, 254, 256, 258
古澤頼雄 103
近藤喬一 106

さ
島村三重子 264
下坂幸三 10, 96, 104, 109, 223, 224, 226, 227, 228, 229, 230, 264, 280, 293, 299
下田光造 103
杉万俊夫 102, 109

た
高野晶 124, 126, 265, 267, 276, 292
高橋進 253, 254, 256, 263, 264
武田専 256, 261, 263, 264, 265, 266
鑪幹八郎 264
土居健郎 10, 89, 90, 91, 92, 99, 103, 106, 233, 234, 235, 237, 238, 240, 241, 242, 236, 242, 243, 246, 255, 256, 257, 258, 262, 263, 264, 265, 268, 277, 280, 294, 299
豊原利樹 107

な
中井久夫 36, 99, 195, 238
中村伸一 109, 229
長山恵一 107, 263
西尾忠介 225
西園昌久 18, 36, 37, 74, 223, 246, 254, 256, 263, 264, 265, 266, 291

は
橋本和幸 106, 109
藤山直樹 1, 8, 37, 74, 169, 197, 245, 264, 265, 266, 274, 285, 286, 294
保崎秀夫 103

ま
前田重治 103, 223, 246, 255, 256, 258, 263, 264, 265, 266
松木邦裕 63, 74, 196, 264, 265, 266, 294
松本雅彦 87, 275
丸井清泰 103, 252, 260, 264
丸田俊彦 7, 85, 109, 166, 171, 184, 194, 197, 211, 215, 262, 279, 280
三浦岱栄 197, 253, 256
皆川邦直 106, 109, 196, 264, 265, 266, 275, 289
三宅由子 107, 109
宮本真希守 262, 265, 267
村岡倫子 194, 197, 265, 267, 290
森さち子 9, 36, 101, 102, 103, 104, 105, 106, 107, 109, 159, 184, 194, 197, 265, 273, 275, 293, 299
森田正馬 101, 109, 275

索引 299

や
矢部八重吉 252
山岡昌之 124, 126, 276, 292
山村道雄 253, 256, 263, 268

わ
渡辺明子 36, 217, 265, 271, 287

事 項

A
as if 39, 41, 60, 84, 273, 274

E
enactment 118, 164, 165, 169, 171

あ
アジャセコンプレックス 103
遊び 47, 102, 157, 158, 160, 209, 232
遊ぶこと 37, 102, 109, 116, 158, 169, 172, 198
アドラー学派 220
アナロジー 102
甘え理論 103, 238, 262
怒り 19, 23, 35, 51, 53, 134, 142, 144, 147
移行空間 25, 26, 29, 163, 206
一次的対象 57, 163
逸脱行為 127
陰性治療反応 22, 93
インフォームド・コンセント 131, 289
うつ病 15, 16, 17, 18, 19, 20, 21, 22, 23, 24, 25, 27, 28, 29, 30, 36, 37, 80, 273, 274, 292, 293, 299
AD／HD 76
A-T スプリット 121, 284, 293
APA 175, 176, 262
エディプス葛藤 60, 71, 94, 156
エディプスコンプレックス 67, 68, 260
オリエンテーション 128

か
快感原則 97, 155, 156, 157, 170
外的世界との葛藤 46
家族療法 87, 109, 171, 201, 209, 220, 223, 224, 225, 226, 227, 287, 288, 289, 290, 291, 293, 294, 295, 299
家族ロマンス 47

カタルシス 17, 168, 183
葛藤説 23
かのような人格 39, 40
関係性をめぐる暗黙の知 213
気分障害 9, 15, 17, 26, 35, 36, 63, 80, 273, 292, 294, 299
希望 17, 29, 32, 33, 35, 115, 143, 187, 240, 259, 281
逆転移 23, 29, 33, 64, 65, 66, 73, 74, 88, 89, 102, 106, 140, 145, 146, 147, 165, 169, 186, 197, 205, 290
救済願望 34
境界横断 122, 123, 169, 170
境界侵犯 122, 123
共感 35, 87, 89, 105, 119, 121, 123, 126, 134, 162, 164, 166, 169, 184, 192, 193, 202, 203, 221, 225, 247, 279, 280, 290
去勢不安 25, 69
禁欲原則 119, 156, 158, 159, 165, 166, 168, 188
現実原則 105, 116, 155, 156, 158, 170, 188
現実検討能力 108, 114
原初的母性的対象 25
攻撃性 18, 19, 20, 23, 48, 50, 59, 60, 64, 68, 143, 291
構造化 9, 21, 26, 113, 114, 117, 120, 123, 124, 125, 126, 127, 128, 129, 131, 130, 132, 133, 132, 133, 134, 135, 131, 132, 134, 138, 140, 276, 145, 146, 147, 137, 182, 209, 226, 258, 288, 292, 299, 276
広汎性発達障害 76
肛門期 19
小寺記念精神分析研究財団 6, 264, 270, 285, 295
コンサルテーション 28, 29, 87, 122, 178, 290
コンサルテーションリエゾン 87

さ
サディスティック 19, 22, 24, 32, 35, 65
三環系抗うつ剤 15
自我機能 8, 128, 129, 161
自我境界 83, 92, 155, 156, 161, 171
自我欠損説 21
自我心理学 58, 67, 95, 201, 218, 231, 247, 271, 272, 278, 294
自我そのものの弱さ 20

自我の障害 15, 20
自我の貧困化 20
自我の弱さ 20, 21, 22
しがみつき 19, 27, 28, 31, 32
自己愛人格障害 18, 27, 59, 148, 288, 292
自己愛的同一化 15, 18, 34, 56, 59
自己開示 117, 166, 167, 168
自己価値感 108
自己決定権の尊重 154
自殺企図 30, 31, 34
自傷 114, 128, 130
システム論 9, 102, 109, 140, 151, 161, 164, 168, 181, 182, 186, 189, 78, 192, 212, 214, 242, 294, 299, 278, 7, 196, 195
死せる母親 25, 26
自閉症スペクトラム障害 76
自由連想 73, 81, 101, 103, 108, 156, 158, 161, 171, 173, 185, 188, 197, 218, 221, 228, 230, 245, 253, 267, 271, 287, 294
出生外傷 82
情緒の喪失 43
情緒障害 9, 39, 40, 52, 54, 55, 57, 58, 274, 288, 299
情緒的きずな 40
除反応 168, 183
知る権利 119, 154, 167
知ること 58, 64, 66, 72, 82, 93, 102, 107, 108, 113, 114, 202, 279, 294
神経症モデル 16, 96
神経性無食欲症 224
心身相関説 21, 22
身体性 67
心的システム 221
スーパーヴァイジー 146
スーパーバイザー 5, 113, 208, 218, 266
スーパービジョン 6, 90, 113, 117, 118, 123, 148, 153, 217, 226, 255, 257, 282, 290
スキゾイド 17, 20, 57, 58, 59, 68, 76, 209, 287, 290
ステレオタイプ 17, 84
性愛 49, 52, 53, 54, 64, 65, 66, 67, 68, 69, 70, 71, 72, 73, 96, 274, 277, 290
精神疾患一元論 80
精神分析的品性 164, 221, 222, 277, 280, 281
精神分析的枠組み 156

精神分裂病 58, 92, 93, 96, 98, 285
精神力動的 63, 69, 74, 75, 82, 122, 123, 235, 243, 279, 295
精神療法的態度 103, 207
性別相補性 67
性別同一性 64, 67, 70, 71, 72, 203
性別同一性葛藤 72
世代間伝達 159
操作構造論 185, 186, 197

た
第一次操作反応 185, 197
大うつ病 17, 20, 28, 30
退行 15, 16, 18, 19, 36, 45, 47, 58, 95, 96, 99, 128, 129, 130, 133, 143, 158, 165, 168, 171, 184, 192, 195
対象恒常性 15, 114, 158, 202
対象喪失 15, 18, 19, 20, 24, 25, 32, 60, 140, 147, 167, 260
第二次操作反応 185, 197
脱備給説 25
中立性 158, 166, 168, 202
中立的態度 119, 156, 166, 188
治癒機転 203
超自我 7, 8, 18, 19, 20, 21, 47, 48, 50, 56, 59, 82, 108, 156
治療関係 17, 21, 91, 93, 104, 107, 114, 115, 116, 127, 130, 152, 155, 164, 168, 187, 188, 205, 238, 240, 241, 289, 290
治療機序 16, 73, 153, 168, 183, 229, 292, 295
治療構造 9, 78, 85, 91, 99, 103, 106, 109, 111, 113, 114, 115, 116, 124, 147, 155, 156, 157, 158, 160, 168, 171, 181, 185, 186, 188, 114, 187, 179, 148, 151, 155, 188, 189, 195, 197, 209, 218, 227, 231, 246, 247, 269, 271, 275, 276, 277, 278, 284, 286, 287, 288, 293, 294, 295, 299
出会いのモーメント 108, 194, 213
テーラーメイドの治療 17
適応 21, 28, 35, 42, 43, 48, 58, 59, 60, 78, 81, 84, 94, 95, 138, 139, 143, 203, 256, 276, 290
投影同一化 28, 35, 231
投影同一視 9, 23, 24, 61, 66, 89, 97, 123, 137, 140, 141, 142, 141, 142, 145, 146, 147, 169, 202, 276, 288, 299

な
同性愛 49, 52
匿名性 119, 156, 159, 174, 177, 188
取り入れ 19, 23, 24, 35, 56, 70, 88, 141, 157, 184, 214, 246
取り入れ同一化 23, 35

な
二次的同一化 15
二者関係 26, 35, 69, 168, 184, 186, 191, 192, 193, 194, 205, 214, 218
二者関係システム 168, 193, 194, 205, 214
入院治療 9, 17, 30, 105, 106, 125, 132, 137, 138, 139, 138, 140, 141, 144, 145, 146, 147, 148, 151, 182, 196, 209, 258, 270, 276, 277, 288, 299
乳幼児精神医学 87, 211, 212, 263, 287, 289
人間味のある関係 153

は
パーソナリティ障害 36, 63, 75, 76, 77, 80, 84, 138, 144, 196, 271, 273, 274, 287, 288, 289, 290, 293, 294
発達障害 18, 75, 76, 77, 80, 82, 273, 274
発達の欠損 21
万能的空想 32, 143
悲哀 18, 19, 35, 36
被暗示性 44, 54, 60
非言語的コミュニケーション 108, 237
ヒステリー 9, 17, 44, 54, 55, 59, 60, 61, 63, 64, 65, 66, 67, 68, 67, 68, 69, 70, 71, 72, 73, 74, 79, 144, 273, 274, 294, 299
否認 15, 22, 24, 27, 32, 46, 72, 158, 164
不安の理解 116
腑に落ちること 225
プレコックス・ゲフュール 93
プロセスノート 119, 121, 155, 291
分析の境界 58, 122, 155, 156, 158, 159, 188
分析的ペア 67, 187, 189, 191
分裂病過程 56
方法としての面接 236, 237, 238, 242

ま
マゾキスティック 22, 27, 32, 35
未生怨 116, 188
見立て 98, 236, 237, 242, 288
無意識的罪悪感 16, 289
無意識的密約 143
無能力感 9, 15, 21, 23, 27, 29, 35, 292, 299
メタファー 66, 102, 205
メンタライズ 82
メンタライゼーション 84, 196, 212, 273, 274, 293, 294, 295
妄想分裂ポジション 24, 27, 28, 83
森田療法 9, 101, 102, 103, 104, 105, 106, 107, 109, 273, 275, 293, 299

や
勇気 56, 103, 221, 222, 224, 227, 233, 272, 280, 281
誘惑論 168
ユング学派 220
抑うつポジション 24, 25, 27, 28, 29, 33, 83
欲動 18, 43, 46, 58, 64, 71, 81, 85, 92, 102, 119, 157, 158, 202, 203, 247

ら
落胆 21, 35
力動精神医学 10, 80, 181, 223, 233, 234, 235, 246, 252, 253, 254, 255, 257, 267, 269, 280, 284, 291, 294, 299
リストカット 147
リストラクチャリング 125
理想化 22, 24, 27, 71, 105, 143
リビドー 19, 25, 27, 45, 47, 49, 55, 71, 96, 161, 165
了解 87, 88, 89, 90, 91, 92, 127, 130, 215
倫理 7, 8, 9, 44, 53, 151, 152, 153, 154, 155, 156, 160, 168, 169, 111, 173, 76, 173, 151, 158, 168, 169, 170, 173, 174, 175, 177, 178, 179, 196, 248, 275, 277, 280, 283, 293, 294, 299

初出一覧

第 I 部
第 1 章　気分障害の精神分析——無能力感と境界形成をめぐって．うつ病論の現在．星和書店．2005．
第 2 章　情緒障害のいくつかの形態およびそれらの分裂病との関係．思春期青年期精神医学 3 巻 1 号および 2 号．1993．
第 3 章　ヒステリーを読む．精神分析研究 53 巻 3 号．2009．
第 4 章　私の精神分析的パーソナリティ臨床——疾患分類批判．思春期青年期精神医学 22 巻 1 号．2012．
第 5 章　精神分析の生成論について——フロイト派の立場から．臨床精神病理 13 巻 3 号．1992．
第 6 章　創造的対話——森田療法と精神分析．日本森田療法学会誌 19 巻 1 号．2008．

第 II 部
第 1 章　治療構造をどのように作るか．精神分析研究 56 巻 4 号．2012．
第 2 章　構造化すること．日常臨床でみる人格障害——分類・診断・治療とその対応．三輪書店．2004．
第 3 章　入院治療とはなにか——投影同一視の認識と治療の構造化．治療構造論．岩崎学術出版社．1990．
第 4 章　精神分析的に倫理を考える．精神分析研究 50 巻 3 号．2006．
第 5 章　論文を書くことと倫理規定を守ることとのジレンマ．精神分析研究 52 巻 3 号．2008．
第 6 章　治療構造論，システム論そして精神分析．精神分析研究 55 巻 3 号．2011．

第 III 部
第 1 章　書評『精神分析学の新しい動向』．精神分析研究 31 巻 2 号．1987．
第 2 章　書評『小児医学から精神分析へ』．臨床精神医学 34 巻 10 号．2005．
第 3 章　書評『実践・精神分析的精神療法』．心理臨床学研究 25 巻 5 号．2007．
第 4 章　書評『解釈を越えて——サイコセラピーにおける治療的変化プロセス』．精神分析研究 58 巻 4 号．2014．
第 5 章　小此木啓吾先生——精神分析をすること．最新精神医学 11 巻 3 号．2006．
第 6 章　私はフロイディアンか？．精神分析研究 50 巻 4 号．2006．
第 7 章　下坂幸三先生のご冥福を祈る．精神分析研究 50 巻 4 号．2006．
第 8 章　書評『フロイト再読』．家族療法研究 25 巻 1 号．2008．
第 9 章　力動精神医学と土居の仕事．精神分析研究 54 巻 4 号．2010．
第 10 章　50 周年記念特集増刊号刊行にのぞんで．精神分析研究 増 48．2005．
第 11 章　日本精神分析協会と日本精神分析学会．日本精神分析協会年報 1 号．2011．

■著者略歴
狩野力八郎（かの・りきはちろう）
  1945 年　満州に生まれる
  1971 年　慶應義塾大学医学部卒業，慶應義塾大学医学部精神神経科学教室入局
  1975 年　東海大学医学部精神科学教室
  1981 年～1983 年　メニンガークリニックおよびトピカ精神分析研究所に留学
  1987 年　Member of International Psychoanalytical Association（Psychoanalyst）
  2001 年　東京国際大学大学院臨床心理学研究科教授
  2003 年　小寺記念精神分析研究財団理事長
  2015 年　逝去
著訳書
「重症人格障害の臨床研究」，「方法としての治療構造論」（いずれも金剛出版），オグデン「こころのマトリックス」，ベイトマン／フォナギー「メンタライゼーションと境界パーソナリティ障害」，ギャバード「精神力動的精神療法――基本テキスト」（いずれも監訳，岩崎学術出版社）他

■編者略歴
池田暁史（いけだ・あきふみ）
  1972 年　山形県に生まれ，犬とともに思春期を過ごす
  1999 年　東京大学医学部卒業，東京大学医学部精神神経科入局
  2003 年　杏林大学医学部精神神経科学教室
  2011 年　文教大学人間科学部臨床心理学科准教授
  現在　　文教大学人間科学部臨床心理学科教授，および精神分析的精神療法個人開業
著訳書
アレン／フォナギー「メンタライゼーション・ハンドブック」（訳），ギャバード「精神力動的精神療法――基本テキスト」（訳），ケイパー「米国クライン派の臨床――自分自身のこころ」（共訳）（いずれも岩崎学術出版社），「自我心理学の新展開」（分担執筆，ぎょうせい）他

相田信男（あいだ・のぶお）
  1945 年　埼玉県生まれ
  1971 年　慶応義塾大学医学部卒業，慶応義塾大学医学部精神神経科学教室入局
  1972 年　桜ケ丘事業協会桜ケ丘保養院
  1988 年　群馬病院副院長，慶応義塾大学医学部精神神経科兼任講師
  1997 年～2008 年ならびに 2014 年～2015 年群馬病院院長の後，現在，特定医療法人群馬会副理事長，群馬病院名誉院長
  日本精神分析学会・認定精神療法医，認定精神療法医スーパーバイザー。
  Member of International Psychoanalytical Association（Psychoanalyst），日本精神分析協会正会員，訓練分析家。
  日本集団精神療法学会認定グループサイコセラピスト，認定スーパーバイザー。
著訳書
「実践・精神分析的精神療法―個人療法そして集団療法」金剛出版，「対象関係論の源流―フェアベーン主要論文集」遠見書房（監訳）

藤山直樹（ふじやま・なおき）
  福岡県生まれ，山口県の瀬戸内海岸に育つ
  1978 年　東京大学医学部卒業
  1999 年～現在　神宮前に個人開業
  2001 年～現在　上智大学教授
  日本精神分析学会・認定精神療法医，認定精神療法医スーパーバイザー。
  Member of International Psychoanalytical Association（Psychoanalyst），日本精神分析協会正会員，訓練分析家。
著書
「精神分析という営み」岩崎学術出版社，「精神分析という語らい」岩崎学術出版社，「集中講義・精神分析上下」岩崎学術出版社，「落語の国の精神分析」みすず書房　他

精神分析になじむ
───────────
狩野力八郎著作集 1

2018 年 12 月 5 日　印刷
2018 年 12 月 15 日　発行

編　者　池田暁史・相田信男・藤山直樹
発行者　立石　正信
印刷・製本　太平印刷
装丁　岩瀬聡
株式会社　金剛出版
〒 112-0005　東京都文京区水道 1-5-16
　　　　電話 03（3815）6661（代）
　　　　FAX03（3818）6848

ISBN978-4-7724-1672-6　　　　　　Printed in Japan Ⓒ 2018

方法としての治療構造論
精神分析的心理療法の実践

［著］＝狩野力八郎

●A5判 ●上製 ●256頁 ●定価 **3,800**円＋税
● ISBN978-4-7724-1117-2 C3011

治療構造論に基づいた精神分析的アプローチを
パーソナリティ障害をはじめ，
さまざまな疾患に応用させた
著者の臨床研究の集大成。

実践・精神分析的精神療法
個人療法そして集団療法

［著］＝相田信男

●A5判 ●上製 ●260頁 ●定価 **3,800**円＋税
● ISBN978-4-7724-0935-3 C3011

精神科病院というフィールドで集団精神療法を実践する日々。
気づくと病棟の空気が変わり
「心理学的」になっていた……。
集団を信じる著者の力強い臨床書。

精神分析的心理療法
実践家のための手引き

［著］＝ナンシー・マックウィリアムズ
［監訳］＝狩野力八郎　［訳］＝妙木浩之他

●A5判 ●上製 ●384頁 ●定価 **5,400**円＋税
● ISBN978-4-7724-1096-0 C3011

精神分析的心理療法とは何か？
「治療の定義」「セラピストの姿勢」「クライエントの準備」など，
多次元的視点から説明する。